Michael Dellwing

Die entprivatisierte Religion

SOZIALWISSENSCHAFT

Michael Dellwing

Die entprivatisierte Religion

Religionszugehörigkeit
jenseits der Wahl?

Mit einem Geleitwort von Prof. Dr. Heinz Bude

Deutscher Universitäts-Verlag

Bibliografische Information Der Deutschen Nationalbibliothek
Die Deutsche Nationalbibliothek verzeichnet diese Publikation in der
Deutschen Nationalbibliografie; detaillierte bibliografische Daten sind im Internet über
<http://dnb.d-nb.de> abrufbar.

1. Auflage Februar 2007

Alle Rechte vorbehalten
© Deutscher Universitäts-Verlag | GWV Fachverlage GmbH, Wiesbaden 2007

Lektorat: Brigitte Siegel / Ingrid Walther

Der Deutsche Universitäts-Verlag ist ein Unternehmen von Springer Science+Business Media.
www.duv.de

Umschlaggestaltung: Regine Zimmer, Dipl.-Designerin, Frankfurt/Main
Gedruckt auf säurefreiem und chlorfrei gebleichtem Papier
Printed in Germany

ISBN 978-3-8350-6067-8

Geleitwort

Michael Dellwing nimmt sich eines Megathemas der gegenwärtigen Selbstthematisierung „westlicher" Gesellschaften wie der darauf bezogenen Gesellschaftsbeobachtung an: nämlich der Wiederkehr der Religion im Kontext des modernen, von Individualismus, Universalismus und Rationalismus geprägten Codes. Ein wesentliches Interpretament dafür ist die Vorstellung vom wählenden Individuum, das in seiner „religiösen Präferenz" die ihm gemäße Auffassung der Welt im Ganzen findet. Der erste Vorzug von Michael Dellwings Arbeit besteht in der Herausarbeitung der verschiedenen Quellen dieser Sichtweise, die von Thomas Luckmann in phänomenologischem Stil eingeführt worden ist und in den neuen Theorien rationaler Wahl in der Religionssoziologie gewissermaßen vollendet wird. So kann der Autor erklären, woher die Attraktivität dieser Auffassung rührt und wie stark sie mit dem Selbstbild eines aufgeklärten Individualismus verbunden ist.

Aber Michael Dellwing bleibt nicht bei der diagnostischen Erfassung dieser populären Interpretation der Religion stehen. Er zeigt in der Durchführung seines Arguments darüber hinaus, wie diese Sichtweise aufgrund ihres scheinbar modernen oder gar postmodernen Charakters das religiöse Phänomen verfehlt.

Darin muss man den eigentlichen Gewinn der Arbeit sehen: dass sie im Durchgang durch die Argumentationsweise des Wahlparadigmas in der neueren Religionssoziologie eine andere soziologische Fassung des Phänomens der Religion jenseits der Wahl deutlich macht. Damit ist der Ausgangspunkt für ein neues Kapitel der Religionssoziologie gesetzt, das nach dem Modell der privaten die Wirklichkeiten der öffentlichen Religion in den Blick nimmt.

Michael Dellwing ist es so gelungen, die aktuellen Debatten in der Religionssoziologie auf das Kernproblem der Selbstthematisierung unserer Gegenwartsgesellschaft zu fokussieren. Er stellt sich damit in die Tradition soziologischen Denkens über Religion, das die Gesellschaft als Ganze, in ihren Moitivationsstrukturen und in ihren Nationalisierungsgebäuden in den Blick nimmt. Religionssoziologie ist alles andere als eine Bindestrich-Soziologie, sondern stellt seit den Anfängen unserer Disziplin die „Herzkammer" der soziologischen Erfassung unserer Jetztzeit dar.

Prof. Dr. Heinz Bude

Vorwort

Ein Vorwort ist etwas Merkwürdiges, das nie wirklich bemerkt wird. Es wird über-
blättert, um zum Eigentlichen zu gelangen, und ich muß gestehen: Ich habe selbst
selten ein Vorwort gelesen, es sei denn, ich kannte die Autoren auf eine Art und
Weise, die darüber hinausging, ihren Namen auf einem Buchrücken gesehen oder
schon einmal ein Werk von ihnen gelesen zu haben. Für dieses Vorwort ist nichts
wesentlich anderes zu erwarten.

Vorworte sind, so dachte ich, zum einen Teil *backstories* – „so entstand dieses Werk",
„diese Jahre meines Lebens habe ich in der Wüste verbracht, um dieses..." usw. –, zum
Teil sind sie Kommunikationswege zu denen, die man eigentlich auch hätte persönlich
aufsuchen können. Aber nein: Der Unterschied ist natürlich, daß der Dank hier
öffentlich wiederholt wird, eine Kommunikation, deren eigentliche Empfänger dann
vielleicht gerade nicht die Genannten sind. (Wenn alle, die mich nicht kennen,
allerdings bereits aufgehört haben zu lesen... Denken wir nicht weiter darüber nach.
Der wissenschaftliche Teil kommt erst.)

Die Soziologie der Religion ist, denke ich, ein unterbewertetes Feld. Es handelt sich
nicht nur um die soziologische Erfassung religiöser Gruppen und Praktiken, sondern
vielmehr um die Archäologie unserer Gesellschaft, jeder Gesellschaft. Ohne ein Verständnis religiöser Hintergründe von Gesellschaften ist, denke ich, eine Gegenwartsanalyse nur schwer möglich. Dann aber ist die Beschäftigung mit der Religion eine
Kernaufgabe der Soziologie. Die Soziologie der Religion ist natürlich keine Frage von
Glaube und Unglaube – das ist ein anderer Fachbereich – wohl aber von Verständnis
und Unverständnis der historischen und erzählerischen (was dasselbe ist)
Grundstrukturen unserer Gesellschaft(en). Aus dieser Überzeugung der Verwobenheit
erwächst meine tiefe Unzufriedenheit mit der religionssoziologischen Betrachtung der
Religion als privatisiert, gewählt und individualisiert, als „Sahnehäubchen auf einem
säkularisierten Leben"; auch ohne „privates" Bekenntnis ist dieses Leben bereits durch
religiöse Erzählungen vorstrukturiert. Die Betrachtung der privatisierten Religion verfehlt so die eigentliche gesellschaftliche Bedeutung von Religion (sie verfehlt darüber
hinaus aber auch die Bedeutung, die praktizierte Religionen für Menschen haben).
Zudem ist die These der Privatisierung analytisch anorexisch: Sie ist eine Erklärung,
die sich keine große Mühe macht, etwas *gesellschaftlich* zu erklären.

Dieser Thematisierung möchte ich etwas entgegenstellten, was ich die diskursive Definition der Religion nenne: in der Analyse von Glaubhaftem und den erzählerischen

Grundlagen der Glaubhaftigkeit liegt, denke ich, eine Möglichkeit, über Religion in Begriffen zu reden, die über die Privatisierungsthese hinausgehen. Dieses nun vorliegende Werk ist Produkt meiner Beschäftigung mit der Religionssoziologie an der Universität Kassel, mit der verläßlichen, tatkräftigen und steten Unterstützung und der kreativen Begleitung von Prof. Dr. Heinz Bude, dem ich auf diesem Wege noch einmal sehr herzlich für alle vergangene und gegenwärtige Hilfe danken möchte. So geht der eine Teil nahtlos in den anderen Teil, die andere Funktion solcher Vorworte über.

Auch gilt mein Dank meinen Eltern und meiner erweiterten Familie, die eigentlich eher Teile meiner großen Kernfamilie genannt werden müßte: Gerd und Christa Dellwing; Edwin, Therese, Andreas und Benedikt Holz und Herbert, Yvonne, Thomas und Frank Roos. Außerdem danke ich herzlich Dr. Steven T. Engel, der mich auf den Weg gebracht hat, Sozialwissenschaftler zu werden, Prof. Dr. Christoph Scherrer, der immer eine offene Tür hat, wenn er denn auf unserem Kontinent weilt, und Dr. Jörg Dürrschmidt, der meine Masterarbeit mitbetreut und mich vom ersten Tag an als Kollege und Freund behandelt hat. Ich danke auch Gülşen Bağci für ihre Hinweise zur Kommasetzung; wenn noch verbleibende Fehler im Text auftauchen sollten, entstammen diese natürlich ausschließlich meiner Flüchtigkeit (oder auch Unkenntnis) und unterliegen einzig und allein meiner Verantwortung.

Außerdem und nicht zuletzt gilt mein Dank allen Studenten, die ich in den vergangenen Semestern an der Universität Kassel betreuen durfte und weiterhin betreuen darf und die mir jeden Tag tausend Gründe liefern, diesen Beruf mit Freude weiter betreiben zu wollen.

Michael Dellwing

Inhalt

Einleitung

Zwischen Weihnachten und Neujahr, die Zeit, in der die Medien besonders zur Berichterstattung über Religion und Religiosität tendieren, fand sich in der *New York Times* ein Artikel über die neue, pluralere Religiosität der jungen Bevölkerung der USA. Diese jungen Gläubigen besuchen zunehmend, so der Artikel, nicht mehr nur eine, sondern mehrere Kirchengemeinden, oft nacheinander am selben Tag.[1] Dabei zitiert die angesehene Tageszeitung „Soziologen" – das ist die Zuschreibung, ein Name wird nicht genannt – die anhand dieser Praktiken ihre in der gegenwärtigen Religionssoziologie vorherrschende Interpretation der „privaten Religion" bei Teenagern am Werke sehen, die im amerikanischen *Heartland* ihre eigene, individuelle Zusammenstellung der Kirchengemeinden üben. Aus dem pluralisierten Grabbeltisch der Weltanschauungen ist in der fortgeschrittenen Moderne jeder frei, seine Lebenselemente selbst zu wählen, ob er diese Freiheit nun schätzt oder nicht; so jedenfalls lautet der Tenor einer Mehrheit der zuständigen Betrachter.

Der Besuch, den die Jugendlichen diesen Gemeinden abstatten, gilt teils den Gemeinden ihrer Eltern, teils denen ihrer Freunde, teils speziell auf Jugendliche zugeschnittenen, „cooleren" Gottesdiensten; da der Artikel Pastoren in urbaner Kleidung beschreibt, die im Straßenslang predigen, ist die Bezeichnung durchaus angebracht. Dadurch sehen diese „Soziologen" die Idee der Wahl bestätigt, während die protestantischen Geistlichen, die der Artikel zu Wort kommen läßt, das als Herstellung der „persönlichen Beziehung zu Christus", des „ganz persönlichen Erretters" tolerieren, wenn nicht gar unterstützen – so paßt es in ihre Theologie – mit teils kritischen Tönen gegenüber eines möglichen Konsumerismus, die jedoch auch bei den befragten Geistlichen klar in den Hintergrund treten. Die Geistlichen sehen sich gewählt und sind froh darum, die Soziologen sehen sich im Paradigma der Wahl bestätigt – das moderne Individuum wählt eben alles, auch Religion. Immer noch wäre es hilfreich gewesen, zu wissen, welche Soziologen diese Aussage gemacht haben – aber es ist auch egal, denn die Idee der privatisierten Religion ist so verbreitet, daß man getrost sagen kann: die allermeisten von ihnen hätten es wohl gesagt, hätte man sie gefragt. Die fehlende Attribution ist wohl so zu interpretieren, daß kein Soziologe tatsächlich zum Zwecke dieses bestimmten Artikels gefragt wurde.

---

[1] Neela Banerjee. „Teenagers Mix Churches for Faith That Fits". In: New York Times. 30. Dezember 2005.

Vielleicht hätte er, wenn es ihn denn gäbe, gerade bei diesem Artikel etwas vorsichtiger formuliert. Bei genauerer Betrachtung ist diese Analyse nicht so offensichtlich, wie sie zunächst scheint. Die Formulierung der „persönlichen Beziehung" zu Christus ist ein Erkennungsmerkmal evangelikaler Protestanten und im amerikanischen Gebrauch schon fast ein Code.[2] Die besagten und befragten Teenager des Artikels – allesamt evangelikale Protestanten. Katholiken, so verrät uns der Artikel, sind für eine solche Praxis in der Regel eher selten zu begeistern. Was hier als allgemeine Entwicklung gegenwärtiger Religiosität portraitiert wird ist ein Phänomen, das im vorliegenden Artikel bei Protestanten beobachtet werden kann und wird. Das ist möglicherweise auch daran festzumachen, daß es in der besagten und befragten Region etwas anderes so gut wie gar nicht gibt.

Die Thematisierung der Religion als Wahlveranstaltung ist dementsprechend eine, die im amerikanischen Religionsdiskurs aufkommt und dort innerhalb einer gewissen konfessionellen Situation auch belegt werden kann; eine allgemeingültige Thematisierung der Religion ist es schwerlich. Das kann man der Interpretation, die auch im besagten *New York Times*-Artikel propagiert wird, entgegenhalten: Es ist keine allgemeine Diagnose der Religiosität der Gegenwart, sondern lediglich eine Diagnose des amerikanischen Protestantismus der Gegenwart. Doch selbst hier kann man zögern. Ob es sich tatsächlich um eine persönliche Wahl handelt, ist hier weiterhin fraglich. Die Teenager besuchen nicht jede Kirche am Ort, um sich dann für die zu entscheiden, die in ihrer persönlichen Lebenssituation am nützlichsten scheint; in einer durchschnittlichen amerikanischen Kleinstadt ist das schon nicht mehr möglich, hier würden solche Kaufvorbereitungsbesuche bereits Jahre dauern (wenn man vom sonntäglichen Gottesdienst ausgeht, der einmal besucht wird), denn eine dreistellige Anzahl von Kirchen in Kleinstädten ist in den USA überhaupt keine Seltenheit. In amerikanischen Großstädten ist es in der Lebenszeit eines Menschen überhaupt nicht mehr möglich, alle sonntäglich zu besuchen. Daß der Prozeß so nicht abläuft wird im Artikel zudem überdeutlich: Die Teenager besuchen, so wird dargestellt, die Kirche ihrer Eltern und die ihrer Freunde. Sie sind in gewissen Gruppen sozialisierte Menschen, die das Verhalten der Gruppe übernehmen. Im Rahmen dieser Gruppen haben sie verschiedene Sozialisationen, die sie zum Besuch verschiedener Kirchengemeinden veranlassen. Die Interpretation der Wahl ist hier nicht notwendig.

Allerdings erschöpft sich der Anlaß dieser Analyse darin natürlich nicht; eine Neuerung liegt, so sieht es aus, ja dennoch vor, wenn es denn eine ist: der Besuch

---

[2]   Vgl. Malise Ruthven. Der göttliche Supermarkt. Auf der Suche nach der Seele Amerikas. Frankfurt 1991.

mehrerer Kirchen erfolgt parallel. In einem Umfeld, in dem Religion allgemein als etwas Exklusives wahrgenommen wird (das ist keinesfalls natürlich, es ist bereits ein Produkt des ausschließlichen Monotheismus) ist dies natürlich beachtlich, so beachtlich, daß die *New York Times* diesem Phänomen einen recht ausführlichen Artikel widmet. Aber auch dieses Phänomen ist näher betrachtet vielleicht weniger aufsehenerregend als es zunächst scheint. Es handelt sich nicht um Teenager, die früh morgendlich zur Erweckungskirche und dann zum buddhistischen Tempel gehen, um vor dem Mittagessen dann *for good measure* noch eine Messe anzuschließen. Es handelt sich nicht einmal um episkopalische Christen, die später noch einmal bei den Methodisten vorbeisehen. Es handelt sich im Artikel ausschließlich um evangelikale Protestanten,[3] die nacheinander zwei evangelikal-protestantischen Gottesdiensten beiwohnen die, wie der Artikel auch ausdrücklich anzeigt, die im Kern gleiche Lehre vertreten: wortwörtliche Wahrheit der Bibel, persönliche Beziehung zum Erlöser, Betonung der baldigen Wiederkehr Christi. Insofern handelt es sich hier nicht um ein persönliches Sortiment von Glaubenseinstellungen, für die sich die Teenager auf dem Markt der Religionen entscheiden. Es handelt sich um andere Verpackungen und Darbietungen derselben Glaubensrichtung, in die sie in ihrer Familie und in ihrem Umfeld sozialisiert worden sind. Es handelt sich um ein kohärentes System, von dem verschiedene Inszenierungen besucht werden. Das sieht aus wie Varietät, ist allerdings nicht wirklich neu, jedenfalls nicht so, wie es hier dargestellt wird: verschiedene Verpackungen, teils auch mit verschiedenen Handlungsnormen verknüpft, waren auch im „tiefsten" Mittelalter im Katholizismus kein Problem; um eine solche Varietät in der universellen Kirche herzustellen, konnte man sich den Orden zuwenden und katholisch war man dennoch. Die hier beschriebene Praxis, daß verschiedene Verpackungen desselben Glaubens nebeneinander stehen, ist sicherlich nicht neu. Der Hinduismus wurde von keinem der beschriebenen Teenager ernsthaft in Betracht gezogen; das ist im Artikel nicht erwähnt, aber die Mutmaßung kann man mit großer Sicherheit anstellen. Es handelt sich also auch in dem hier dargestellten Fall weiterhin um religiöse Sozialisation, die im sozialen Umfeld aufgenommen worden ist und die nun *als Teil der Sozialisation* entscheidet, welche Kirchen besucht werden. Bereits die im Artikel geschilderte regionale Situation im amerikanischen Mittleren Westen, durch und durch protestantisch und mehrheitlich evangelikal, die wenig pluralistisch scheint, führt

---

[3]   „Evangelikal" bezeichnet hierbei keine Religionsgemeinschaft, sondern eine über verschiedene Religionsgemeinschaften verbreitete Einstellung. Gemeinden verschiedener protestantischer Denominationen sind in evangelikalen Zusammenschlüssen repräsentiert, denen eine bestimmte konservativ-literalistische Einstellung gemein ist, d.h. ein Glaube an die wortwörtliche Wahrheit der Bibel z.B. in der Schöpfungsgeschichte, die die großen christlichen Gemeinschaften in Deutschland nicht vertreten.

dazu, daß mit den Religionen der Freunde keine schwerwiegenden Gegensätze entstehen. Was gewählt wird, ist lediglich der Ort, an dem dem sozialisierten Glauben nachgegangen wird. Diese Wahl ist ebensowenig im freien Spiel des Marktes entstanden, sondern beschränkt sich auf die *sozialisierten* Orte – und auch das ist eben keine Wahl, wie es im Artikel dargestellt wird, sondern eine Folge der vorherrschenden Bindungen von Bezugsgruppen, einerseits der Familie, andererseits des Freundeskreises. Die Bindungen werden weitergetragen, ganz ohne damit den Boden des in der Sozialisation als möglich erlernten Erklärungsmusters zu verlassen. Behandelt wird es nichtsdestotrotz weiterhin als Wahl, selbst in einem Beispiel, in dem die Anhaltspunkte für berechtigte Zweifel sich im Grunde selbst liefern.

Die dargestellte Situation ist für die Vertreter der religiösen Individualisierung natürlich ein schlechtes Beispiel. Würde man sie als würdiges Beispiel zur Verdeutlichung des Wahlparadigmas anführen, kämpfte man gegen einen Pappkameraden. Die regionale und religiöse Situation im amerikanischen Mittleren Westen, um die es geht, taugt wenig, um eine Idee der aus einer Pluralisierung entstandenen privatisierten Religion zu erläutern. Der Artikel soll auch keinesfalls als Paradebeispiel für eine solche Religionskonzeption, als Pappkamerad, dienen. Vielmehr soll er zeigen, wie stark die Interpretation der religiösen Wahl bereits geworden ist, so daß sie gar auf Situationen angewandt wird, die offensichtliche Hügel in die Sicht stellen und zur Untermauerung der These vielleicht nicht die nützlichsten sind. Was hier deutlich erkennbar ist, ist die Stärke eben dieser interpretativen Richtung, die der Artikel so selbstverständlich an die Analyse dieser Situation heranträgt: privatisierte Religion und individuelle Wahl. Die in diesen Bezugsgruppen auftretenden Kontingenzen werden ohne weitere Überlegung als persönliche Wahl *thematisiert*, als gäbe es keine Alternative, als wäre es die natürlichste Interpretation der Welt.

Das ist in der gegenwärtigen Religionssoziologie allerdings die Mehrheitsmeinung: das verantwortliche Individuum in der pluralistischen Situation ist selbst Konstrukteur seines Lebens, sei es in der Rentenvorsorge, der Zahlersatzbehandlung, der Zugehörigkeiten zu Vereinen oder eben der Religion. Diese Theoretisierung könnte einerseits als Beschreibung einer Situation in der Welt angesehen werden; andererseits allerdings könnte es sich um eine Setzung handeln, die unser soziales Handeln und soziales Theoretisieren wiederum bestimmt.

Diese Feststellung könnte aber eine weitere Perspektive eröffnen. Es handelt sich beim Konzept der Wahl vielleicht nicht so sehr um eine aus der Situation gewonnene Diagnose, sondern um eine Ordnungsleistung, die sich so gesetzt hat, daß sie als Vorannahme an diese Situationen herangetragen und nicht aus ihnen gewonnen wird. Es ist zudem eine Annahme, die in unserem Diskurs eine tiefere Verankerung nachweisen kann. Das Ordnungsmuster der Wahl ist eines, das mit christlichem (und darin vielleicht stärker noch protestantischem) Gedankengut sehr kompatibel ist: eine individuelle, persönliche Wahl der individuellen, persönlichen Beziehung zum Erlösergott. Die Wahl des *Einzelnen* ist im entwickelten Lutheranismus die wahre Form der immer noch gemeinschaftlichen Religiosität. So taucht eine solche Entscheidung in einem protestantischen Umfeld auf, wie das im *New York Times* – Artikel dargestellt wird und findet ihren Weg in eine Religionssoziologie, die auf diesem Hintergrund formuliert wird.

Nach dem, was nach William Isaak Thomas „Thomas-Theorem" genannt wurde – „if men define situations as real, they are real in their consequences" – beeinflußt die Art und Weise, wie über etwas gedacht wird, das soziale Handeln auf dieser Basis. Auch Theoretisierungen und (zumindest in der Gesellschaft vertretene) wissenschaftliche Kategorisierungen sind eine Form des sozialen Handelns. Auch diese hängen von vorhergehenden Setzungen ab. Ob nun die objektive Realität eine Realität der Wahl ist oder nicht soll hier nicht thematisiert werden; die Frage wäre auch leer. Es geht vielmehr darum, inwiefern die Religiosität des Einzelnen als Wahl *gerahmt* wird und wie sie anders *rahmbar* wäre. Das heißt dann also nicht, eine empirische Aussage über die „Wahrheit" der Gesellschaftlichkeit gegenüber dem „Irrtum" der Wahl zu treffen, sondern vielmehr zu fragen, was die sozialen Ursachen und Folgen für Handlung und Selbstbild einer Wahlthematisierung sind und auf welcher Basis eine gesellschaftliche Thematisierung plausibel gedacht werden kann.

Das soll der Gegenstand dieser Untersuchung sein: Inwiefern ist der religionssoziologische Diskurs der Wahlreligion eine Welterklärungserzählung, die die Kontingenz als persönliche Wahl *thematisiert* und setzt und diese Interpretation aus anderen Diskursen aufnimmt und weiterträgt? Gibt es andere Möglichkeiten der Thematisierung als die der persönlichen Wahl? Hier besteht ein deutlicher Unterschied zur Darstellung des Artikels: Die These lautet nicht, daß es sich um eine Wahl handele oder nicht, die aus der objektiven Tatsache der Pluralisierung hervortritt, sondern daß wir in unseren Erzählungen, mit denen wir an immer vorhandene Kontingenzen herantreten, nun Kontingenzen als *Pluralisierung* thematisieren (und das im Gegensatz dazu bei Kontingenzen in „vormoderner" Zeit nicht tun) und die Richtungsentscheidung, die Auflösung der Kontingenzen, als *Wahl* rahmen. Darüber hinaus möchte ich darstellen, wie eine alternative Darstellung möglich ist (nicht etwa, daß sie in einem mimetischen Sinne die „wahrere" Darstellung wäre), in der Religion auf der Basis diskursiv als glaubhaft markierter Welterklärungserzählungen steht.

Die Betrachtung dieser Erzählung und ihrer Prominenz in religionssoziologischen Arbeiten heißt nun nicht notwendigerweise, daß ich die Trends in Frage stelle, die mit Hilfe der Erzählung der Wahl betrachtet werden; vielmehr möchte ich fragen, ob die *Betrachtung* dieser Kontingenzbewältigung als eine individuelle, persönliche Wahl der privatisierten Religion die einzig mögliche Erklärung für solche Trends darstellt. Wird sie verwandt, hat sie Folgen: so wird diese Religionssoziologie dann ihre Theorie wieder an die Menschen herantragen und somit ihre Selbstwahrnehmung als Wähler stärken. Merkmal der Gegenwart ist dann nicht eine durch die technologische Entwicklung verursachte Veränderung der Welt an sich, die dann die individuelle Wahl *verursacht und erfordert*, sondern die Dominanz einer Interpretationsschiene, die technologische Veränderung und individuelle Wahl vielmehr *voraussetzt* und daraus eine Alltagssicht der Welt schafft, die diese theoretischen Überlegungen dann aufgreifen und systematisieren können. Die Veränderung läge dann nicht so sehr in der Welt, sondern im Diskurs.

Es handelt sich so im Fall der privatisierten Wahl also vielleicht weniger um neue Tendenzen in der Welt als solche, sondern eher um eine veränderte Schwerpunktsetzung in der Interpretation. Die nächste Frage lautet dann: Was injiziert diese Erzählung mit solcher Stärke in den Diskurs der Religionssoziologie? Diese Veränderung kann diskursiv an die Reformation und ihre Ideen angeknüpft werden. Ich möchte hierzu annehmen, daß die Diskurse, die die Betrachtung der Religion informieren, selbst bereits religiösen Quellen entspringen, so daß wir die Religion durch Linsen wahrnehmen, die die Religion in einer bestimmten Form selbst geliefert hat. Die Verortung der Religion in der individuellen Wahl ist verwoben mit der Trennung von Öffentlichkeit und Privatsphäre, eine Trennung, in der der Religion vom Liberalismus auf zwei Arten die Sphäre des Privaten zugewiesen wird: einerseits als Sphäre, in die die Religion darf und andererseits als Sphäre, aus der sie kommt. Lockes Trennung der Religion von der öffentlichen Sphäre im Politischen, eine Trennung, die selbst erst auf der Basis eines christlichen Religionsverständnisses sinnvoll wird, führt zu einer Ursprungserzählung der Religion im Privaten im soziologischen Diskurs. Das ist die Erzählung der Religionssoziologie.

Die Erzählung Individualisierung birgt so einen Widerspruch zwischen ihrer Aussage (der Wahl) und ihrem eigenen Charakter: Der Charakter dieser Erzählung der Wahl und Entscheidungsfreiheit ist ein sehr stark sozialisierter, so stark, daß es sich um eine Selbstverständlichkeit handelt, die so offensichtlich scheint, daß sie nicht hinterfragt wird. Die Erzählung der Wahl löst keine umfassende Sinnstruktur ab, *sie stellt selbst eine neue umfassende Sinnstruktur dar.* Sie ist selbst das, was Peter L. Berger einen heiligen Baldachin genannt hat. Damit wird sie wieder durch und durch gemeinschaftlich.

Die gängige Betrachtung der Religion in der Gegenwart – privatisiert, gewählt, persönlich – könnte dann eine Betrachtung aus dieser Theorietradition heraus sein. Aus einer anderen Perspektive heraus ließe sich die Religion jedoch auch abweichend erzählen; auch eine Reformulierung der Religionssoziologie in Begriffen des Gemeinschaftlichen, Kollektiven, diskursiv-historisch Geformten ist möglich. Soweit liegt das auf der Hand. Diese Elemente liegen jedoch nicht in einer anderen Religionssoziologie versteckt, sie schlummern *in nuce* bereits in der Mehrheitstheorie der Religionssoziologie. Die Hauptvertreter der religiösen Wahl kommen in ihren Arbeiten nicht ohne einen Rückbezug auf das Gemeinschaftliche aus. Darauf aufbauend möchte ich eine Theorie der Religion vorschlagen, die das Gemeinschaftliche nicht lediglich ernst nimmt, sondern ins Zentrum der Betrachtung zurückführt, eine Theorie, die die Religionssoziologie wieder mit genuin soziologischen Erklärungen bevölkert.

Dazu möchte ich zunächst die Religionssoziologie mit ihren Neigungen zu Wahl und Individualität kurz darstellen. Das geschieht im ersten Kapitel. Dann werde ich dieselben religionssoziologischen Erzählungen herausgreifen und in ihnen die diskursive Beeinflussung durch protestantisch geprägte Denkschemata zeigen, um die Vermutung zu erhärten, daß die Individualisierung in der Erzählung verankert liegt und die Erzählung eng mit der Reformation verknüpft ist. Die gesamte Theorie der Wahl ist eine sozialisierte Idee. Zudem steht sie auf der Basis einer bestimmten diskursiven Struktur, die mit der protestantischen Reformation verknüpft werden kann. Das geschieht darauffolgend im zweiten Kapitel. Dann möchte ich zeigen, wie auch die gängigen Religionstheorien eine Betrachtung der Religion als gemeinschaftliche, öffentliche Institution trotz aller Wahlrhetorik in sich tragen, so daß wir also gar nicht auf anderen Planeten oder längst vergangenen Zeiten suchen müssen, um eine Erzählung der Gemeinschaft zu finden; sie ist in unseren Diskursen bereits vorhanden. Die Bedeutung der Gemeinschaft, die auch die Theorien der Privatisierung ihr noch zumessen, werde ich dann im dritten Kapitel behandeln.

Ich möchte hierzu also drei Schleifen ziehen. Diese drei Schleifen formen die erste Hälfte der Arbeit, die sich mit der Religionssoziologie, wie sie gegenwärtig betrieben wird, auseinandersetzt. Diese Religionssoziologie, die sich so sehr mit der Erzählung der Wahl beschäftigt, in der auch ein protestantisches Denkschema nachzuweisen ist, trägt in sich selbst wieder Ansätze, die zu einer Betonung des Gemeinschaftlichen herangezogen werden können. Ich nehme daher sechs prominente Ansätze, die von

Peter Berger, Thomas Luckmann, Charles Taylor (mit seinen Ausführungen zu William James), Ulrich Oevermann, José Casanova sowie den Ansatz der rational-choice-Theorie. Diese werde ich in Schleifen umkreisen, erst zur Darstellung der Wahlbetrachtung, dann zu ihrem Gehalt an im protestantischen Diskurs verankerten Erzählungen und schließlich zu dem Beitrag, den sie leisten können, das Paradigma der Wahl zu überkommen, indem ich in ihnen die gemeinschaftlichen Elemente, die teils in den Hintergrund gedrängt sind, herausarbeite. Daneben werde ich auch noch weitere religionssoziologische Arbeiten zu Wort kommen lasen, aber diese sechs sollen meine Schleifen binden.

In der zweiten Hälfte der Arbeit will ich dann, anknüpfend an die bestehenden Elemente der Gemeinschaftlichkeit, eine Theorie der (re-)sozialisierten und (was die Theoretisierung betrifft) entprivatisierten Religion entwickeln. Im vierten Kapitel möchte ich dazu die Erzählung der Wahl überkommen und die Religionssoziologie mit der Gesellschaft wiedervereinigen. Dazu möchte ich eine diskursive Definition der Religion anbieten, die davon ausgeht, daß die Wahrnehmung, Ordnung und Struk-turierung der Welt ohne Erzählungen unmöglich ist und daß diese Erzählungen aus-nahmslos auf Setzungen beruhen müssen. Das macht sie jedoch nicht automatisch zur Religion. Ich möchte nur ein System von im Diskurs als transzendent markierte Setzungen als Religion ansehen, also nichtimmanente Grundlagen des Denkens, deren Charakter als nichtimmanente Setzungen auch bewußt ist. Diese transzendente Markierung als Teil der der Definition verhindert, daß eine solche Religionsdefinition alles zur Religion macht, was es müßte, wären Setzungen alleine die Grundlage. Setzungen sind immer notwendig, doch sind sie erst dann Religion, wenn man sich bewußt ist, daß man nichtimmanentes voraussetzt. Es sind Setzungen, die im Diskurs als transzendent *markiert* sind, die also nicht als weltimmanent und „natürlich" markiert sind. Dagegen stehen die Setzungen, die im Diskurs als immanent markiert sind, die zwar auch gesetzt sind, von denen man jedoch annimmt, sie wären in der materiellen, natürlichen Wirklichkeit der Welt verankert. Diese unbewußten Setzungen, Setzungen, die ebenso wie die Religion nicht immanent sind, aber als immanent *markiert* sind, will ich Welterklärungserzählungen nennen.

Ob ein Glaube bekannt wird, wie es also zur Religion des Einzelnen kommt, hängt dann nicht an der Nichterklärung der Wahl. Es kommt darauf an, ob eine transzendent markierte Setzung bekannt wird, und das kann nur dann der Fall sein, wenn sie mit den bestehenden Setzungen in Resonanz schwingt oder ihnen zumindest nicht allzu offen widerspricht. Ich möchte diese Setzungen statt dessen mit dem Begriff des *credendum* verknüpfen, des zu Glaubenden oder Glaubhaften, das immer sozialisiert bleiben muß:

Es muß in der Gesellschaft als glaubhaft historisch-diskursiv verankert gewesen sein, es muß in der Interpretationsgemeinschaft, zu der sich der Konvertit zugehörig fühlt, als intern markiert sein und es muß in der konkreten Gruppe Unterstützung finden. Glaubhaft ist hier nicht die Übereinstimmung mit einer außer-weltlichen Rationalität, sondern die Übereinstimmung mit innerhalb eines gewissen kulturellen Umfeldes prominenten Setzungen, also mit bestehenden Erzählungen.

Auf der Basis dieser unbewußt geformten credenda erst entwickeln sich bewußte Ideen des Glaubens; sie werden nicht einfach frei gewählt im, in Malise Ruthvens so oft zitierten Worten, „göttlichen Supermarkt". Dieser Ansatz soll die Religionssoziologie aus der Falle der Wahl herausführen und wieder soziologisch-analytischer werden lassen. Unsere Frage muß nicht sein, was wird angeboten, sondern: Welche Erzählungen führen zu welchen diskursiven Hintergründen und welche credenda erwachsen daraus, so daß ein als nichtimmanent markiertes System von Setzungen (oder eine Setzung) glaubhaft und plausibel wird?

Auf der Basis einer solchen entprivatisierten Theorie der Religion, in der Religion immer etwas Gemeinschaftliches bleiben muß, möchte ich dann einen kurzen Schlenker zur Frage der Religion in der Öffentlichkeit machen. Die Frage, ob und wie Religion sich öffentlich äußern darf, ist Korrelat und Vorläufer zur Idee der privatisierten Religion, die dann auch eine Religion in der Privatsphäre sein soll – das ist das amerikanische Modell, das als Grundprinzip eines universellen Liberalismus angenommen wird. Eine Religion, die originär gemeinschaftlich ist, die einzelne nicht aufgrund einer individuellen Wahl bekennen, sondern aufgrund einer gesellschaftlich-diskursiven Verwurzelung ist jedoch schwer aus der öffentlichen Sphäre, aus der sie dann ja kommt, fernzuhalten. Gerade in liberalen Diskussionen löst diese Aussicht eine nicht zu unterschätzende Angst aus; diese Angst, möchte ich zeigen, ist nicht nur unbegründet, sie ist möglicherweise viel mehr eine selbsterfüllende Prophezeiung. Gerade Religion, die aus der Öffentlichkeit verbannt wird, radikalisiert sich.

Schließlich möchte ich auf der Basis der Theorie der credenda zeigen, wie nun die Erzählung Individualisierung selbst ein credendum geworden ist. Als Welterklärungserzählung ist sie nun die Basis für die Wahrnehmung der beobachteten Kontingenzen und sie führt zur Erzählung der privatisierten Religion und der Wahl. Damit ist diese These selbst Produkt einer umfassenden Sinnstruktur, allerdings einer, die nicht als die nichtimmanente Setzung, die sie ist, markiert ist.

1. Die privatisierte Wahlreligion

Moderne, Pluralität und Wahl

In den Gesellschaftswissenschaften, in den Feuilletons und in der Gesellschaft wird derzeit allerorts über die Rückkehr der Religion sinniert,[4] und das nicht erst, seit der Papst aus Deutschland stammt und ein Weltjugendtag (einmal wieder) Millionen Jugendliche aus aller Welt anlockt. Die Wiederentdeckung der Religion in den Gesellschaftswissenschaften hat sich freilich lange angedeutet, nicht zuletzt in Jürgen Habermas' aufsehenerregender Hinwendung zur Theorie der postsäkularen Gesellschaft. Je populärer die These wird, daß auch hier in Europa, dem Paradeland der Säkularisierung und in Deutschland, dem verläßlichen Fels des Antiklerikalismus, die Religion wohl doch nicht so tot ist, wie das in der Mitte der Nachkriegszeit so oft vorausgesagt wurde, um so mehr erfährt die Religionssoziologie als Helfer zum Verstehen dieser Trends eine neue Aufmerksamkeit – und scheint seltsam unvorbereitet. Die Antworten, die die Religionssoziologie bereitgehalten hat, laufen brav und gefügig entlang der Ansätze, die die Thesen einer reflexiven Moderne, fortgeschrittenen Moderne oder der individualistischen Gesellschaft haben erwarten lassen. Erst erklärten sie den Rückgang der Religion mit der Individualisierung und der damit einhergehenden Auflösung kollektiver Bindungen. Nun erklären sie die Vitalität der Religion mit derselben Individualisierung, mit der sie seinerzeit ihre Schwäche diagnostizieren wollten. Das scheint kurios. Im Vorwort zu *Religiöse Individualisierung oder Säkularisierung?* schreibt Karl Gabriel enthusiastisch, das Konzept der Individualisierung habe sich „in erstaunlich vielen Bereichen als fruchtbares Analyseinstrument erwiesen" und regt diese Richtung auch für die Religionssoziologie an.[5] Wir finden diese Ansätze in Peter L. Berger, der die Sehnsucht nach Sinn[6] und die Wahl der Religion auf der Basis individueller Erfahrung[7] diagnostiziert und in Thomas Luckmann, der die Religion als unsichtbar, privatisiert und persönlich sieht,[8] eine Situation, in der sich gerade liberale, wirtschaftswissenschaftlich inspirierte Analysen wie die

---

[4] Z.B., unter vielen, Friedrich Wilhelm Graf. Die Wiederkehr der Götter. München 2004.
[5] Karl Gabriel.(Hg.) Religiöse Individualisierung oder Säkularisierung. Gütersloh 1996.
[6] Peter L. Berger. A Far Glory: Faith in an Age of Credulity. New York: 1992. Deutsch: Sehnsucht nach Sinn.
[7] Peter L. Berger. The Heretical Imperative. New York 1979.
[8] Thomas Luckmann. Die unsichtbare Religion. Frankfurt 1991.

rational-choice-Theorie eine neue Leistungsfähigkeit der Religion auf dem freien Markt ausrechnen.

Die Religionssoziologie befindet sich so tief im Paradigma der Wahl. Sie befand sich vor der „Rückkehr der Religion" darin, als sie die Säkularisierung erklären wollte und befindet sich nun immer noch dort: Luckmann konstatiert das „Warenhaus" religiöser Optionen, aus dem sich der einzelne nun frank und frei bedienen kann, Berger den „Zwang zur Häresie", in dem der moderne Mensch in der pluralisierten Situation keine andere Wahl mehr hat als zwischen den Optionen des heiligen Kosmos zu wählen. Von Malise Ruthven stammt derweil der Begriff (und nur der) des *göttlichen Supermarkts*. Wiedergeburt oder Fegefeuer, was ist im Angebot? ...

Die Basis der neuen Wahlmöglichkeiten der Religion sieht die große Mehrheit der Religionssoziologie in der religiösen Pluralisierung, das heißt in der Erhältlichkeit aller möglichen Angebote durch die Brechung des Monopols der einen Weltanschauung. Einer „geschlossenen" Sinnwelt im Mittelalter oder in der vorglobalisierten Gesellschaft (wenn es so etwas je gegeben hat), die sich noch nicht mit dem Anderen hat auseinandersetzen müssen (gab es das je?) folgt eine bunte, pluralisierte, multikulturelle Erlebniswelt, in der alle möglichen Formen der Sinnfindung nebeneinander stehen.[9] Dieses Aufbrechen, das einerseits Sicherheit und Halt gekostet hat, bringt dann als Möglichkeit – oder als Zwang – die Wahl mit sich, die Option, sich für die Religion zu entscheiden, die den eigenen Präferenzen am ehesten entspricht. Das ist die Erzählung der privatisierten Wahlreligion. Die Religion wird in diesen Ansätzen als Wahl- und Konsumobjekt betrachtet, das einen neuen „Markt" gefunden hat, auf dem „Konsumenten" bereit sind, aus verschiedenen religiösen Angeboten das zusammenzustellen, was ihrer persönlichen Situation am meisten „entspricht", das heißt, was ihnen am meisten „Nutzen" bringt. Die Rückkehr des Religiösen ist dann entweder einer erhöhten Nachfrage geschuldet von Seiten derer, die in ihrem Leben den Sinn vermissen, jedoch ein natürliches Bedürfnis danach haben, das es zu befriedigen gilt,[10] oder einem erhöhten Angebot, das flexibler auf die Bedürfnisse der Menschen eingehen kann und deshalb größere Marktabdeckung erreicht.[11] Die Theorie spricht

---

[9] Das ungeachtet der Tatsache, daß die heutige religiöse Situation viel zentrierter ist, als es sie z.B. in der Spätantike war; heute können sich die allermeisten christlichen Gemeinschaften auf ein gemeinsames Glaubensbekenntnis und gemeinsame Kernelemente einigen. In der Spätantike, der Blütezeit der großen Häresien, war das „Angebot" viel breiter: hier konnte Jesus Gott, Mensch oder Gott und Mensch sein, die Welt konnte Teil der guten Schöpfungsordnung oder böses Dämonenwerk sein, es konnten ein Gott, zwei Götter, mehrere Götter unter dem Dach des Christentums ihren Platz finden.

[10] Berger [1992].

[11] Roger Finke und Rodney Stark. The Churching of America, 1776-2005: Winners and Losers in Our Religious Economy. Newark 2005.

dann entweder von einem Nachfrage- oder einem Angebotsschub zugunsten der Religion, die einer flexiblen Konsumentenbevölkerung nun bunte Ideen verkaufen kann, als handele es sich um Waschmaschinen. Man braucht die jetzt wieder, es sieht alles so schmutzig aus. Zum Glück gibt es jetzt auch für alle möglichen Schmutzentfernungspräferenzen[12] eigene Angebote...

Im Schatten der Modernisierungs- und Pluralisierungstheorien hat die Religionssoziologie die Wahl der Religion aus dem pluralen Angebot zum absoluten Paradigma ihrer Betrachtungen gemacht. Das kann natürlich daraufhin interpretiert werden, daß hier eine materielle Wahrheit in der Ordnung der Welt erkannt wurde. Es könnte jedoch ebenso heißen, daß eine bestimmte Art und Weise, über die Religion und das Individuum zu *reden*, eine solche Verbreitung erfahren hat, daß es nun die Handlung der Sozialwissenschaftler beeinflußt, die darüber sinnieren. Dann handelt es sich nicht um eine empirische Erkenntnis, sondern um eine neue Prämisse, mit der nun an die Analyse herangegangen ist und die die Analyse nun strukturiert. Die letztere Betrachtungsweise folgt einem historisch-diskursiven Ansatz, der davon ausgeht, daß das Handeln der Menschen aus der Art und Weise der Rede und der Texte, also dem diskursiv geformten Wissen, historisch entsteht.[13] Auf der Basis der Feststellung, daß die Individualisierung erst die Säkularisierung, nun die Wiederkehr der Religion erklären soll, bietet sich genau diese Sichtweise an. Es ist nicht die Veränderung der religiösen Landschaft, die die Thematisierung Individualisierung hervorbringt, sondern vielmehr die Überzeugung der Individualisierung, die primär als Setzung die Analyse beider Phänomene strukturiert.

Es handelt sich in der Analyse der Privatisierung der Religion um eine Thematisierung des Verhältnisses von Religion im Verhältnis zu Privatsphäre und Öffentlichkeit, die sich aus ihren ursprünglichen, politischen Anwendungsgebieten auf ein soziologisches Feld ausgedehnt hat. Religion im Verhältnis von Privatsphäre und Öffentlichkeit läßt sich in drei Bereiche untergliedern. Die ersten beiden sind vorderrangig politisch; der dritte hingegen ist soziologisch. Der erste Bereich ist der der Trennung der privaten Religion von der Sphäre des öffentlichen Gemeinwesens, also des Staates; die Religion soll den Staat nicht beeinflussen und der Staat soll die Ausübung der Religion weder behindern noch begünstigen. Das ist das laizistische Prinzip. Der zweite Bereich ist der der Ausdehnung dieses Prinzips auf die der staatlichen Entscheidung vorange-

---

[12]   Die Schmutzentfernung kann auf Walter Benjamins Charakterisierung von „entsühnenden" Religionen bezogen gedeutet werde. Walter Benjamin. Kapitalismus als Religion. In: Dirk Baecker. Kapitalismus als Religion. Berlin 2003.

[13]   Siegfried Jäger. Kritische Diskursanalyse. Eine Einführung. Duisburg 2004; Vgl. u.v.a. Jacques Derrida. The Gift of Death. Chicago 1995; Michel Foucault. Surveillir et Punir. Paris 1975.

stellte politische Debatte: die Religion soll nicht als Argumentationshilfe in politischen Diskussionen auftauchen. Das ist die liberale Angst vor der Religion, die gerade in den USA zu einem veritablen Kulturkampf geführt hat und die ich später noch einmal anschneiden werde. Der dritte, zwar verschiedene, aber dennoch eng verwandte Bereich ist der, den José Casanova auch als dritte Bedeutung des Begriffes „Säkularisierung" postuliert hat: es ist die Verschiebung der Religion zur Privatangelegenheit, zur inneren Überzeugung. Das ist die Religion der inneren Entscheidung und Wahl, die die Religionssoziologie in den letzten Jahrzehnten so stark inspiriert hat. Diese dritte Variante ist direkt verwandt mit der liberalen Lösung der ersten beiden Varianten. Die ersten beiden Bereiche befassen sich mit der legitimen *Rolle* der Religion, der dritte fragt jedoch nach ihrem *Sitz*, ihrer Ursache. Während die ersten beiden sich mit der Frage beschäftigen, wo die Religion *hindarf*, fragt die dritte Variante danach, wo sie *herkommt*. Alle drei Varianten werden in der liberalen Moderne mit derselben Antwort verdrängt: *die Privatsphäre*. Die dritte Variante ist diejenige, die mich hier interessiert.

Die Religionssoziologie wäre in dieser Betrachtung nicht Lieferant einer Theorie der Religion *comme elle se présente*, sondern eine Theorie aus einer Theorieproduktion, die ihrerseits bereits als soziale Handlung auf Diskursen zur Ordnung der Welt aufbaut und eine Gesellschaft beschreibt, für die dasselbe gilt. Diese Religionssoziologie möchte ich nun mit diskurstheoretischen Mitteln betrachten, um die Annahmen offenzulegen, die diese Betrachtungen voraussetzen. Eine Religionssoziologie, die ihre Analyse auf bestimmten Annahmen, was das Menschen- und Weltbild betrifft, aufbaut, findet eine Religion vor, die in diesen Begriffen *thematisierbar* ist, eben weil wir die Welt nicht ungefiltert-positiv wahrnehmen, sondern durch ein gewisses Weltbild, eine Interpretation hindurch, das unsere Wahrnehmung strukturiert und in Bahnen lenkt, die wir erwarten können. Wieder, „if men define situations as real, they are real in their consequences" – wenn wir religiöse Wahl als real definieren, ist das real in seinen Auswirkungen.

Wenn der Grund für die individualisierende Darstellung der Religion nicht darin liegt, daß wir dieses Phänomen nun einmal in der Welt lediglich vorfinden, sondern vielmehr damit, wie wir es thematisieren, mit welchen Erzählungen und mit welchem „Wissen" als Basis wir es wahrnehmen, dann muß man die Gründe für die *Erzählung Individualisierung* an einem anderen Ort suchen als in der reinen, unmoderierten Welt. Sie hat dann wahrscheinlich oberflächlich zwei Gründe: Einerseits handelt es sich um eine Religionssoziologie, die in weiten Teilen amerikanisch geprägt ist, nimmt also starken Bezug auf einen individualistisch geprägten Diskursraum, auf den von allen am individualistischsten geprägten Raum. Dann wäre einmal wieder Amerika an allem schuld; das scheint etwas zu einfach und ignoriert, daß das Individualisierungstheorem nicht lediglich ein Theorem der Religionssoziologie ist, sondern vielmehr eines, das über alle Felder der Soziologie verstreut großen Anklang gefunden hat.

Andererseits, damit eng verwandt und analytisch vielversprechender, könnte es sich um eine Theorie handeln, die aus stark an *protestantischen* Welterklärungserzählungen geschärften Diskursen entspringt. Dies würde einerseits auch den amerikanischen Diskurs grundierend erklären, denn die USA sind die am stärksten protestantisch geprägte Nation der Welt. Andererseits würde es auch zeigen, warum auch kontinentale Religionssoziologen so leicht auf diesen Zug aufzuspringen bereit sind (während gerade französische und süddeutsche Vertreter der Disziplin hier skeptischer zu sein scheinen). Das gilt für die Erzählung Individualisierung in der Religionssoziologie genauso wie auf anderen Feldern, diese anderen Felder sollen mein Thema hier jedoch nicht sein.

Die beiden Gründe, der oberflächliche und der tiefergehende, mögen ein und derselbe Grund sein: Die religiöse Landschaft der USA ist nun einmal eine, die überwiegend protestantisch geprägt ist, so sehr, daß als Analyse die Betrachtung im Umlauf ist, alle amerikanischen Religionen seien protestantisch geworden, inklusive des Katholizismus und des Judentums Amerikas.[14] Die Schwierigkeiten, die der Vatikan mit seinen amerikanischen Schäfchen hat, mögen als Beleg für diesen Trend zu werten sein.

Daß dieser Protestantismus die Struktur der westlichen Welt nachhaltig beeinflußt hat und durch diese historische Verankerung auch die Handlungsweise in der gegenwärtigen Gesellschaft weiterhin sedimentiert beeinflußt, ist spätestens seit Max Weber wohl schlechthin Allgemeingut.[15] Auch Ernst Troeltsch thematisiert prominent die Bedeutung, die protestantische Ideen in der Formierung der modernen Welt einnehmen,[16] und nach Max Weber analysierte auch Richard Tawney die Bedeutung des Protestantismus (hier in einer bewußteren Variante als Weber) für die Entstehung des Kapitalismus,[17] der unsere Welt so tief strukturiert. Daß dann auch protestantische Erzählungen in der Thematisierung der Alltagswelt, mit ihren Problemen, Hoffnungen, Nöten und Ängsten, dominant werden können, daß diese Erzählungen also Selbstverständlichkeiten des Alltags und alltägliche Wahrnehmungen der Umwelt, ihre

14   John Murray Cuddihy. No Offense: Civil Religion and Protestant Taste. New York 1978.
15   Max Weber. Protestantische Ethik und der Geist des Kapitalismus. Erftstadt 2005 [1905].
16   Ernst Troeltsch. Die Bedeutung des Protestantismus für die Entstehung der modernen Welt. Aalen 1963 [1911].
17   Richard H. Tawney. Religion and the Rise of Capitalism. New York 1947 [1926].

Strukturierung und Interpretation weit jenseits des bewußten Glaubens beeinflussen, steckt in dieser Erklärung ohnehin bereits. Daß dieses dann ein Gemisch ergibt, das die Theoriebildung in den Sozialwissenschaften nun von doppelter Seite beeinflußt, ist dann plausibel: Einerseits stehen auch die bearbeitenden Sozialwissenschaftler in diesem diskursiven Hintergrund, thematisieren also auch ihre eigenen Forschungsgegenstände in diesen mit der Zeit verfestigten und nicht mehr bewußt als religiös wahrgenommenen Denkmustern, andererseits ist auch das soziale Handeln, das sie beobachten, von diesen religiösen Mustern durchzogen. Sowohl der Hermeneutiker als auch der Empiriker findet dann diese Muster wieder.

Erzählung Individualisierung

Anhand der gängigen Betrachtungen der Religion möchte ich dann feststellen, welche Annahmen der Betrachtung der Religionssoziologie zugrunde liegen und in welche diskursiven Formen diese Annahmen gegossen wurden. Dazu möchte ich zunächst die Erzählung Individualisierung näher betrachten. Sie ist nicht Reaktion auf eine Entwicklung in der Welt, sondern eine Setzung, durch die die Welt nun wahrgenommen wird: sie ist selbst eine ordnende Sinnstruktur. Diese Erkenntnis steht am Anfang und am Ende der hier vorgeschlagenen Betrachtung der Religionssoziologie.

Bei der Erzählung Individualisierung handelt es sich natürlich nicht lediglich um ein Paradigma der Religionssoziologie, sondern um ein Paradigma der Soziologie oder der Sozialwissenschaft als Ganzes. Es geht im Vorliegenden nicht darum, zu zeigen, inwiefern dieses Paradigma in einem mimetischen (oder kritisch-rationalistischen Sinne) falsch ist; das wäre ansatzfremd. Es geht vielmehr darum, zu zeigen, wie stark es ist, auf welchen Annahmen es beruht und welche andere Thematisierung plausibel gemacht werden könnte, immer mit dem Blick auf die Folgen der Thematisierung mehr als auf eine „Wahrheit" der Thematisierung.

Große Teile der modernen Religionstheorien sitzen, wie jede Theorie das notwendigerweise tun muß, auf einer Reihe von Annahmen. Vier davon scheinen besonders häufig aufzutreten. Die Religionstheorien von Pluralisierung und Wahl sind oft a) *materialistisch* und b) *positivistisch*, wie die Wirtschaftswissenschaft, von der sie sich große Teile ihres Vokabulars leihen: Sie gehen in ihren Annahmen davon aus, daß es erstens so etwas wie Präferenzen und Bedürfnisse auf der Basis von materiellen Notwendigkeiten gibt, die aus der Lebenssituation nun einmal materiell entstehen und objektiv da sind, so daß sie entweder objektiv befriedigt oder nicht befriedigt werden können. Zweitens setzen sie voraus, daß wir eine materielle Entwicklung in der Welt auch zweifelsfrei und positiv beobachten können, eine Entwicklung nämlich, die durch die Technologie zur Pluralisierung führt. Das, und das ist die dritte Annahme, schafft c) eine gänzlich *neue Situation*, auf die der d) *Einzelne*, einsam, privat und individuell, dann mit Wahl und Entscheidung reagieren muß, denn es bricht eine materielle Flut neuer Optionen in dieser neuen Welt auf ihn herein, die eine Wahl erzwingt. Dies sind die Annahmen – oder Setzungen – eines Großteils der gegenwärtigen Religionssoziologie.

Aus der Sicht einer diskursiv orientierten Analyse wären diese Annahmen dringend zu hinterfragen. Eine diskursive Herangehensweise würde versuchen, die Ursprünge dieser Erzählungen zu finden, anstelle daß sie sie für materiell wahr hält, denn eine solche Analyse geht davon aus, daß etwas nur durch die Brille einer Erzählung, einer Interpretation zu „Wahrheit" wird. Objektive Veränderungen der Welt (Früher gab es Mammuts. Es gibt keine Mammuts mehr.) müssen dazu nicht verneint werden, jedoch sollte erkannt werden, daß man solche Veränderungen entweder in Begriffen der Kontinuität mit dem Alten interpretieren kann – was dann zu geringer Veränderung der Betrachtungsweise und folglich der Handlungsweise führen sollte – oder in Begriffen des absolut Neuen, was dann auch die Richtung der Reaktion verändert. (Lebewesen kommen und gehen, die Evolution geht weiter, Mammuts sterben aus und andere Arten entstehen neu; es kann nicht anders sein. / Rettet die Mammuts! Rettet die Wale! Der Wald stirbt! *Wenn der letzte Baum gefällt ist...!*) Dasselbe *materielle* Ereignis in der Welt kann etwas Glückliches, Heilbringendes, Schreckliches, Verdammendes oder einfach nur Gleichgültiges sein; es hängt von der Interpretation ab, mit deren Hilfe wir den *Text Welt* lesen, und der wiederum hängt von unseren Ideenwelten, unseren Deutungsmustern, unseren Erwartungen und Wertevorstellungen ab. Sowohl die Lesung der materiellen Welt als auch die Reaktion der Gesellschaft und des Menschen darauf geschehen auf der Basis einer bestimmten Erzählung, einer bestimmten Vorstellung dessen, was normal, richtig, möglich, erwartbar oder glaubhaft ist. Die vier Annahmen, die ich oben genannt habe, führen nun zur Erzählung Individualisierung. Diese ist die an diese Welt herangetragene Interpretation, aus und mit ihr wird die „Wahrheit" über die Welt gelesen.

In diesen Thematisierungen, die Privatisierung und Individualisierung diagnostizieren, geht es um Religion als etwas, was quasi in der modernen Zuweisung der Kategorie „Handelsgut" auf alles, was nicht rechtzeitig wegläuft, kommodifiziert worden ist, zu etwas, was wie Käse, Brot und Butter ausgewählt und konsumiert werden kann. Religion wird zum Objekt der Wahl, wenn die Moderne mit ihrer Mobilität die

Grenzen der zuvor geschlossenen religiösen Gemeinschaften aufbricht und damit ein Überschwappen aller möglichen Systeme letzter Bedeutung in die Territorien der jeweils anderen verursacht. Das *völlig Neue* der Moderne, der Globalisierung, der Individualisierung wird als Quelle dieser völlig neuen Entwicklung der Religion gesehen. Es handelt sich in dieser Erzählung um eine *materialistische*, da die materielle Entwicklung (Neuheit Globalisierung) als verantwortlich für diese Brüche zu Neuem in einer pluralen Welt zeichnet. Außerdem handelt es sich um eine in Erzählung der *Brüche zu Neuem*, denn sie postuliert eine gänzlich neue Umwelt für den Einzelnen in dieser pluralisierten Situation. Es handelt sich zudem um eine individualistische, denn sie lädt die Last der pluralen Situation und den aus ihr entstehenden Kontingenzen auf dem *Einzelnen* ab, der nun vor einem Berg letzter Bedeutungen steht und aus diesem unüberschaubaren Angebot nicht nur eine Präferenzentscheidung treffen muß, analog zu: Wurst oder Käse?, sondern die für religiöse Menschen wichtigste Entscheidung ihres ewigen Lebens (wenn der gewählte „Dienstleister" ein ewiges Leben im Angebot hat.) Das wiederum ist genau die Einsamkeit und Selbstreferenz, die Max Weber als Quelle der existentiellen Sorge des Protestanten ausgemacht hat: Ohne Klerus und Kirche, die die Erlösung vermitteln kann, steht der Protestant alleine vor Gott und hat niemanden, der ihm die Sicherheit geben kann, ob er nun erlöst oder verdammt ist. Dem Geistlichen bleibt nur die Rolle des Ratgebers und des Begleiters; die Erlösung ist nicht mehr sein direktes Geschäft, das geht über auf den Einzelnen selbst. Die Individualisierungsthese hat vielleicht gerade auf dieser Grundlage in der Soziologie eine breite Rezeption und Anwendung gefunden, weit über die Grenzen der Religionssoziologie hinaus. In der Religionssoziologie handelt es sich jedoch um einen speziellen Fall, denn hier kommt die These Individualisierung nach Hause; sie ist, wie oft festgestellt wurde, ein Produkt der christlichen und vor allem protestantischen Erzählung, die den einzelnen um seine Errettung bangen läßt und ihm die Verantwortung für diese Errettung in seinem Handeln selbst auferlegt, im Calvinismus durch den Umweg der Errettungsgewißheit aus der Produktivität und Disziplin.

Die Religionssoziologie hat diese vier Annahmen, die des *Einzelnen* am Kern der *radikalen Veränderung* als Reaktion auf *materielle Veränderung*, die *objektiv* wahrnehmbar ist, die in unserer Zeit über alle Bereiche der Gesellschaftsanalyse so prominent sind, in ihrem „neuen Paradigma"[18] fröhlich aufgegriffen und reproduziert

---

[18]   R. Stephen Warner. „Work in Progress. Toward a New Paradigm for the Sociological Study of Religion in the United States." In: American Journal of Sociology 95 (5) 1993: 1044-1093.

diese diskursiven Muster in ihren Analysen der Situation der Religion in der Gegenwart.

Mit diesem Gedanken möchte ich nun beginnen, meine Schleifen zu ziehen. Dazu wende ich mich zunächst den bekannteren Bearbeitungen der Situation der Religion in der Gegenwart zu, nämlich denen von Thomas Luckmann, Peter L. Berger, dem rational-choice-Ansatz, dann zu Ulrich Oevermann und den Analysen von Charles Taylor im Dialog mit William James. Darin wende ich mich vor allem der Idee der Wahl und der Pluralisierung zu. Dann werde ich mich im Folgekapitel damit befassen nachzuverfolgen, wie die Annahmen der gegenwärtigen Religionssoziologie in einem bestimmten historisch-diskursiven Zusammenhang, nämlich dem des Protestantismus vor allem angelsächsischer Prägung, verortbar sind um danach aufzuzeigen, wie die gegenwärtigen Betrachtungen der Religionssoziologie weiterhin gemeinschaftliche Elemente beinhalten. Das ist das Programm der ersten drei Kapitel.

Thomas Luckmann

Die unsichtbare Religion ist eines der prominentesten Werke der Religionssoziologie der letzten vierzig Jahre. Keine Einführung könnte stehen, ohne daß auf die Luckmannsche Kritik einer Religionssoziologie als Kirchensoziologie und die Neuorientierung des Begriffs des Religiösen hin zu privatisierten und kirchenfernen Bedeutungsmustern, die der einzelne einerseits übernimmt und andererseits konstruiert, bezug genommen werden könnte. In Luckmanns System ist die Glaubensaktivität des einzelnen, sein System an Bedeutungsmustern, immer stärker von ihm selbst höchstpersönlich in einer religiösen Privatsphäre unabhängig von kirchlichen Systemen konstruiert.

Religion ist für Luckmann bekanntermaßen zunächst eine allgemeine menschliche Notwendigkeit, die nie verloren gehen kann, denn mit ihrer Hilfe transzendiert der Mensch sein bloß biologisches Wesen und bettet sich in einen größeren Sinnzusammenhang ein. Das ist die Luckmannsche funktionalistische Definition der Religion: diese Transzendierung des biologischen Wesens ist notwendig, nur wird sie in der Moderne nicht mehr durch öffentliche, offizielle Systeme geleistet, sondern von einem individuell aus einem „Warenhaus letzter Bedeutungen" zusammengesuchten Sinngemisch. Diese Einbettung hat, so Luckmann, also in der Moderne ihre Form gewechselt. In seinem Buch konstatiert er eine Privatisierung der Religion im modernen

Umfeld, folgt also darin den Erzählungen des Individualismus und der der Brüche zum Neuen.

In Verwandtschaft mit der protestantischen neoorthodoxen Theologie ist der private Glaube bei Luckmann ein „Glaube als Gegensatz zur Gesellschaft",[19] der einen „ausgegliederten Bereich"[20] darstellt. Die Kirche mit ihrem geschlossenen, gesellschaftsintegrativen, öffentlichen Modell ist hier keine Option mehr, so Luckmann, denn das offizielle Kirchenmodell bildet eine Kluft mit dem, was dem Gläubigen „objektiv wichtig" ist. Diese offizielle Version, die nun nicht mehr trägt, ist bei Luckmann allerdings ebenso das Produkt einer privaten Konstruktionsleistung, lediglich einer, die schon so lange zurückliegt, daß die Tatsache der Konstruktion vergessen wurde und die Institution ein Eigenleben jenseits der historischen Individuen führt. Sie bleibt jedoch in einer privaten Konstruktionsleistung verankert; das ist Luckmanns gängiges und bekanntes Modell der Genese der Religion, in der die Konstruktionsleistung des einzelnen objektiviert wird, sich institutionalisiert und dann für Nachgeborene als gesellschaftliche Konstruktion überdauert, von der vergessen wurde, daß sie ihren Ursprung in einer individuellen Konstruktion hatte. Diese Institution wird dann objektiviert vorgefunden und bahnt sich ihren Weg in die Leben des nachgeborenen historischen Menschen. Der wiederum lernt in Luckmanns Behandlung der Religion in der Gegenwart, diese Institutionen aufzubrechen, zu hinterfragen und, wenn er dies möchte, sie neu zu konstruieren, seine Macht, sie zu konstruieren, wiederzuentdecken. Durch dieses *Zurück zu den Wurzeln* – ein bereits sehr protestantischer Gedanke! – entsteht eine individuelle Religiosität, für die die Privatsphäre die soziale Basis liefert.[21] Diese individuelle Religion entstand zwar anfangs aus der offiziellen Religion heraus, hat sich jedoch „nach einer Phase des Zweifels in eine rein individualistische Lösung der wichtigsten Probleme des Lebens um[ge]formt".[22] Man könnte sagen, bei Luckmann ist das eine Rückkehr.

So haben wir das typisch phänomenologische Bild des einzelnen Wahrnehmers, der reflexiv die Objektivität der Welt als Grundlage seiner Konstruktionsleistung nimmt und der letztlich einsam konstruiert, eine Konstruktion, die jedoch möglicherweise über die Zeit in die Gesellschaft eingebracht und objektiviert werden kann, aus der er die Grundlagen seiner Konstruktion bereits entnommen hatte: „Die gesellschaftlichen Formen der Religion beruhen [...] in gewisser Hinsicht auf einem individuellen

---

[19]   Luckmann [1991]: 77.
[20]   Luckmann [1991]: 126.
[21]   Luckmann [1991]: 151.
[22]   Luckmann [1991]: 127.

religiösen System",[23] einem System allerdings, in das das historische Individuum dann hineingeboren wird. Aus diesem Dualismus von einerseits vorgefundener Konstruktion und andererseits der individuellen Basis jeder Konstruktion entsteht dann Luckmanns Analyse, der einzelne habe eine „völlig freie Wahl", jedoch „abhängig von der sozialen Biographie des Konsumenten".[24] Auch der historische, in eine Konstruktion hineingeborene Mensch behält die Fähigkeit zur Konstruktion sozialer Wahrheiten, jedoch war er sich dessen im Zeitalter der alles ausfüllenden offiziellen Religion nicht bewußt; nun, in der Situation des modernen Pluralismus, in dem ihm ein „Warenhaus" religiöser Bedeutungen zur Verfügung steht, hat er jedoch wieder die Möglichkeit, in Freiheit zu konstruieren, denn die Optionen und die Offenheit sind nun (wieder) vorhanden; er muß seine Welt für sich selbst, privat und persönlich, zusammenbauen. Die Ursache für diese Rückgewinnung ist die moderne, pluralistische Situation, in der nun andere religiöse Optionen neben der offiziellen Religion erhältlich sind und nicht länger unterdrückt werden.

So sieht er sich nicht länger in *einer* vorgegebenen Konstruktion, sondern in einem Angebot mehrerer Optionen, aus denen heraus er wählen kann, um selbst zu konstruieren. Hier fällt bereits bei Luckmann der Begriff des Konsumenten; der einzelne tritt nach Luckmann gegenüber des Heiligen Kosmos als „Käufer" auf. „Ist die Religion erst einmal zur Privatsache geworden, kann das Individuum nach freiem Belieben aus dem Angebot ‚letzter' Bedeutungen wählen."[25] Er steht als individueller Entscheider im Leben, der sich nicht nur seine persönliche Identität, sondern auch seine Religion selbst konstruiert[26] – und das erfordert „ein hohes Maß an subjektiver Reflexivität und Wahlentscheidung". Luckmanns Beschreibung steht damit völlig in der Tradition der reflexiven Moderne, in der der Mensch nicht nur die Möglichkeit, sondern die ihm gestellte Aufgabe hat, selbst zu entscheiden, selbst zu wählen, selbst zu konstruieren, selbst für sein Leben in allen Aspekten verantwortlich zu sein. So steht der einzelne bei Luckmann vor einem „Sinnreservoir", aus dem heraus ihm die „so gut wie unlösbare Aufgabe" zukommt, „aus eigener Kraft ein [...] Sinnsystem zu erzeugen". Er wählt also nicht lediglich aus bestehenden Sinnsystemen eines aus, sondern baut sich aus ihren Elementen ein individuelles Sinnsystem.

Trotz der Nähe zur Unlösbarkeit ist er jedoch gehalten, es dennoch zu konstruieren, denn die möglichen Auswege sind in der hier gelieferten Darstellung klar negativer. Eine andere mögliche Lösung, eine andere Reaktion auf diese Möglichkeiten stellt, so

23   Luckmann [1991]: 108.
24   Luckmann [1991]: 131; beide Formulierungen stehen auf derselben Seite.
25   Luckmann [1991]: 141.
26   Luckmann [1991]: 141.

Luckmann, die Annahme dar, sich für unfähig zu halten, ein solches System zu konstruieren und daher das Vorgeformte so zu übernehmen, wie es ist, aus Angst oder aus Zögern, seine neue, plurale Freiheit auch zu verwenden. Dies ist eine sehr sartrische Analyse (ohne daß Luckmann sich auf Sartre beziehen würde), in der der Mensch, der eigentlich radikal frei ist, sich selbst als unfrei imaginiert, um seiner Verantwortung zu entkommen, sich dabei aber im Zustand des *mauvaise foi* befindet. Man mag sagen, er befindet sich in der Häresie, im Sinne der Ketzerei, nicht der Wahl, gegenüber seiner eigenen Freiheit. Eine dritte Option neben der Wahl der Elemente aus dem religiösen Baukasten ist laut Luckmann die Formulierung einer gänzlich weltlichen Option, die keine transzendenten Elemente mehr zuläßt.

Man denkt sich anhand einer solchen Beschreibung des nun frei wählenden Menschen, der sich aus dem Warenlager letzter Bedeutung einen eigenen, individuellen Sinnzusammenhang bastelt, schnell einen Menschen, der mit Schere und Kleber nachts über dem Koran, der Bibel und der Talmud sitzt und sich die Teile, die er mag, zu seiner ganz privaten Heiligen Schrift zusammenklebt. Obwohl Thomas Jefferson just dies getan hat (nur ohne Koran und Talmud, dafür mit dem Neuen Testament und den Klassikern der Aufklärung), scheint dies eine abenteuerliche Vorstellung.

Wie auch bei Berger, auf den ich nun sofort zu sprechen kommen werde, ist Luckmanns Religionstheorie vielleicht vielmehr ein Versuch, auch dem historischen Individuum die Freiheit zu geben, die es als Objekt der phänomenologischen Theorie benötigt, aus dem Ausgangspunkt des Individualismus heraus. Durch die Brille phänomenologischer und konstruktivistischer Annahmen ist Luckmanns Bearbeitung eine absolut logische und konsequente Analyse der Situation der modernen Religion – wenn Pluralität etwas Neues, der einzelne Mensch Zentrum aller Epistemologie und die Materialität der Welt notwendige Grundlage aller Konstruktion darstellt. Durch andere interpretative Filter, mit anderen Annahmen gesehen, mag sie weniger hilfreich erscheinen.

Interessanterweise bietet Luckmann in seiner Bearbeitung bereits eine Tür aus der Privatisierung der Religion heraus, nämlich den weiten Begriff der Religion als Sinnsystem, für den er häufig angegriffen wurde. Die Weltansicht, so Luckmann, ist die „grundlegende Sozialform der Religion, die in den meisten menschlichen Gesellschaften zu finden ist",[27] Religion ist dann bei Luckmann ein Begriff für „die Weltansicht als ganze, als einheitliche Sinnmatrix".[28] Religion ist dann eine anthropologische Konstante, aufgeteilt in „untere" und „höhere" Sinnschichten – das sind seine

---

[27]   Luckmann [1991]: 89f.
[28]   Luckmann [1991]: 93.

berühmten kleinen, mittleren und großen Transzendenzen – von der Typisierung über die Reflexion komplexer Zusammenhänge zur Erklärung mit gesellschaftlichen und geschichtlichen Einheiten.[29]

Die freie Wahl ist so auch, so gesteht er ein, beschränkt auf das, was die individuelle Biographie des Menschen zu wählen ermöglicht.[30] Hier finden sich bereits gravierende Einschränkungen der Konstruktions- und Wahlfreiheit des einzelnen. Diese Konzepte möchte ich zum Zweck der Bestimmung eines Religionsbegriffes jenseits der Wahl später wieder dankbar aufgreifen.

Peter L. Berger

In seinem Werk *Der Zwang zur Häresie*[31] greift dann auch Berger die Tendenz zur Pluralisierung als Ursache einer Pflicht zur Wahl auf. Wieder finden wir die Erzählung der signifikanten Brüche (in der ganz *neuen Situation* der Pluralisierung und Modernisierung), wieder finden wir die Erzählung des epistemologischen Zentrums im Individuum, das nun wählen muß; wieder finden wir die Betonung der materiellen Umwelt.

Berger diagnostiziert eine radikale Neuerung: Während die Häresie – das griechische Wort Αιρεσις, von dem es sich ableitet, bedeutet ja bereits *Wahl* – für die Vormodernen noch eine *Möglichkeit* war, so seine berühmte Formulierung, ist es dem modernen Menschen eine *Pflicht*: Vor einem von der Pluralisierung angehäuften schier endlosen Berg an Möglichkeiten muß man immer wählen, die Sicherheit der einen, verpflichtenden Option ist nicht mehr gegeben. Im Kontakt mit der modernen Welt, so Berger, zerbricht das Schicksalhafte und wird zum lediglich Möglichen, zu einer Option unter vielen. Das ist der vielfach wiederholte Kern des Werkes: das Ende des Schicksals und der Beginn der persönlichen Wahl. Die bedeutendste Komponente dieser Veränderung ist die technologische Entwicklung, die die „wichtigste Transformationskraft" darstellt, so Berger.[32] Wie bei Luckmann sind wir wieder im phänomenologischen Paradigma: Technik, Transformation, Sinnkonstruktion des Einzelnen zur möglichen Institutionalisierung.

Einen Glauben, einen heiligen Kosmos, ein *sacred canopy*,[33] den berühmten heiligen Baldachin braucht der einzelne jedoch immer, um sein fließendes und offenes Sinn-

---

29   Luckmann [1991]: 94.
30   Luckmann [1991]: 140.
31   Berger [1979].
32   Berger [1979]: 17
33   Peter L. Berger. The Sacred Canopy. New York 1967.

system auch in der Pluralität der Moderne in einem sinnfixierenden Ganzen fest und sicher zu verankern. Ein Glauben an ein Einigendes, das ihn stützt und aus der Verzweiflung des unabgeschlossenen Alltags reißt, einen „Glaubenssprung", benötigt auch der Mensch in der Moderne weiterhin. Hier taucht Kierkegaards Gedanke des Glaubenssprungs auf. Sie stellt also in diesem Umfeld der Pluralität, in der nicht mehr nur ein Glaube möglich ist, so Berger, jedoch eine gewichtige Folgefrage: „aber welche Tradition bekräftigen?"[34] Das ist die Frage, die auch die Pascal'sche Wette zerstört: aber *wohin* soll der Springende springen? Das, so Berger, muß er selbst wissen. Für einen Protestanten ist „Leben im Glauben [...] die Erfahrung einer von außen kommenden Befreiung", der Gnade Gottes, grundsätzlich unverdient, aber diese ist, so Berger, „nicht mystisch, sondern das Ergebnis einer Entscheidung".[35]

Daraus ergeben sich nach Berger dann drei Optionen für religiöses Denken in der pluralistischen Situation.[36] Der Gläubige – oder besser vielleicht der Suchende – hat einerseits die deduktive Option, die Bekräftigung der Autorität der offiziellen Religion im Kontakt mit der modernen, säkularisierten Gesellschaft; man könnte es vielleicht auch eine defensive Theologie nennen, die neoorthodoxe Theologie ist hierfür ein passendes Stichwort. Es ist die Option der Flucht vor der Wahlpflicht, der demonstrativen Bekräftigung des Alten, die dennoch auch eine Wahl darstellt. Diese Position ist jedoch stark in eben diese Defensive gedrängt, in die sie ja sogar möchte; im Gegensatz zur vorpluranen Zeit ist sie nun nicht mehr die einfache Lösung, sie ist vielleicht die anstrengendste. Statt dessen könne der Gläubige sich der reduktiven Option zuwenden, nämlich der Uminterpretation der Tradition im Sinne der modernen, säkularen Welt. Diese Version wurde von der protestantischen Theologie im 19. und 20. Jahrhundert gerne und oft vertreten und beruht, wie das Berger durchaus bewußt ist, auf der positivistischen Idee der vortheoretischen Erfahrung,[37] an die sich die überkommene Gottesvorstellung nun anpassen muß, um nicht in die gefürchtete Defensive der deduktiven Option zu geraten.

Als dritte und von Berger favorisierte Option steht die induktive Option zur Verfügung, in der die eigene Erfahrung Grundlage aller religiösen Betätigung ist, eine Option, die laut Berger als einzige einen Weg „zur Überwindung der Herausforderungen der modernen Situation" bereitet Hier wird aus der eigenen religiösen Erfahrung, die *primär* gesetzt wird, aus dem Sinnkosmos, der von den Glaubensrichtungen vertreten wird, das ausgewählt, was dieser eigenen Erfahrung, dem Schieds-

---

[34] Berger [1979]: 97
[35] Berger [1979]: 122.
[36] Berger [1979]: 73.
[37] Berger [1979]: 112.

24

richter aller Wahrheit, am ehesten entspricht. (Hieran unterscheiden sich Luckmann und Berger, hier vertritt Luckmann eine funktionale, Berger aber eine substantielle Religionsdefinition.) Daß diese von einem liberalen Protestanten gewählte Option gleichzeitig die Option des phänomenologischen Konstruktivisten ist, ist, so möchte ich später noch einmal aufgreifen, alles andere als Zufall.

Die Modernität bedeutet dann die „Auflösung der Selbstverständlichkeiten",[38] sie pluralisiert und das führt zur Wahlmöglichkeit. Das ist selbstverständlich erst dann eine logische Folge, wenn man den reflexiven, individuellen, unabhängigen, wählenden Menschen annimmt, der nicht nur Vehikel einer gesellschaftlich-strukturellen Wahlhandlung ist. Der kluge Gläubige also vertraut, so Bergers „Präferenz", seiner Erfahrung und wählt auf dieser Basis. Der amerikanische Ausdruck der „religious preference" macht diese neue Herangehensweise, die sich in der religiös pluralistischen Gesellschaft der Vereinigten Staaten durchgesetzt hat, so Berger, sehr deutlich.

Auch Berger bietet in seiner Bearbeitung einen Ansatz zur Infragestellung des Paradigmas der Wahl, nämlich die immer wiederkehrende Betonung der Notwendigkeit der sozialen Unterstützung für ein religiöses Sinnsystem: „Ein Mensch ist auf die soziale Bestätigung seines Glaubens angewiesen."[39] Etwas, was der Einzelne glaubt, muß in der Gesellschaft zu verteidigen sein; auch das möchte ich später wieder aufgreifen. In der zweiten Hälfte des Buches rudert Berger leicht zurück, was die Wahl betrifft und konstatiert, daß Menschen ihre Situationen nicht auswählen, sondern bestenfalls ihre Reaktion auf diese Situation wählen können[40] – bestenfalls impliziert wohl, daß auch hier die Sicherheit des Autors nicht allzu fest steht. „Die Welt, in die die Menschen geworfen werden, kann von Göttern bevölkert oder auch leer sein – auch das ist nicht gewählt." Gewählt seien die Götter zwar in grauer Vorzeit gewesen – das ist das Credo des Konstruktivismus – aber der heutige Mensch steht in dieser Freiheit nicht mehr. Dennoch ist die Wahl des heutigen Menschen weiterhin möglich, denn „zu einem nicht geringen Ausmaß" kann diese seine Reaktion auf die Situation bestimmen, in der er sich nun befindet.

Desweiteren steckt bereits in der Formulierung des Buchtitels – Der *Zwang* zur Häresie – ein kaum verborgenes Element, das an dem Paradigma Wahl zweifeln läßt. Etwas, was uns als Zwang auferlegt ist, geht nicht vom freien Menschen aus. Das ist freilich genau die Richtung, in der später Becks Diktum der Risikogesellschaft gehen wird: Es ist ein System, das vom Einzelnen abverlangt, ein alles wählendes, alles

---

[38]   Berger [1979]: 26.
[39]   Berger [1979]: 31.
[40]   Berger [1979]: 109.

entscheidendes, alles abwägendes Individuum zu sein, eine Rüstung, die er in der modernen Gesellschaft füllen *muß*. Eine Akteurstheorie kann man solche Betrachtungen nur mit Winden und Zögern nennen.

Bei Berger ist es natürlich die moderne, materielle Situation gepaart mit dem Charakter des Menschen als reflexives Individuum, die die Reaktion der Wahl erzwingt. Darüber hinaus gehen würde Berger wohl kaum. Die Auflösung der Selbstverständlichkeiten und der Zwang zur Wahl ist seinerseits vielleicht aber nicht in der Materialität der pluralistischen Entwicklung verankert, sondern eine in unserem diskursiven System als selbstverständlich verankerte Erzählung, eine Idee. Die „religious preference" ist dann als Ausdruck kein Beweis der Wahlmöglichkeiten, sondern ein Beweis, wie selbstverständlich das Paradigma Wahl als allgemein nicht hinterfragtes diskursives Element geworden ist – das ist entweder paradox oder es ist ein Zeichen dafür, daß diese Dynamik vielleicht auch anders zu beschreiben wäre, daß nicht die Herausbildung von „religious preferences" das Explanandum darstellt, sondern daß wir vielmehr erklären müssen, warum wir die Auflösung der Kontingenzen nun mit dem Begriff der „religious preferences" *beschreiben*. Das, wie angekündigt, ist das Thema der nächsten Schleife. Zunächst jedoch zur Erzählung der Wahl im rational-choice-Ansatz.

Rational-choice-Theorie

Die radikalste Nutzung des Begriffes der religiösen Wahl stammt derweil (nicht überraschenderweise) aus den Wirtschaftswissenschaften, wo die rational-choice-Theorie sich in ihrem alle Bereiche menschlicher Aktivität umfassenden Werk auf die Religion ausgebreitet hat. Dort, wie in allen anderen Bereichen auch, versucht sie, einzelne Menschen als Maximierer religiösen Nutzens in einer „religiösen Ökonomie" darzustellen.

Besonders in dieser Tradition werden auch die Erzählungen, die ich an die Wurzel der gegenwärtigen Religionssoziologie gestellt habe, radikalisiert. In dieser Schule findet sich die aggressivste (oder trotzigste?) Verteidigung des Individuums als epistemologisches Zentrum aller Entwicklung und der aggressivste oder defensivste Materialismus und Positivismus, für den Luckmann und Berger zu bedacht sind. Was hierin bezeichnenderweise schwieriger zu thematisieren ist, ist die Erzählung des radikalen Bruchs. Der rational-choice-Ansatz geht vielmehr davon aus, daß sich Individuen in den Mechanismen, in denen sie Präferenzen ausbilden, über Zeit und Raum nicht nennenswert voneinander unterscheiden; die Umwelt jedoch verändert sich und erzwingt so oberflächlich bleibende Veränderungen als Reaktion. *Dort* finden wir dann weiterhin unseren Bruch, nicht in der historischen Natur des Menschen, die in der rational-choice-Theorie nicht historisch ist, sondern in den Anforderungen, die die Umwelt an ihn stellt. Das ist auch eine Art der Thematisierung des Übergangs zur pluralen Moderne, in der das Individuum als Anker gesetzt wird, um den sich die Meere ändern, nur ist auch das *generelle* Umfeld des rationalen Entscheiders nicht qualitativ anders, es bietet nur je nach Zeit andere Herausforderungen und Begrenzungen an. Mit anderen Herausforderungen ändert sich dann auch die rationale Reaktion, die immer gleich rational ist, aber in anderen Situationen nunmehr andere, situational angebrachte und rationale Reaktionen hervorbringt. So ist die Änderung eine Änderung der Welt, der rationale Entscheider bleibt derselbe.

In dieser Theorietradition steht z.B. der Ansatz von Laurence Iannacone,[41] ganz in der Gary-Becker-Schule, der freudestrahlend alle Begrifflichkeiten der rational-choice-Theorie zur Religion überführt. Individuen, die rational handeln, maximieren ihren Nutzen und wählen auf dieser Basis die Religion. Sie wählen dabei die Religion, die ihre „Geschmäcker" und „Präferenzen" am ehesten trifft (wozu dann auch „grundlegende Religiosität" gezählt wird). Die Geschmäcker und Präferenzen werden dabei ganz in materialistischer Manier nicht nur als stabil, sondern auch als objektiv gesehen. Diese Setzung folgt der Grundbewegung der Moderne, aus festen Überzeugungen „Vorlieben" zu machen und ihnen somit die Zähne zu ziehen; Stanley Fish stellt fest, es handelt sich um „the slippery logic whereby convictions and life allegiances are turned into preferences".[42] Das entspricht der Verhaltensorientierung, die die rational-choice-Theorie mit der Lerntheorie, mit der sie so eng verwandt ist, teilt.

Der rational-choice-Ansatz wurde zudem von Rodney Stark und William Sims Bainbridge in *A Theory of Religion* in die Religionssoziologie eingebracht,[43] und Stark verfolgt diesen Ansatz zusammen mit Finke in seiner Studie der Verkirchlichung Amerikas weiter. In *The Churching of America* erklären Finke und Stark die Wiederkehr der Religiosität der USA durch Änderung im Angebot, nicht in der Nachfrage – klassische Angebotstheorie, wie sie die Wirtschaftswissenschaften seit zwanzig Jahren dominiert. Der freie Markt, bestehend aus „a set of religious current and potential customers and a set of firms seeking to serve that market",[44] führt zu

---

[41]   Laurence Iannacone. „Introduction to the Economics of Religion." In: Journal of Economic Literature 36(4) 1998: 1465-1496.
[42]   Stanley Fish. The Trouble with Principle. Harvard 1999: 42.
[43]   Rodney Stark und William Sims Bainbridge. A Theory of Religion. Newark 1996.
[44]   Finke/Stark [1996]: 9.

besseren, weil im Wettbewerb stehenden Anbietern, unter denen die Konsumenten der Religion dann wählen können. „Religious variety arises because of the inability of a single product to satisfy very divergent tastes." Etwas defensiv konstatieren sie, „we see nothing inappropriate in acknowledging that where religious affiliation is a matter of choice, religious organization must compete for members and that the 'invisible hand' of the marketplace is as unforgiving of ineffective religious forms as it is of its commercial counterparts",[45] und werfen ihren Soziologenkollegen vor, die religiösen Prozesse nicht richtig deuten zu können, da ihnen eine ausreichende Bildung in Fragen der – von allen Dingen! – Ökonomie fehle.[46] Was in diesem Satz bereits deutlich wird ist die Setzung der Wahl als Ausgangspunkt: „where religious affiliation is a matter of choice" ist klar die Ausgangsannahme, bei der die Analyse beginnt. Sie steht in der guten ökonomischer Tradition, absurde Annahmen vorauszusetzen.

Während die Konsumenten sich aus dem Angebot der Religion das wählen, was sie am ehesten beglückt, wählen religiöse Anbieter auf der Basis der Erfolgsmaximierung Aussagen, mit denen sie auf Kundenfang gehen. Dabei bevorzugen sie die Aussagen, die ihnen die meisten Teilnehmer, die größte Unterstützung durch die Regierung etc. bescheren, was dazu führt, daß Produkte, die bei den Gläubigen nicht ankommen, aus dem Sortiment genommen werden und durch neue ersetzt werden. In einem Umfeld religiöser Freiheit ist dies am einfachsten, daher sind auch die Raten religiöser Teilnahme in solchen Umfeldern am höchsten, mutmaßen Vertreter dieser interpretativen Richtung. Hier kann jedes Bedürfnis, jede Vorliebe befriedigt werden, da es einen Markt mit vielen verschiedenen Anbietern gibt, während Monopole träge sind und die Bedürfnisse vieler Konsumenten nicht befriedigen. Außerdem führt ein freier Markt dazu, daß die Geistlichen gemäß ihrer Nutzenerbringung für die Konsumenten bezahlt werden und dadurch fleißiger, produktiver und responsiver werden als ihre Kollegen in Umfeldern geringer religiöser Freiheit, deren Einkommen nicht von der Befriedigung der Gläu-bigen abhängt. Die Konsumenten wählen derweil, wieviel Zeit und Geld sie in dieses Produkt investieren wollen, gemessen an dem, welchen persönlichen Nutzen sie daraus ziehen. Aus diesem Nutzen ziehen sie ihr religiöses Kapital, das sie in den Jahren der Mitgliedschaft in einer Gemeinde ansammeln und das ihnen zur Befriedigung der Bedürfnisse zusätzlich dient. Sie werden, einfach gesagt, bessere Konsumenten, denn sie sammeln Wissen über den Markt und ihren speziellen Anbieter sowie über ihre Rolle im religiösen Produktionsprozeß an.

---

[45]   Finke/Stark [1996]: 8f.
[46]   Finke/Stark [1996]: 10.

Es handelt sich hierbei allerdings um ein „Investment mit hohem Risiko", denn die Dividende – es ist wohl die Erlösung gemeint – ist unsicher. Daher ist es im ökonomisch besten Interesse des Konsumenten, ein Portfolio einzurichten, um die Gewinnchancen zu maximieren – dann geht der Konsument „zur Beichte am Sonntag,[47] zu einem Medium am Montag und zur transzendentalen Meditation am Dienstag". (Das wäre für einen Anhänger jeder monotheistischen Religion ein sicherer Weg zur Verlustmaximierung, aber die rational-choice-Theorie hat noch nie eine große Notwendigkeit gesehen, ihr Analyseobjekt auf eine phänomenologische Art und Weise zu *verstehen*.) Wenn Anhänger einer Gruppe zu einer anderen Gruppe wechseln, das heißt ihr religiöses Konsumverhalten zugunsten eines anderen Anbieters ändern – Konversionen – dann tun sie das dann, wenn sie ihr „religiöses Kapital", die Befriedigung und das Wissen, das sie angesammelt haben, in bessere Übereinstimmung bringen wollen mit dem Kontext, in dem „religiöse Produkte" produziert werden.

Die Soziologie dieser Couleur redet in diesem Zusammenhang auch gerne, mit Hilfe der Begrifflichkeiten der Mutterdisziplin dieses Ansatzes, von der religiösen Ökonomie,[48] die auf Angebot und Nachfrage basierend Ideen der freien Marktwirtschaft der Religionen als Heilmittel zur Befriedigung religiöser Bedürfnisse preist. Eine nähere Betrachtung der Annahmen findet sich selten, jedoch ist der Verweis auf Gary Becker, John Muth und Friedrich A. von Hayek Ehrensache – rationale Wahl, allgemeine Rationalität und „Anmaßung von Wissen" gehören zum Standardrepertoire des mainstream-Ökonomen. Gerade diese drei Grundannahmen der rational-choice-Theorie lassen sich sehr schön auf protestantische Erzählungen zurückführen; das möchte ich jedoch erst in der nächsten Schleife tun.

Die drei vorhergehenden Analysen der religionssoziologischen Ansätze dazu, wie der einzelne in der modernen Situation zu seiner Religion kommt, bilden den Kern der Erzählung der individuellen Wahl. Die folgenden sind in dieser Erzählung nicht in den Kern einbindbar, sie sind jedoch dennoch zumindest in Teilen beeinflußt.

José Casanova

Die Erzählung der privaten Religion beinhaltet zwei Stränge, einerseits die Thematisierung von Religion als etwas individuell Gewähltes, andererseits als etwas, das sich nur im individuellen Raum entfaltet (oder entfalten sollte) und im öffentlichen

---

[47] Beichtgelegenheiten sind üblicherweise samstags, oft an allen Wochentagen, aber eher selten sonntags.

[48] Finke/Stark [1996].

Raum unerwünscht ist. Das sind die Möglichkeiten der Thematisierung von öffentlich und privat, die ich anfangs dargestellt hatte. Über beide möchte ich im Laufe dieser Arbeit noch reden; daß es sich jedoch um zwei distinkte Ideen handelt, sieht man daran, daß Autoren wie José Casanova die Erzählung der privatisierten Religion übernehmen, die Verbannung der Religion aus der öffentlichen Sphäre jedoch ablehnen. Casanova kritisiert, daß die Moderne eine „Beschränkung der Religion auf die Privatsphäre" postuliert und diese Beschränkung zu einem „Strukturmerkmal" der Moderne gehöre.[49] Dagegen hat Casanova in einigen bekannten Arbeiten für ein neues Konzept der öffentlichen Religion plädiert, das die „zivilgesellschaftliche Sphäre" bewohnen soll, während es in der Politik und der staatlichen Sphäre außen vor bleibt. Dazu später mehr. Während er jedoch ein Konzept der Religion in der Öffentlichkeit entwickelt, diese gar *deprivatization* nennt, bleibt sein Religionsverständnis im oben genannten dritten Sinn des *Sitzes* der Religion voll und ganz privatisiert. Während die Religion sich eine öffentliche Bedeutung bewahrt, bleibt sie in ihrem Ursprung für Casanova dennoch eine Wahlreligion: „Wird eine kirchlich verfaßte Religion vom Staat getrennt, verliert sie also ihren institutionellen Zwangscharakter, dann entwickelt sie sie zu einer freiwilligen religiösen Vereinigung."[50] Religionen, die das moderne Prinzip der Trennung von Kirche und Staat akzeptiert haben (und ihren öffentlichen Einfluß auf die von ihm als akzeptabel erachtete Einflußmöglichkeit Zivilgesellschaft beschränken), „werden auch geneigt sein, dem modernen Grundsatz freiwilliger Konfessionszugehörigkeit zuzustimmen".[51]

Was Casanova hier zunächst thematisiert, ist das Ende der automatischen Kirchenmitgliedschaft durch die Geburt auf einem gewissen Territorium; hier endete mit dem Aufkommen der Religionsfreiheit der institutionelle Zwang, einer bestimmten Konfession anzugehören, die wie die Leibeigenschaft der Nachkommen der Leibeigenen zuvor einfach durch Geburt zwangsläufig und unveränderlich festgelegt war. Das ist sicherlich eine Veränderung, die abzustreiten schlechterdings absurd wäre. Casanova geht aber weiter.

Daß Religion eine Privatangelegenheit sei, sei, so Casanova, empirisch zwar nicht belegbar, aber „für die Moderne konstitutiv".[52] Damit erkennt er bereits, daß es sich um eine Setzung, ein erstes Prinzip handelt, eine Vorannahme, mit der die Debatte erst beginnt. Die Privatheit der Religion ist für die Moderne wesentlich, da sie ein verbrief-

---

[49] José Casanova. „Religion und Öffentlichkeit: ein Ost-/Westvergleich". In: Karl Gabriel und Hans-Richard Reuter (Hrsg.) Religion und Gesellschaft. Paderborn 2004: 271.
[50] Casanova [2004]: 274.
[51] Casanova [2004]: 275.
[52] Casanova [2004]: 276.

tes Recht auf Innerlichkeit darstellt, ein Recht, eine Privatsphäre zu haben, die nicht von außen normiert und kontrolliert wird. Sie stellt also ein liberales Abwehrrecht dar. Dieses Abwehrrecht des Einzelnen gegenüber einer erzwungenen Religiosität ist jedoch nicht zu verwechseln mit einem Abwehrrecht der Öffentlichkeit gegenüber religiös motivierten Äußerungen. „Doch folgt daraus nicht", schreibt Casanova, „daß die Religion notwendig zur Privatangelegenheit werden muß, um diese Freiheiten zu garantieren."[53] Nun meint „Privatangelegenheit" hier wieder den Rückzug der religiösen Argumentation aus der Öffentlichkeit, nicht den Sitz, es heißt *nicht* Religion als Ergebnis einer solipsistischen Wahl. Zu einem solchen Konzept gelangt er trotz seiner „entprivatisierten Religion" dennoch.

Wenn Casanova danach bemängelt, daß „das liberale Denken dazu neigt, Staat, Öffentlichkeit und Politik in einen Topf zu werfen", kann man möglicherweise umgekehrt Casanova vorwerfen, daß er hier Privatheit im *Normativen*, im Rechtsverhältnis, also als Abwehrrecht gegen eine Zwangskirche und Privatheit im Ursprung, als private Quelle der Religion im einzelnen Menschen, miteinander in einen Topf wirft – und die Privatheit im Ursprung affirmiert, weil er die Privatheit im Normativen affirmieren möchte. Seine normative Setzung beeinflußt also seine religionssoziologische Diagnose – das ist kein Skandal und auch kein Fehler, das ist schlicht unumgänglich. Darauf basierend entwickelt er ein Konzept der öffentlichen Religion, „die mit den liberalen Freiheiten und der strukturellen und kulturellen Differenzierung moderner Gesellschaften durchaus vereinbar ist"; „die Entprivatisierung der Religion, ihr Heraustreten aus dem bloßen Privatbereich setzt daher voraus, daß Religion eine Privatangelegenheit ist; und sie kann nur dann gerechtfertigt werden, wenn zugleich das Recht auf Privatsphäre und Gewissensfreiheit auch vor den Übergriffen der Religion juristisch geschützt ist."[54] Religion darf also nur dann offen auftreten, wenn wir den Ursprung der Religion aus dem Inneren der Seele nicht in Frage stellen. So trennt Casanova nicht zwischen dieser Anerkennung des Rechts auf freie Wahl der Religion einerseits und der Unmöglichkeit der absolut freien Wahl der Religion andererseits, die ich im Laufe dieser Arbeit thematisieren möchte; die rechtliche Verbriefung dieser Freiheit ist, in klassischer liberaler Manier, hier als Anerkennung einer menschlichen Eigenschaft gedacht, die, sobald sie befreit ist, dann selbstverständlich auch frei ausgeübt wird, wie es schon immer im Einzelnen schlummerte. Seine Ausweitung seiner Ausführungen auf die historischen Beispiele in Ost und West führen dann dazu, festzustellen, daß „zum ersten Mal in der Geschichte dieser Region [der ehemaligen

---

[53]   Casanova [2004]: 277.
[54]   Casanova [2004]: 279.

UdSSR] [...] ein freier Glaubensmarkt" entsteht,[55] in dem Religionen „um die Gefolgschaft einzelner Gläubiger oder ganzer Gruppen [konkurrieren]"; so erklärt er, „in der Ukraine haben die nationale Unabhängigkeit und die Institutionalisierung der Religionsfreiheit die Bedingungen für einen pluralistischen Markt geschaffen".[56] Casanova münzt seine normative Annahme der Notwendigkeit der Religionsfreiheit leichtfüßig um in ein modernes Wahlparadigma: „Unter den Bedingungen der Moderne beinhaltet das religiöse Bekenntnis [...] immer auch, daß es sich dabei um eine reflektierte, persönliche und freie Wahl handelt" und geht sogar soweit, damit prinzipiell die moderne Religiosität mit der evangelikalen „Wiedergeburt" der „Bekehrung im Erwachsenenalter" gleichzusetzen. „Das pietistische Erweckungserlebnis des evangelischen [sic] Protestantismus ist daher für alle modernen Formen der Religion in gewisser Weise paradigmatisch."[57]

Seine Überlegungen, die zunächst normativ fundiert sind – erst die Freiheit des einzelnen, über seine Religion zu bestimmen, erlaubt ein öffentliches Einmischen der Religion – zeugen einmal mehr von der normativen Setzung, nicht der Entdeckung, der Religion als Privatangelegenheit. Sie führen dann ohne große Diskussion zu einer Bestätigung des Paradigmas Wahl und Markt als notwendiger Ausdruck diese Wahlfreiheit. Aus der *normativen* Unterstützung der Religionsfreiheit als Freiheit der Innerlichkeit des Einzelnen springt Casanova ohne Hindernisse zur urliberalen Annahme, daß der einzelne ein freies Wahltier ist, der, wenn man ihn nur läßt, nutzenmaximierend und hindernisfrei wählt. Folgerichtig endet Casanova auch mit der Feststellung, „die liberale Maxime ‚Religion ist eine Privatsache' ist [...] grundsätzlich richtig". Es war aber eben auch seine Ausgangsannahme; er konstatiert eine normative, keine empirische Richtigkeit, wie er, in aller fairness, ja auch deutlich macht.

Charles Taylor

Bei Charles Taylor ist die Frage nach der Wahl schwieriger als bei den vorhergehenden Analysen. In seinem Buch *Die Formen des Religiösen in der Gegenwart*[58] arbeitet er im Dialog mit William James zwar eine Wahlfreiheit heraus, ist aber sichtlich mit der Individualität des Glaubens, wie James ihn sieht, nämlich als „in

---

[55] Casanova [2004]: 285
[56] Casanova [2004]: 287.
[57] Casanova [2004]: 292. Ich nehme an, daß es sich hier um einen Übersetzungsfehler handelt und statt evangelisch *evangelikal* gemeint war.
[58] Charles Taylor. Die Formen des Religiösen in der Gegenwart. Frankfurt 2002.

erster Linie etwas, was Individuen erfahren",[59] unzufrieden. Taylor sieht diese James'sche Analyse vorsichtig wohlwollend; eine von individuellen Entscheidungen dieser Art geschaffene religiöse Landschaft, so Taylor, läßt den Boden unter den Füßen kollektiver Bindungen erbeben. Dennoch gelangt er in seiner Analyse zu einem Entwicklungsmodell, das – auf der Basis der amerikanischen und dort spezifisch protestantischen Erfahrung[60] – in einer Wahlfreiheit der Religion mündet. Dies geschieht auf der Basis, daß Menschen nach dem Zusammenbruch der allesumfassenden Systeme des Glaubens „aus bequemen Nischen gedrängt werden",[61] also wieder auf Basis der Erzählung der neuen Entwicklung Pluralisierung. Ihre Umwelt garantiert nicht mehr die Kritiklosigkeit, die schweigende Übereinkunft aller, was sie zur bewußten, reflektierten Begegnung mit den Systemen des letzten Sinns nötigt und eine Wahl erforderlich macht. Soweit steht James ganz in der Tradition des modernen Paradigmas der gewählten Religion; Bergers Zwang zur Häresie nahm auf genau dieselbe Voraussetzung als Basisüberlegung bezug.

Taylor nennt die „Wahlfreiheit", die aus dieser Situation des Herausdrängens entsteht, „post-durkheimianisch". Er zeichnet eine Linie von dem, was er paläo-Durkheimianismus nennt, die zwangsweise Integration von Menschen in eine Kirche, die mit der Gesellschaft deckungsgleich war, zum neo-Durkheimianismus, in dem eine Selektionsmöglichkeit zwischen „Denominationen" besteht, zwischen denen jedoch eine Wahl getroffen werden muß und die den Einzelnen somit in eine „umfassende, weniger greifbare Kirche" und ein „politisches Gemeinwesen, das eine der göttlichen Vorsehung entspringende Rolle zu spielen hat" einbindet und letztlich zu eben diesem „post-Durkheimianismus", in dem das Recht auf die eigene Wahl radikalisiert ist, sich die Religiosität ganz von welchen Rahmen auch immer gelöst hat und keine Notwendigkeit mehr besteht, sich in einen solchen Rahmen einzufügen.[62] So löst sich die gemeinsame Religion zugunsten eines Individualismus auf.

Taylor steht James' Religionsauffassung mit einem lachenden und einem weinenden Auge gegenüber. Das Verhältnis zwischen dem spirituellen und dem politischen Kosmos löst sich in der post-durkheimianischen Welt, aber unser Verhältnis zum Sakralen steht weiterhin, so Taylor gegen James, in kollektiven Bindungen.[63] „Der neue Rahmen umfaßt zwar eine stark individualistische Komponente, doch muß das

---

[59] Taylor [2002]: 11.
[60] Taylor [2002]: 67.
[61] Taylor [2002]: 57.
[62] Taylor [2002]: 83ff. Das Problem ist freilich, daß es diesen paläo-Durkheimianismus im Christentum wohl nie wirklich gegeben hat; bereits die Ordenslandschaft des Mittelalters könnte als neo-durkheimianistisch eingeordnet werden.
[63] Taylor [2002]: 98.

nicht notwendig heißen, daß die Inhalte individualisierend wirken."[64] Dennoch sieht er die kollektivistische Variante als *Option*[65] – und verharrt damit in einem Bild, in dem Religion grundsätzlich eine Entscheidung darstellt.

Eine wohlwollende Betrachtung von James, dem „Autor, der den Augenblick der Wahl beschreibt, den Umschlagspunkt, an dem man vom Glauben zum Unglauben" – oder zum anderen Glauben aufgrund anderer Erfahrung – „wechseln kann",[66] wird dann von der ebenso wohlwollenden Kritik flankiert, James habe die Kollektivität der Religion vielleicht zu sehr in den Hintergrund treten lassen, er habe ein „Problem, über einen gewissen Individualismus hinauszugehen"[67] und „keinen Platz für eine kollektive Beziehung zu Gott".[68] William James ist bekennender Protestant – man sollte erwähnen, daß Charles Taylor dagegen bekennender Katholik ist und daher von ihm vielleicht erwartbar war, eine „kollektive Beziehung zu Gott" anzumahnen,[69] die sich dann auch in der religionssoziologischen Thematisierung niederschlägt. Seine Kritik möchte ich im dazugehörigen Zusammenhang wieder dankbar aufgreifen.

Ulrich Oevermann

Im deutschsprachigen Raum hat sich in den letzten Jahren des vergangenen Jahrhunderts zum bestehenden Kanon der Religionssoziologie eine weitere Theorie gesellt, die die Wahl nicht allzu sehr in den Vordergrund rückt; das ist Ulrich Oevermanns Strukturmodell der Religion.[70] Aus Unzufriedenheit mit Religions-definitionen, die entweder ein menschliches Bedürfnis postulieren, das durch Religion erfüllt wird – eine, wie Oevermann meint, unsoziologische Annahme – oder ein Erlebnis des Numinosen im Sinne von Otto, das die Betrachtung von Religion mit ihrem Inhalt vermengt, schlägt er ein Modell vor, das Religion als allgemeine, transkulturelle Struktur sieht, die dann jeweils kulturspezifisch mit Inhalt gefüllt werden kann. Zentral ist hier die Erfahrung der Endlichkeit des Menschen, die er am

[64]   Taylor [2002]: 98.
[65]   Taylor [2002]: 99.
[66]   Taylor [2002]: 57.
[67]   Taylor [2002]: 26.
[68]   Taylor [2002]: 27.
[69]   Taylor erhielt u.A. 1996 den „Marianist Award" der University of Dayton. Seine Preisrede, mit Kommentaren, findet sich in James L. Heft (Hrsg.) A Catholic Modernity. Charles Taylor's Marianist Award Lecture, with responses by William M. Shea, Rosemary Luling Haughton, George Marsden, and Jean Bethke Elshtain. Oxford 1999.
[70]   Ulrich Oevermann. „Ein Modell der Struktur von Religiosität. Zugleich ein Strukturmodell von Lebenspraxis und von sozialer Zeit". In: Wohlrab-Sahr, Monika (Hg.). Biographie und Religion. Zwischen Ritual und Selbstsuche. Frankfurt 1996: S. 27-102.

Beispiel seiner Mitmenschen wahrnimmt und verarbeitet und die durch den Übergang von Natur zu Kultur in das Blickfeld des Menschen kommt. Hier entsteht, mit Pierce, ein Dualismus zwischen einer „Erstheit" einer konstituierenden Subjektivität einerseits und einer „Zweitheit" von gegenüberliegenden „brute facts". „Durch die sprachlich vermittelte Deutungsfunktion" kommt dann hierzu die Sphäre der „Drittheit"[71] der „repräsentierenden Sinnzusammenhänge". Damit sich dieser Sinnzusammenhang nicht in Luckmannscher Manier auf das gesamte Feld der Wahrnehmung der Welt ausdehnt, will Oevermann will derweil nur dann von einer Religion reden, wenn ein Jenseitsbezug gegeben ist.

Aus der weltlich gegebenen Realität der Endlichkeit des Lebens und der Richtungsentscheidung in Krisensituationen entstehen dadurch, so Oevermann, Bewährungsproblematiken, die in der Zeitlichkeit des Lebens auch nie aufgelöst werden: Das Subjekt muß sich auf sich selbst, auf seine selbst-bewußte Krisenlösung verlassen. Um diese Dynamik zu mildern, braucht es als zweites Moment einen Bewährungsmythos, der die notwendig utopische Lösung des Bewährungsproblems durch eine Sicht jenseits des Endlichen enthält, „vor allem eine Instanz der Erlösung und des Heils".[72] Diese muß die grundlegenden Sinnfragen beantworten. Ein solcher Mythos kann sich, als drittes Moment, nicht auf das „bessere Argument" berufen, er kann nicht individuell sein, sondern er muß kollektiv verbürgt bestehen; „es kann sich also nur um eine Existenzsicherung durch Vergemeinschaftung handeln."[73] Bei Oevermann finden wir also eine religionssoziologische Betrachtung, die der Erzählung der Wahl nicht so leicht zu folgen bereit ist, wie Berger, Luckmann, James und die rational-choice-Theorie dies noch tun. Der Grund ist ein Glaube, nämlich der, daß die Betonung individueller Bedürfnisse eine „unsoziologische Annahme" ist. Das ist ein Glaube, den man als Soziologe teilen sollte, und ich schließe mich an. Oevermann tut dies allerdings zum Preis einer Verallgemeinerung der christlichen Religionsdefinition, die Heil, Jenseits und Erlösung in den Vordergrund stellt.

Das Paradigma Wahl

Die Betrachtung der Wahl steht also nicht in allen Betrachtungen im Vordergrund, man geht jedoch nicht zu weit, wenn man feststellt, daß sie sich derweil in der Religionssoziologie gegen die kollektiveren Sichtweisen durchgesetzt hat. R. Stephen

---

71 Oevermann [1996].
72 Oevermann [1996]: 35.
73 Oevermann [1996]: 36.

Warner hat sie 1993 in einem berühmten Artikel über die Theoreme der Religions-soziologie zum neuen Paradigma erklärt. Er zeichnet das nach, was er für einen Übergang vom „alten Paradigma" der umfassenden Religion, das er Peter L. Berger zuschreibt, zum neuen ökonomistischen Paradigma der Wahlreligion hält,[74] das „stands a better chance to provide intellectual coherence to the field". Während das alte Paradigma die europäische Normalform der Religion darstelle, sei es für die ame-rikanische Form, die immer eine pluralistische war, im Grunde immer ungeeignet gewesen; hier sei der Schlüssel zum Verständnis der Religion „the idea that the religious institutions in the United States operate within an open market".[75]

Peter Bergers „altes" Paradigma ging davon aus, daß die Religion, sie sich als gesell-schaftsumfassendes Sinnsystem des „sacred canopy" hin zum Individuellen privati-siert, „would devolve into an inconsequential private sphere",[76] wo es den Status Quo „dekoriert", als Zugabe. Wenn ein Sinnsystem nicht mehr gesellschaftsverbindend sein kann, muß es seine Welt über einer Einzelperson aufspannen, eben weil es umfassend gedacht werden *sollte*. Das von Warner sogenannte alte Paradigma bleibt also am allumfassenden Charakter hängen und kann auf eine Individualisierung nur reagieren, indem es solche Sinnsysteme jetzt über dem Einzelnen aufspannt.

Das neue Paradigma erwartet „inexhaustible variety", das alte „marginal differenti-ation".[77] Warner wirft das ein, ohne es weiter zu diskutieren, aber ich möchte später noch einmal darauf eingehen, daß diese „alte" Sichtweise der nur oberflächlichen Unterschiede *gerade* für die amerikanische Situation die bessere Analyse darstellen mag. Warner sieht Berger als Ausdruck des alten, die rational-choice-Idee als Ausdruck des neuen Paradigmas der Religionssoziologie, aber das wirft Fragen auf. Bergers Aussage, „churches can no longer be taken for granted [...] religious activity comes to be dominated by the logic of market economics"[78] ist deshalb Teil des „alten," weil das Selbstverständliche immer noch als Normalfall mitschwingt, aber tatsächlich diagnostiziert Berger ja gerade eine Individualisierung und, in der Theorie des Zwangs zur Häresie, eine individuelle Wahlreligion, auch wenn er das sichtlich bedauern mag. *Beide* Paradigmen individualisieren die Religion. Das ist bezeichnend: der Streit in der Religionssoziologie läuft also entlang Trennlinien *innerhalb* der Marktthematisierung und Individualisierung der Religion, anstatt daß er diese gesamte Interpretation in Frage zu stellen wagt.

---

[74]   Warner [1993].
[75]   Warner [1993]: 1045.
[76]   Warner [1993]: 1047.
[77]   Warner [1993]: 1055.
[78]   zitiert in Warner [1993]: 1054.

Ich habe diese Autoren zum Kern meiner Betrachtung der modernen Religionssoziologie gemacht, um aufzuzeigen, wie tief verankert die Idee der Wahl in den Werken derer ist, die die Religionssoziologie in der Nachkriegszeit wohl am stärksten geprägt haben. Jedoch findet er sich selbstverständlich nicht nur dort; bezeichnenderweise hat sich dieser Begriff der privatisierten Religion auf die große Mehrzahl der Betrachtungen der Religion in der Gegenwart als quasi selbstverständliche Voraussetzung für deren Analyse durchgesetzt, selbst bei unwahrscheinlichen Verbündeten. Selbst Niklas Luhmann, der den einzelnen Menschen nie als Begriff in die Gesellschaftstheorie Einzug halten ließ, zog sich auf einen Begriff der privatisierten Religion zurück.[79] Für den Zustand der gegenwärtigen Religionssoziologie ist das bezeichnend. Wie paradigmatisch der Begriff der Wahl geworden ist, läßt sich an Peter Beyers Betrachtung der beiden möglichen Richtungen der religiösen Affirmation ablesen.[80] Seine Unterscheidung zwischen einer konservativen und einer liberalen Variante der Religion in der Gegenwart trifft in dem Punkt der Privatisierung keine Unterscheidung, hier sind sie sich einig: Beide Varianten betonen die Wahl. Während die konservative Variante darin besteht, die private Religion zu akzentuieren und die individuelle Integrität des Individuums zugunsten einer „holistischen Persönlichkeitskonzeption" in den Vordergrund zu stellen, aus der dann gesellschaftliche Solidarität aus Integrität jedes Einzelnen entsteht – also eine öffentliche Funktion eines privaten Glaubens–, zeichnet sich die liberale dadurch aus, daß sie die Religion als private Option auf der Basis privater Entscheidung sieht und daß sie für die Religion auch eine private *Funktion* konstatiert. Beide jedoch verlagern das Religiöse im Bereich ihrer Ursache ins Private, in das Feld der Wahl. Die Unterscheidung ist statt dessen eine zwischen einer öffentlichen *Funktion* und einer privaten *Funktion* der Religion, in meiner oben getroffenen Unterscheidung also Varianten eins und zwei der Trennung des Öffentlichen vom Privaten, ohne die Privatheit des Ursprungs, die dritte Variante, in Frage zu stellen. Hier begegnen wir einem interessanten Punkt in der Diskussion um die private Religion, auf den ich zu einem späteren Zeitpunkt noch einmal kurz bezug nehmen möchte.

Diese allgemeine Akzeptanz des Paradigmas der Privatsphäre als Sitz und Ursache der Religion gilt natürlich nicht ohne Ausnahmen. Oevermann stellte bereits eine dieser Ausnahmen dar. Franz-Xaver Kaufmann bemängelt ebenso, daß sich die Religionssoziologie in der Nachkriegszeit auf eine „subjektivistische Verengung des Religionsbegriffes" stützt, die möglicherweise nicht das geeignetste Analyseinstrument dar-

---

[79]   Niklas Luhmann. Die Funktion der Religion. Frankfurt 1982.
[80]   Peter Beyer. Religion and Globalization. London 1993.

stellt.[81] Sein Ruf drang seitdem leider nicht weit. Wenn wir Religion nicht als Sahnehäubchen auf einem ansonsten säkularisierten Leben, sondern als semantisches System betrachten, als etwas, was den wüsten Häufungen von Zeichen Sinn verleihen kann (ohne jedoch Luckmanns Ausweitung mitzutragen, dazu aber mehr später), bemerken wir, daß Kaufmann recht haben könnte. Eine subjektivistische Verengung hilft uns in einem so verstandenen Religionsbegriff nicht nur nicht weiter, sie wird sogar völlig absurd. Als historisch-diskursiv geformtes System der Zuweisung von Sinn und Bedeutung entzieht sich eine so verstandene Religion jeder Kommodifizierung – und kurz- bis mittelfristig auch jeder Wahl. Mit der Wahl entzieht sie sich dann auch der Privatisierung. Religion als Sinnsystem war, ist und bleibt ein gemeinschaftliches Unternehmen, kein solipsistisches. Das würde die Mehrheit der Religionssoziologie aber sogar, Warner zum Trotz, noch unterschreiben; ich werde beizeiten noch die gemeinschaftlichen Komponenten in der Religionssoziologie nachzeichnen.

Die individuelle Wahl des Gottesdienstes, der besucht wird und der Weltanschauungen, die man sich als eigenen heiligen Kosmos zusammenzimmert, wird regulär als neue Form des Religiösen an sich und dann als Abkehr von überkommenen Gruppenbindungen, bezeichnet. Innerhalb einer solchen Welterklärungserzählung stellt die Wahl jedoch vielleicht gerade keine Abkehr von den Prinzipien dieser Form eines offiziellen Glaubens dar, sondern eine Bestätigung, diesmal jedoch der Bestätigung des universellen Glaubens an den individuellen Wähler. Diese Abkehrerzählung ist populär.

In den betrachteten Analysen der Religion und der Religiosität in der Gegenwart ist die „private Religion" also nicht empirische Erkenntnis, sondern normative Voraussetzung; es ist eine Annahme, die an die Analyse mitgebracht wird, bei Luckmann, Berger, der rational-choice-Theorie, bei Casanova und bei James, und eine Prämisse, die von Oevermann und Taylor von vornherein nicht geteilt wird. So informieren die Vorannahmen die weitergehende Analyse und führen zu verschiedenen Diagnosen. Das ist nichts, was ich bemängeln könnte; ohne eine erste Prämisse kann die Debatte nicht beginnen.[82] Ich habe nun also festgestellt, wie sich die vier Annahmen der *materiellen, positiv* wahrnehmbaren Wirklichkeit, die in der Pluralisierung eine *radikale Veränderung* hervorbringt und vom *Individuum* als epistemologischem Zentrum beäugt wird, in die Religionssoziologie übersetzt haben. Ich habe auch schon damit begonnen, die protestantischen Elemente dieser Erzählung nachzuverfolgen. Die so

---

[81]   Franz-Xaver Kaufmann. „Erkenntnisinteressen einer Soziologie des Katholizismus". In: Ders. und Karl Gabriel [Hg.]. Soziologie des Katholizismus. Mainz 1980:11.
[82]   Fish [1999]: 243ff.

begonnenen Fäden möchte ich im Folgenden weiterspinnen und versuchen, in den bearbeiteten religionssoziologischen Werken tiefer zu bohren.

2.   Die protestantische Erzählung des Zwangs zur Häresie

Die theoretische Bearbeitung folgt also einer Erzählung, die die Idee des einsamen Individuums, das epistemologisches Zentrum der Welt ist und sich einmal entscheiden muß, ebenso in sich trägt wie die Erzählung der radikalen Neuerung und (in Teilen) der in vortheoretischer Erfahrung wahrnehmbaren materiellen Welt. Das kann nun als Diagnose gesehen werden, es kann jedoch auch als Setzung interpretiert die Grundlage einer Diagnose der Religiosität der Gegenwart sein. Woher stammt diese Setzung? Wie kommt es dazu, daß Religion in der modernen Religionssoziologie so solipsistisch, so privat und individuell gesehen wird? Hierzu kann man eine Theorie äußern: Die Sichtweise stammt aus von der Religion selbst perpetuierten Interpretationsstrategien, zumindest aus Denkstrukturen, deren religiöse Ursprünge nachgewiesen werden können. Es ist die protestantische Erzählung, die die Theorien zur Religionssoziologie informiert und befruchtet hat, auch wenn diese ihr manchmal recht offen widerspricht.

Dies würde Webers und Troeltschs Ideen der *Bedeutung des Protestantismus für die moderne Welt* unterstützen, jedoch auf eine Art diskurstheoretische Bearbeitung ausdehnen. Es ist nicht nur die Handlung, die durch solche religiösen Muster beeinflußt wird, sondern auch die Erzählung, mit der wir die Welt lesen und damit ihre gesamte Wahrnehmung. Darauf basierend wäre es dann auch die *Thematisierung* der Welt, die unter diesen Vorzeichen steht.

Das ist, das ist mir bewußt, wohl der kontroverseste Teil dieser Darstellung. Der Rest ist von ihr auch nicht direkt abhängig. Es ist einerseits vielleicht eine provokante, andererseits aber wohl einfach eine ganz offensichtliche These: Wenn unsere gegenwärtigen Strukturen der Individualisierung in der Reformation einen ihrer Hauptknotenpunkte haben,[83] dann ist natürlich die Erzählung Individualisierung, durch die Individualisierungstendenzen aus dem Protestantismus, auch in der Religionssoziologie zu finden.

Wenn hier eine Verbindung gezeichnet werden kann, dann kann eine ähnliche Verbindung vielleicht auch mit der religionssoziologischen *Thematisierung* der Religion in der Gegenwart gezogen werden. Auch diese Betrachtung könnte dann als auf einem Diskurs basierend gelesen werden, der seinerseits der protestantischen Erzählung einiges schuldet. Auf der Basis eines solchen Deutungsmusters ist die Wahl nicht das empirisch erkennbare Ergebnis moderner Pluralisierungen, sondern vielmehr Fol-

---

[83]   So z.B. Steve Bruce. Religion in the Modern World. From Cathedrals to Cults. Oxford 1996.

ge einer Welterklärungserzählung, die den einzelnen als einsames Individuum vor Gott stellt und ihm aufträgt, eine persönliche, unvermittelte Beziehung zu Ihm aufzubauen, die sich in einer gründenden Entscheidung niederschlägt.

Die Erzählung, in der die moderne Religionssoziologie und ihre vorherrschenden Vertreter der Abkehr vom offiziellen Glauben hin zum individuellen postulieren, bei individueller Wahl und innerer Motivation, weist häufig eine klare Verwurzelung in der Erzählung Reformation auf: Es ist die Abkehr von der alles umfassenden, allein heilsbringenden universellen Kirche. Es ist die Abkehr vom Katholizismus in der Reformation, die hier Pate steht; jedoch entsteht auf der Basis der Abkehr von katholischen Ideen eine Hinwendung zu etwas, was als individuell-persönliches freies Spiel thematisiert wird, aber als solches selbst eine neue offizielle Form darstellt, nur daß diese *offizielle* und damit weiter kollektive Form die individuelle Beziehung zu Gott in den Mittelpunkt stellt. Dieser Individualismus ist der neue Baldachin. Diese neue Weltanschauung, die zwar nicht mehr so sehr mit einer zentralen Kirche verknüpft werden kann, aber dennoch nicht weniger verpflichtend daherkommt, stellt die neue, unhinterfragte Selbstverständlichkeit dar – und auf ihrer Basis stehen die Theorien der gegenwärtigen Religionssoziologie.

Um dies unterstützen zu können, möchte ich zunächst eine Theorie über den Ursprung und das Zustandekommen sozialwissenschaftlicher Theorien zeichnen, die diese Theorien als Produkt von strukturierenden Erzählungen sieht. Sie sind nicht objektive Reaktionen auf die wahrgenommene Welt, sondern bereits Produkt der Erzählungen, durch die wir die Welt und somit auch ihre Thematisierung strukturieren. Ich möchte daher Theorien als von historischen diskursiven Formationen geknetet und gegossen annehmen; damit verändert sich die Theorie nicht unbedingt als Reaktion auf eine Veränderung in der Welt, sondern die Wahrnehmung der Welt verändert sich, je nachdem, durch welche Linse man sie sieht. Diese Linsen, die Theorien, stehen auf dem Rücken bekannter und alter diskursiver Formationen und Strukturen und sind in erster Linie eine Reproduktion unsere Selbstverständlichkeiten, nicht einer wie auch immer gearteten materiellen Wirklichkeit, die zwar präsent ist, jedoch nicht ohne Interpretationsschemata und Deutungsmuster wahrgenommen werden kann. Das Denkbare strukturiert das Wahrnehmbare und unsere diskursiv geformte Interpretation der Wirklichkeit ist vielleicht sogar für einen größeren Teil der Wahrnehmung verantwortlich, als dies die materielle Welt um uns herum sein kann.

Damit folge ich Kernthesen einer diskurstheoretischen Theorie von Wahrnehmung, Wissen und Theoriebildung, indem ich den Begriff des Textes nicht lediglich auf das geschriebene Wort anwende, sondern auf alles, was an uns zur Wahrnehmung herangetragen wird. Die Welt ist ein Text; wie wir sie lesen, hängt von der Situation ab, von Sozialisation, vom Umfeld, von Interpretationsmustern und Deutungsstrukturen; all diese Elemente finden sich in unseren Welterklärungserzählungen verankert. So finde ich Margaret Archers Formulierung, *immaculate perception is impossible* – es gibt keine unbefleckte Wahrnehmung – in doppelter Hinsicht treffend, auch wenn ich ihrem „morphogenetischen Ansatz" nicht folgen möchte. Nicht nur stellt diese Formulierung dar, daß alle Wahrnehmung die Wahrnehmung mit Hilfe eines Deutungsmusters darstellt. Die Wortwahl ist selbstverständlich, das muß nicht erläutert werden, bereits eine religiöse; wenn unsere Deutungsmuster aus den Erzählungen stammen, mit denen wir die Welt erklären, bestehen auch diese aus überkommenen Netzen der Sinnfindung, die über Jahrtausende eben von der Religion gesponnen und die danach in unseren Deutungsdiskursen und Interpretationsschemata tief verwurzelt sind. Das heißt dann auch, daß all jene, die sich subjektiv als nicht religiös bezeichnen, dennoch auf dieser Basis der aus religiösen Strukturen und Denkweisen entstammenden Diskurse weiterhin interpretieren, deuten und ihre Welt wahrnehmen. Das war ja, *sans* diskursive Ausrichtung, bereits Max Webers Ansatz zur Folge der calvinistischen Muster.

Unsere Welterklärungserzählungen versuchen, dem, das wir durch die Filter unserer Interpretationen und Typisierungen wahrnehmen, einen Sinn zu geben. Nun ist unsere Sinnfindung von Ideen christlicher Diskurse so durchzogen, daß selbst diejenigen, die sich als unchristlich identifizieren würden, sie nichtsdestotrotz verwenden – und das nicht in geringem Maße. Auch und gerade die *Erzählung Pluralisierung*, die gerne an der Wurzel des Paradigmas Wahl sitzend gedacht wird, hat ihre Quellen in dieser historischen Diskurswelt. Diese Sinnerzählungen des christlichen Abendlandes sind auch in der Religionssoziologie deutlich sichtbar. Das will ich hier betrachten.

Daraus erhebt sich ein wichtiger Punkt, den ich nicht zwischen den Zeilen verlieren möchte: Die Wiedererkennung christlich geprägter Denkmuster hat nichts mit Glaube oder Unglaube zu tun. Es ist keine religiöse Theorie im Sinne einer Theorie, die eine ewige Wahrheit postulieren oder verteidigen möchte. Es ist auch keine Übertragung protestantischer Theologie, die vielem davon scharf widersprechen würde. Es ist lediglich ein Versuch, in der Gegenwart verbreitete Interpretationen, Grundannahmen und Denkmuster in ihrem Ursprung mit Hilfe alter, teils sehr alter Denkmuster und Interpretationen zu erklären. Die im westlichen Kontext verbreiteten Denkmuster bauen auf christlichen Mustern auf, die im nordeuropäischen und angelsächsischen Kontext verbreiteten oft auf protestantischen, besonders calvinistischen Mustern. Das macht diese Erzählungen nicht in einem mimetischen Sinne wahr oder falsch, heilsbringend oder verdammend, es zeichnet lediglich nach, aus welcher Quelle sie stammen (oder zumindest perpetuiert werden). Wer sie auf dieser Basis als gut oder schlecht bewerten möchte, mag dies tun, es ist jedenfalls nicht das Ziel dieser Analyse, eine solche Glaubensbewertung vorzunehmen.

Erzählungen ohne Brüche

Daß die Art und Weise, wie die Welt gerahmt, thematisiert wird, von religiösen und allgemeinen weltanschaulichen Annahmen beeinflußt wird, ist selbstverständlich keine neue Idee. Die unintendierten Folgen religiöser Ideen, die von ihnen in der Handlung deponierten Nachwirkungen beeinflussen die soziale Handlung und die Orientierung des Handelnden in der Welt; diese Erkenntnis ist spätestens seit Max Webers *Die protestantische Ethik und der Geist des Kapitalismus* und Ernst Troeltschs *Die Bedeutung des Protestantismus für die Entstehung der modernen Welt* Allgemeingut. Max Webers Punkt, den er mit Rekurs auf Benjamin Franklin deutlich machte, war ja gerade, daß die protestantische Ethik dem frommen Calvinisten noch eine bewußt religiöse Ethik war, sich danach jedoch auf die Deutung der Welt ausdehnte, selbst bei jenen, die sich selbst nicht als Calvinisten imaginierten, wie eben beim Deisten Benjamin Franklin. Neben Weber und Troeltsch haben auch David Noble und Richard Tawney den Einfluß der Religion auf die Denk- und Handlungsweisen der Gegenwart untersucht, Tawney wie Weber für den Kapitalismus, Noble für die Technik.

Die interpretative Ordnung, die Handlungsmuster hervorbringt, trennt sich in der Analyse Webers von der bewußten Religion und wird durch die Sozialisation Normalität, von der nach einiger Zeit nicht mehr bewußt wahrgenommen wird, daß es sich um eine aus der religiösen Interpretation heraus entstandene Ordnung handelt. Diese bringt dann Strukturen hervor, die den offiziellen Lehren offen widersprechen – Luther und Calvin waren deutliche Kritiker von Nutzenmaximierung und auch keine Verteidiger der eigenen freien Entscheidung, aber es handelt sich um Strukturen, die aus diesen Lehren als unintendierte Konsequenz hervorgegangen sind. Das ist im Groben übrigens ja auch die protestantische Säkularisierungstheorie: Ablösung des Sakralen durch das Säkulare, das lediglich dieselben Muster behält.

Statt einer *Übergabe* der Fackel des Christentums *an* eine säkularisierte Weltsicht sollten wir vielmehr die hocherfolgreiche *Überlappung* der Interpretationsstrukturen der christlichen Religionen mit von ihnen beeinflußten anderen betrachten – und das weit über Europa hinaus. Von Thomas Morus' *Utopia* (*St*. Thomas Morus, übrigens) und der Rückkehr ins Paradies, Rousseaus Gesellschaftsvertrag zur Wiederannäherung an den Naturzustand (der jedoch durch die Erste Sünde der Vergesellschaftung verloren ist), zu Huxleys *Brave New World* als ambivalentem Gemisch aus Hölle und Paradies (Erzählungen über das purgatorio lassen oft ähnliche Ambivalenzen erkennen!), zur Zivilreligion und der (heute noch praktizierten) republikanischen Taufe der Französischen Revolution als putative Abkehr vom Christentum, christliche Muster sind in unserer Kultur allgegenwärtig, sei es dort, wo Religion affirmiert wird (zweifellos bei Rousseau) oder wo eine Distanz zur Religion gesucht wird (in der davon inspirierten Zivilreligion der Revolution, im Marxismus, im szientistischen Fortschrittsdiskurs). Unsere Ideen darüber, wie die Welt geordnet ist, stammt zu großen Teilen aus dem Christentum und informiert auch dann noch bewußten Überzeugungen über die Ordnung der Welt, wenn bewußt das Christentum abgelehnt wird, denn unsere bewußten Überzeugungen bauen auf diesen unbewußten Welterklärungserzählungen auf. So kann Thomas Hobbes ein materialistisches Weltbild entwerfen, das auf einem christlich-gefallenen Menschenbild aufbaut: Ein Mensch, der natürlich schlecht, eigensüchtig und rücksichtslos ist, ist die direkte Anwendung des Bildes des durch die Erbsünde verdorbenen Menschen.

So sollten wir keinesfalls den Fehler begehen, aus einem wenn auch noch so starken Rückgang des *bewußten* Glaubens auf eine Abkehr von religiös beeinflußten Welterklärungserzählungen zu schließen. Ein Rückgang im *Glauben* bedeutet keinesfalls den damit einhergehenden Rückgang in der *Welterklärungserzählung*, die ihre Geschichten und Erzählungen aus der Religion, die sie über Jahrtausende geformt hat, erhält. Den Unterschied zwischen beiden möchte ich später noch einmal ausführlich beleuchten. Auch wenn die Religion bewußt nicht mehr ausgeübt wird, vielleicht sogar offensiv abgelehnt wird, ändert das nichts an der Tatsache, daß man in einer Gesellschaft lebt, die mit dem Christentum verwobene Erzählung fast 2000 Jahre lang verbreitet und reproduziert hat und daß wir weiterhin unsere Sinnfindung damit betreiben.

Daraus ist es nun nur noch ein kleiner Schritt, auch die Erzählungen zur Bedeutung und Rolle der Religion, zu ihrer „Privatheit" und „Wahloffenheit" aus Welterklärungserzählungen heraus generiert zu sehen, die selbst wieder aus religiösen Ideen der Ordnung der Gesellschaft stammen – und das diese Ideen die Theorien zur Rolle und Funktion der Religion inspirieren, besonders die der „privaten Religion". Noch im (katholischen) Mittelalter, schreibt Tawney, existierte eine „impossibility, for all but a handful of sectaries, of conceiving a society which treated religion as a thing privately vital but publicly indifferent".[84] Heute jedoch erscheint uns genau diese Sichtweise als

---

[84]   Richard Tawney. Religion and the Rise of Capitalism. New York 1947: 14.

offensichtlich und selbstverständlich. Sie ist kaum hinterfragte Gegenwartsanalyse geworden. Die Theorien, die sich dieser Sichtweise bedienen, stehen in einem ideellen Zusammenhang, der sich vom damaligen weit entfernt hat – zwar weiterhin auf der Basis gemeinsamer Annahmen, aber dennoch auf einer anderen diskursiven Basis. Diese andere diskursive Basis wird, so will ich annehmen, in ihren Grundelementen protestantischer, was einen Ansatz einer Erklärung der Situation bietet, warum die angelsächsisch-protestantische Welt eine solch überragende Bedeutung in der Formulierung privatistischer religionssoziologischer Grundsätze hat. Darüber hinaus zeigt sie uns einen Weg, die Penetration der Welterklärungserzählungen auch darüber hinaus durch eben diese Interpretationsmuster zu deuten.

Alte Erzählungen

Über die Protestantismusthese Max Webers und Ernst Troeltschs, die eine Beeinflussung der modernen Welt aus den Ideen des Protestantismus auf der Basis von von ihm beeinflußter Handlung heraus konstatieren, hinaus will ich die Penetration der Interpretationsmuster durch protestantische Selbstverständlichkeiten nachverfolgen und fragen, wie eine Welt, die so anders vielleicht gar nicht geworden ist, durch die Ideen und Muster des Protestantismus hindurch in dessen Termini und dessen Relevanzstrukturen wahrgenommen wird. Das ist, wie bereits erwähnt, die religionssoziologische Darstellung des *materialistischen, positivistischen* Umfelds, in dem der einzelne *Entscheider* einer radikal *neuen Situation* begegnet.

Diese Muster beeinflussen die liberale Ideenwelt, die die Idee der privaten Religion gebiert, vor allem ihren Positivismus und die Bruchideologie. Daß die empirische Revolution im 17. und 18. Jahrhundert nicht gegen die, sondern mit der Religion lief, mit einer protestantischen Ideenwelt, in der die Erfahrung Gottes eine Erfahrung des einzelnen Christen im Angesicht Gottes sein mußte, wurde von David F. Noble in *The Religion of Technology*[85] eindrucksvoll dargelegt. Entgegen der populären Meinung, die Wissenschaft habe sich als Reaktion auf und im Konflikt mit der Religion entwickelt, zeigt Noble, und mit ihm viele andere, daß es gerade die Ideen einerseits der göttlich geordneten Welt, die aber etwas anderes ist als der ihr außerhalb stehende Gott und andererseits der Wahrheitsfindung durch eigene Erfahrung aus dem Protestantismus heraus sind (dort natürlich: die Findung der Wahrheit Gottes), die zu einer

---

[85] David F. Noble. The Religion of Technology. The Divinity of Man and the Spirit of Invention. New York 1997.

46

empirischen Wissenschaft führen, die die Gesetze der göttlichen Providenz offenlegen, die religiösen Prophezeiungen zu ihrer Realisierung verhelfen. Sie erkennt religiöse Denkmuster im technischen Fortschritt, oft auch unbewußt, eingebettet: „The technological enterprise [is] at the same time an essentially religious endeavor."[86] Auch Max Webers entzauberte Welt des Protestantismus ist nie eine gottlose Welt gewesen: Es ist eine Welt, in der die Intervention Gottes nicht mehr länger (regulär) in Ausnahmeinterventionen besteht, sondern vielmehr in einer Ordnung, die der Welt gegeben ist und die sie auf einen gewissen Zweck hinarbeiten läßt. Newton, Milton, Bacon und Hobbes waren calvinistische oder calvinistisch beeinflußte Apokalyptiker, keine Atheisten.[87] Was sie an die Erforschung der Welt heranbrachten, waren Ideen klarer, festzustellender Regeln der göttlichen Ordnung, aus denen dann der Empirismus erwachsen und vor allem in der religiösen Erzählung verankert werden konnte. Empiristen gab es schon zuvor; solange diese jedoch in klarem Gegensatz zur religiösen Erzählung stehen, bleiben sie einflußlos. Ist ihre Vorgehensweise jedoch providentiell untermauert, wird diese Vorgehensweise *glaub*haft.

Die Erzählung der Veränderung und des *absolut Neuen*, in meiner Darstellung Annahme c), ist in unserer Weltsicht tief verankert; sie findet sich im frühen Christentum prominent, im Mittelalter kaum, um dann in der Reformation wieder in voller Stärke aufzutauchen. Sie stammt also nicht *originär* aus der Reformation, wie auch das Vertrauen auf die eigene Erfahrung nicht originär aus der Reformation stammt, auch wenn sie dort wieder in den Vordergrund gelangt ist und glaubhaft wird. Neue Ideen sind selten, man kann sie in der Regel zumindest in ihren Grundfesten immer wieder weiter zurückdatieren. Arthur Williamson verbindet das Auf und Ab der Erzählung der Veränderung mit dem Auf und Ab der Erzählung der Apokalypse. Immer dann, wenn apokalyptische Ideen und Erwartungen hochschwappten, setzte sich eine Idee der radikalen Veränderung auch in dieser Welt durch. In Zeiten, in denen die Idee der Apokalypse in den Hintergrund trat, wie das im weit größten Teil des Mittelalters der Fall war, setzt sich eine Idee der statischen Organisation der Welt durch; ohne das baldigen Kommen Christi keine Idee radikaler diesseitiger Veränderung.[88] Eine statische Weltsicht kennt natürlich auch Veränderungen in der Materialität der Dinge, aber wird sie in Begriffen der Kontinuität imaginieren, *lesen* und sie als Beweis oder Rechtfertigung eines „weiter so, alles bleibt, wie es immer war" interpretieren. Gott ist im Himmel, der Papst ist in Rom, mit der Welt steht alles zum Besten – das ist die

---

[86]   Noble [1997]: 5.
[87]   Arthur Williamson. Apocalypse Now, Apocalypse Then: Prophecy and the Making of the Modern World. 2006. [noch nicht erschienen]
[88]   Williamson [2006].

klassisch mittelalterlich-katholische Sicht der *plenituda*, alles hat seinen Platz und ist an seinem Platz. In dieser Ordnung kann es eine radikale Veränderung in der Zeit nicht geben, denn das bedeutete, daß Gott seine Meinung geändert hätte; das ist unmöglich. Eine nach Williamson „apokalyptische" Weltsicht dagegen wird auch die kleinsten Anzeichen der Veränderung dankbar (oder furchtsam) aufgreifen und daraus das Ende der bestehenden Ordnung ableiten (oder rechtfertigen), denn das ist prophezeit und erwartet. Diese Sicht gelangt in der Zeit der Reformation wieder in den Vordergrund und aus ihr heraus stammt die Idee der radikalen Veränderung der Ordnung der Welt, die zuvor noch Blasphemie gewesen wäre, so Williamson. Eine Betrachtung der Welt als Abfolge radikaler Neuerungen folgt diesem Schema.

Die heute noch prominenteste Inkarnation der Erzählung der radikalen Veränderung in der Zeit ist die des Fortschritts und der Modernisierung. Die am weitesten verbreitete Analyse der Auswirkungen der Moderne (oder der Globalisierung) auf die Religion ist die Hypothese, die Moderne – oder Globalisierung – mache alle Religionen weltweit erhältlich und raube somit den Religionen ihren Absolutheitsanspruch, den sie aus ihrer „Einsamkeit" heraus zuvor innehatten. So ändere sich die Situation „radikal". Dieses Moment privatisiere Religion, überführe sie von der gesellschaftlichen zur privaten Sphäre. Das ist Luckmanns „unsichtbare Religion",[89] die als „Vergesell-schaftung der Transzendenz" beginnt und dann aus der öffentlichen Sphäre in die private übergeht, es ist Bergers Pluralisierung, die den Wahlzwang verursacht. Leggewie schreibt, in der weltweiten Vermischung verträte die Religion dann keine „aus dem jeweiligen Kontext selbstevidente[n] Wahrheiten" mehr, sondern „stehe mit anderen Deutungen des Heiligen im Wettbewerb".[90] Daraus folge dann Ruthvens Diktum des „religiösen Supermarktes",[91] – ein kluger Titel, mit dem Ruthven sich tausende Zitierungen erarbeitet hat, ohne eine theoretische Abhandlung über das Thema zu liefern (er liefert jedoch eine wundervolle impressionistische Arbeit über die religiösen Sonderbarkeiten der Vereinigten Staaten) – einer Vermarktung und Konsumerisierung der Weltanschauungen, die als Idee bereits bei Parsons zu finden ist, als „religious enfranchisement of the individual", das Parsons bereits als von der Reformation verursacht sieht.[92]

Diese Ideen und Muster sind typisch moderne Interpretationsstrategien, sie stehen auf einer Betrachtung, die den Einzelnen in seiner Wahrnehmung alleine vor Gott denkt und eine radikal neue Situation postuliert, in der die überkommene, einheitliche

---

[89]   Luckmann [1991].

[90]   Claus Leggewie. Die Globalisierung und ihre Gegner. München 2003: 38.

[91]   Ruthven [1991].

[92]   Talcott Parsons. Sociological Theory and Modern Society. New York 1967: 402.

Ordnung fällt. Es ist allerdings selbstverständlich keine Tendenz, die sich auf die Religionssoziologie beschränkt; es ist die gesamte Organisation des modernen Denkens, das in diesen Wurzeln zu verankern ist. Dieses möchte ich auch nicht, verstehen wir uns nicht falsch, als gut oder schlecht darstellen; wichtig scheint nur, anzuerkennen, daß es sich nicht um natürliche, sondern um diskursive Entwicklungen handelt, die in der Reformation in Europa die Bühne betreten haben. In der Religionssoziologie sind jedoch zusätzlich zu diesen allgemeinen Mustern der Moderne noch pointiert protestantische Religionsbegriffe auffindbar, die dieses Feld für eine solche Analyse doppelt interessant machen, denn zusätzlich ist die Religionssoziologie das Feld, auf dem die Individualisierung nach Hause kommt: die individualistische, private Religion ist protestantisch. Das ist in den Werken der Religionssoziologie, so möchte ich annehmen, aufzuspüren: bei Berger, Luckmann, William James und der rational-choice-Theorie.

Taylor mit und gegen James

Charles Taylor gehört in einer Betrachtung protestantisch beeinflußter Denkmuster nicht notwendigerweise an eine prominente Stelle. Taylor ist bekennender Katholik und in seiner Religionsbetrachtung hinterläßt das Spuren – wäre da nicht sein teilweiser Verlaß auf William James. Taylor erkennt bereits im Ansatz die protestantischen Paradigmen in William James' Religionssoziologie, weist uns auch darauf hin, daß James selbst dies natürlich bewußt ist. Es ist „etwas, was er selbst sieht: Er steht in einer protestantischen Tradition des Religionsverständnisses."[93] Diese Erkenntnis möchte ich zunächst kurz nachzeichnen und ergänzen.

In Anlehnung an die Religionstheorien von William James präsentiert Charles Taylor in *Die Formen des Religiösen in der Gegenwart* eine Sichtweise der auf individueller Erfahrung basierenden Religion. Von James' Definition her kommend erkennt Taylor, daß James hier eine Auffassung vertritt, die in der modernen Kultur sehr tief verankert ist. Religionen sind für James „die Gefühle, Handlungen und Erfahrungen von einzelnen Menschen in ihrer *Abgeschiedenheit*",[94] womit er Religion bereits als etwas in der Einsamkeit des Einzelnen letztlich verankert definiert. Aus diesen Gefühlen, Handlungen und Erfahrungen, die er als primär setzt, erwachsen dann die Institutionen, eine Definition, die sehr nah an Luckmanns Modell steht, in einem Dualismus von Gefüh-

---

[93]   Taylor [2002]: 26.
[94]   William James, zitiert in: Taylor [2002]: 11. Hervorhebung meine.

len und Individualität, die sich gegenseitig begründen. Er zeichnet so eine Entwicklung nach, in der eine solche Auffassung teilweise aus dem Katholizismus, aber hauptsächlich aus dem spezifisch amerikanischen Protestantismus und seinem System von Denominationen, die untereinander Respekt und auch eine gewisse Zugehörigkeit erkennen lassen, erwächst.

James' Religionstheorie, seine *apologia pro fide sua*, wie Taylor sie nennt,[95] ist in der Tat höchst protestantisch. Bereits der Grundansatz, daß Religion in erster Linie aus individueller Erfahrung besteht, woraus dann erst sekundär Gruppenbezüge entstehen, ist zumindest eine vulgarisierte Version eines protestantischen Kernglaubenssatzes: Der Einzelne kann – und, seiner Errettung willen, *muß* – in einer persönlichen, unvermittelten Beziehung zu Gott stehen, braucht die individuelle und in einem Akt vollständige Gabe der Gnade. (Protestantische Theologen werden zu Recht darauf hinweisen, daß auch der Protestant an die Kirche als Gemeinschaft glaubt. Natürlich; aber die popularisierte Form ist die, die den Soziologen interessiert, denn sie beeinflußt soziales Handeln. Was der Theologe weiß, was aber nicht in der Bevölkerung verankert ist oder war, ist theologisch, aber nicht so sehr soziologisch relevant.) Während der Katholik den Glauben an den Beginn der Rechtfertigung setzt, um von dort an in und mit der Kirche Gnade zu erlangen, in den Sakramenten und in voller Gemeinschaft mit der Kirche, steht der Glaube des Protestanten am Anfang und Ende seiner Rechtfertigung als ein konstitutiver Akt, als Folge eines Aktes der vollständigen Gnade Gottes, die in ihm den Glauben verursacht. Man könnte sagen, daß dieser Satz das versteckte Fundament jeder phänomenologischen und positivistischen Behandlung der Welt darstellt: Nur der Mensch, der den direkten Draht zum Göttlichen hat, kann unvermittelt, also vortheoretisch und in einem Akt richtig erfahren; nur dann kann er unvermittelt zur Wahrheit gelangen – und genau das ist der Kernsatz einer materialistischen „Wirklichkeitswissenschaft".

Die individuellen Gefühle und Erfahrungen des Menschen, die den Kern der James'schen Religionsdefinition darstellen, werden vom einzelnen in „Abgeschiedenheit" gemacht, in solipsistischer Trennung von der Gemeinschaft und der Gruppe; nur diese religiösen Gefühle sind authentische Gefühle. Aus ihnen entstehen dann in der Kommunikation mit anderen die Gemeinschaften erst, auf zweiter Ebene, indem sie die Erfahrung weitertragen und vermitteln[96] – und das „bestenfalls". Die erste Gemeinschaft ist die mit Gott, erst dann kommen die anderen Menschen. Die Darstellung erinnert natürlich sofort an Max Webers Analyse des protestantischen Gläubigen, der in

---

95   Taylor [2002]: 41.
96   Taylor [2002]: 12.

seiner persönlichen Beziehung zu Gott eine radikale, verzweifelnde Einsamkeit erfährt, die daraus entsteht, daß die Sicherheit des Zuspruchs anderer zur eigenen Errettung entfällt. Ein Individuum, das im einsamen Dialog mit Gott seine Errettung als Gnade einsam „erfahren" muß, ein einsames Individuum also, das einsame Erfahrungen macht, hat keinen Halt, diese Erfahrungen bestätigen oder leugnen zu lassen, hat niemanden, der ihm die Existenzangst, die Angst vor der Verdammnis – oder die Angst vor dem Fehler – nehmen kann. Der Katholik kann seiner Errettung gelassen gegenüberstehen, so Weber, denn er hat die Versicherung durch den Priester, durch die Kirche, die ihm nicht nur Gewißheit geben kann, sondern ihm in seiner Errettung durch den Schatz der Kirche auch beisteht; der Protestant ist ein ewiger Sucher, in genau der Abgeschiedenheit, die James für die religiöse Erfahrung zentral setzt. (Interessanterweise ist das genau die gegensätzliche Argumentation zu der Luthers, der im Gegenteil durch diese Unmittelbarkeit der Beziehung zu Gott die *Sorge* des Katholiken überkommen wollte.)

In diesem Sinne unterstreicht James die „Bedeutungslosigkeit der Theorien für das wirkliche religiöse Leben". Der katholische Vorwurf an die protestantische Gnadenlehre war immer, sie verschiebe den Glauben vom Intellekt zum Willen, weil sie den Willen, aus der Gnade kommend, vor jede Theologie, vor jede Vernunft setze;[97] so ist die Bedeutungslosigkeit der Theorie eine These, die man nur dann unterstreichen kann, wenn man einen direkten Draht zu einem Göttlichen hat, für dessen Erkenntnis weder Vermittlung noch Beistand notwendig sind. Die aus dieser Erfahrung entstehenden Organisationen, habe ich bereits gesagt, sieht James „bestenfalls" als solche, die diese Erfahrung weitergeben und vermitteln – jedoch ist ihre Wirkung „in hohem Maße negativ, erdrückend und den persönlichen Glauben entstellend", wie es von James gesehen wird.[98] Das ist natürlich genau die Erzählung, die in der Reformation an die katholische Kirche herangetragen wird und die bis heute von Protestanten der katholischen Kirche vorgeworfen wird. Sie folgt damit einem Schema: Wenn die gegenwärtige Religionssoziologie die Entwicklung der Religiosität hin zum Privaten analysiert, findet sich in der Regel eine Beschreibung eines Prozesses von der gemeinsam organisierten, verpflichtenden, gleichmacherischen Religion hin zu einem offenen, ungehemmten, freien Verständnis derselben, in der die Organisation geschwächt wird. Es findet sich eine Erzählung der „Befreiung von der Einheitskirche". Die Religionssoziologie imaginiert, oft bewußt, die Selbstverständlichkeit des heiligen Kosmos als eine katholische Welt, aus der heraus durch die Kursänderung hin zum

---

97 Das war übrigens recht genau der Punkt, den Papst Benedikt XVI. in seiner mittlerweile berüchtigten Regensburger Rede machen wollte.
98 Taylor [2002]: 12.

Einzelnen eine protestantische entsteht. Für James ist daher klar, daß eine „individuelle Direkterfahrung [...] immer als eine Art häretische Erneuerung erschienen ist",[99] mit einer Orthodoxie, die „den spontanen religiösen Geist ersticken" will, um „alle späteren Wallungen der Quelle zu unterbinden".[100] Der *Quelle*. Die Kirche hat sich von dem, was Religion eigentlich ist und sein sollte, wegbewegt; eine Bewegung zum Individuellen hin ist keine Neuerung, sondern eine Rückkehr zum wahren Glauben; es handelt sich nicht etwa um eine Häresie, sondern um eine Bekämpfung einer herrisch gewordenen Häresie. Das ist exakt die protestantische Erzählung, die James hier auf die organisierte Religion losläßt. Luther wollte nie eine neue Religion etablieren, sondern die bestehende in das zurücklenken, was er als ihre richtigen Bahnen angesehen hatte. Etwas anderes wäre auch nie möglich gewesen; eine Bekehrung Europas und seiner Bevölkerung zu etwas komplett Neuem hätte nicht sattgefunden, es wäre nicht intern, nicht glaubhaft, nicht im Bereich des Akzeptablen und Normalen gewesen. Dazu später mehr. Luther will zurück zu den Wurzeln; James greift dieses narrative Element in seiner Theorie auf. Auch macht diese „Rückbesinnung" auf die „persönliche Beziehung", gesetzte Vorannahmen eins und zwei, eine Stärkung des Einzenen gegen die Institution möglich. Das ist die gesetzte Vorannahme Nummer drei aus meinen oben festgelegten Grundannahmen der gegenwärtigen Religionssoziologie.

Mit der Entzauberung, schreibt Taylor, kommt auch eine Auswirkung auf das politische Gemeinwesen: Mit der Idee des göttlichen Planes, in dem jeder Einzelne einen Teil darstellt, ist somit auch jeder einzelne Werkzeug Gottes – und somit liegt die Gegenwart Gottes nicht mehr im Sakramentalen, sondern im einzelnen.[101] Diese bilden somit freigesetzte Individuen, die sich aus freiem Willen zusammenschließen – in Gemeinden, Denominationen und auch in der Kirche. Auch das ist nicht Luthers Vorstellung, folgt aber aus ihr: Der Protestantismus verlagert die Gnade vom Intellekt auf den Willen, Gott einmal anzunehmen, aus einem einmaligen großen Akt der Gnade heraus; die Gnadenökonomie des Katholizismus sieht dagegen einen langen Prozeß der Rechtfertigung vor, für den der Glaube nur der Anfang sein kann. Wer in einem großen Gnadenakt gerechtfertigt ist, der hat auch die Freiheit der richtigen Erfahrung, die Freiheit der eigenen Interpretation, die dann gnadengeleitet ist; er kann richtig wählen.

Eine religiöse Zugehörigkeit in diesen Kulturen, und hier scheint auch Taylor James zu folgen, kann nur noch freiwillig sein.[102] Dies stellt einen Idealtypus dar, der nach

---

[99] James, zitiert in: Taylor [2002]: 12.
[100] Taylor [2002]: 13.
[101] Taylor [2002]: 59f.
[102] Taylor [2002]: 64.

Taylor „nur in den Vereinigten Staaten verwirklicht" sei.[103] Nun erklärt Taylor einige der Ideen in James' Abhandlungen mit katholischen, andere mit protestantischen Ideenwelten, während er festhält, daß James einen innigen Haß gegenüber dem Katholizismus zu Tage legte. Daß Religion etwas Persönliches ist, sucht Taylor bereits im Katholischen zu verankern, wo nach Taylor ab dem hohen Mittelalter eine Bewegung zur „persönlichen Verpflichtung und Hingabe" aufkommt, bei der jedoch „das kollektive Ritual im Mittelpunkt steht".[104] Auch die Praxis der persönlichen Beichte der persönlichen Sünden betont das Individuum und seinen persönlichen Pfad der Errettung, und das bereits im Katholischen. Dennoch, und das zeigt Taylor nicht auf (daß er es dennoch weiß, scheint jedoch eindeutig), handelt es sich natürlich immer noch um eine Erlösung durch, mit und in der Kirche, ihren Vertretern und der ganzen Gemeinschaft der Kirche. Erst die Betonung des individuellen Glaubens, „mit ihrer radikalen Entwertung des Rituals",[105] schafft die einsame Innerlichkeit, die Max Weber so treffend beschrieben hat und die die moderne Religionssoziologie informiert.

Die Befreiung der Religiosität des Einzelnen ist eine Folge der reformatorischen Erzählung, wenn auch nicht ihr Inhalt; Luther hätte niemals einen religiösen Subjektivismus, gar Relativismus unterstützt, aber die Fundierung im Einzelnen begründete er dennoch. Die Entwicklung zur privaten Religion als gegen eine offizielle gerichtet, als Tatsache dargestellt, ist eine Reproduktion der protestantischen Kritik an der katholischen Kirche. James' Religionstheorie, auf die Taylor sich wohlwollend beruft – James portraitiere die Religion in einem „denkbar vorteilhaften Licht", schreibt er[106] – liest sich also tatsächlich sehr protestantisch, protestantischer noch als einige der anderen bekennend protestantischen Religionssoziologen, von denen James ja selbst einer war.[107] Taylor sucht dagegen beständig, das Gemeinschaftliche in der Religiosität wiederzufinden; daß genau das seine Sorge bei James ist, die Sorge des bekennenden Katholiken Taylor gegenüber dem bekennenden Protestanten James, ist nicht weiter verwunderlich: es ist die Folge des Herantragens verschiedener gesetzter Vorannahmen an die Analyse.

---

[103]   Taylor [2002]: 67.
[104]   Taylor [2002]: 14.
[105]   Taylor [2002]: 15.
[106]   Taylor [2002]: 19.
[107]   Protestant, nicht Religionssoziologe. Daß bekennende Protestanten vielleicht gar weniger protestantisch an die Religionssoziologie herangehen, ist an sich vielleicht nicht überraschend: der bekennende Protestant würde vielleicht auch mehr darauf achten und es möglicherweise abzuschwächen versuchen.

Religion im Warenhaus: Thomas Luckmann

Luckmann schreibt, in der Religionssoziologie sei „der Hang zur Ausbildung katholischer, protestantischer und jüdischer Religionssoziologie weniger ausge-prägt".[108] Das stimmt, was die Intention und die offene Darstellung angeht, ist jedoch falsch, wenn die theoretischen Hintergründe erörtert werden, auf deren Basis Religionssoziologie entsteht. Als mehrheitlich amerikanisch geprägtes Unternehmen ist sie deutlich protestantisch, als mit der religiösen Privatisierung beschäftigte Wissenschaft rezipiert sie einen protestantischen Religionsbegriff – und das gilt auch für Luckmanns Arbeit.

Luckmanns Religionssoziologie rutscht in ihren konstruktivistischen Annahmen hin zu einem Bild, das als protestantisch interpretiert werden könnte. So ist, was die Idee der allgemeinen Entwicklung, der Rolle des Individuums und auch der Handlungs- und Materialitätszentrierung betrifft, diese Tendenz zu finden. Bereits in Thomas Luckmanns Kritik der Religionssoziologie als Kirchensoziologie ist selbstverständlich bereits ein individualisierender und antiklerikaler Aspekt vorhanden, eine Abkehr von der Signifikanz der Institution und der Gruppe und eine Hinwendung zum Individuum. In dem Maße, indem „Kirche" dann auch noch mit „katholisch" konnotiert wird, findet sich bereits hier die reformatorische Erzählung wieder, die ich bereits dargelegt habe: Es ist die Befreiung der Religiosität des Einzelnen aus den Fängen der orthodoxen Institution und parallel dazu in seiner Kirchensoziologiekritik die Befreiung der Religionssoziologie von der *Betrachtung* dieser orthodoxen Institution. Die Erzählung, daß in der Pluralisierung „das vormalige offizielle Modell"[109] überkommen wird, ist eben-so wieder ein protestantisches Muster. „Die individuelle Autonomie steht nun [...] für das Fehlen äußeren Zwangs", nämlich für das Fehlen der leitenden Kirche und der Befreiung des individuellen Glaubens.[110] Genau das ist Luckmanns Theorie der Relation des Einzelnen zum Göttlichen in der modernen Situation, die damit in einer protestantischen Bilderwelt imaginiert wird.

Es finden sich in konstruktivistischen Ansätzen darüber hinaus deutliche christliche und protestantische Denkmuster, so die Annahme des Individuums als primärer Herd, auf dem die Plausibilität aufgekocht wird. Letzteres stellt eine Grundannahme dar, die sich in Bergers und Luckmanns Werken prominent wiederfindet; auch die objekti-

---

[108] Luckmann [1991]: 54.
[109] Luckmann [1991]: 131.
[110] Luckmann [1991]: 154. Diese Idee steht den Evolutionstheorien der Religion recht nahe. Robert Bellah, Niklas Luhmann und andere konstatieren eine Evolution von der organisierten, zentralen Religion zur offenen Religion der Reformation. Robert Bellah. „Religious Evolution." In: American Sociological Review 29 (3) 1964: 358-374.

vierten sozialen Konstruktionen sind ja in diesem Theoriemodell Folge ursprünglicher Externalisierung einer *persönlichen* Konstruktion, auch wenn sie den Einzelnen in ihrer objektivierten Form später begegnen. Bei Luckmann ist der Ursprung des Religiösen wie bereits erwähnt ein individueller Akt der Sinngebung, der vergesellschaftet, objektiviert wird, dann institutionalisiert und über diese äußere Verfestigung wieder als Struktur vorhanden ist, in die darauffolgende Generationen hineingeboren werden – die es dann als natürliche Wahrheit, immer da gewesene Interpretation betrachten, während sie in Wahrheit das Produkt einer individuellen Konstruktion darstellt. Die Quelle ist also der Einzelne, der alleine vor Gott steht. Diese Zentrierung auf den Einzelnen ist in sich bereits ein Werk der Reformation.[111] Wenn die Privatsphäre die soziale Basis der neuen Religiosität sein soll, dann muß man erkennen, daß bereits die Idee des in sich zurückgezogenen privaten Menschen, nicht nur in der Religion, sondern weit darüber hinaus eine direkte Folge des reformatorischen *sola fide*, *sola scriptura* darstellt – der Einzelne, unvermittelt, in sich gekehrt im Versuch, ohne priesterliche Hilfe die Schriften zu lesen, nur von der Gnade begleitet und geleitet. Diese Ermächtigung des Einzelnen ist zudem bei Luckmann keine neue Findung, kein Bruch des Paradigmas, sondern vielmehr eine Rückkehr zu dem, was bereits war, bevor die Tatsache der individuellen Konstruktion vergessen wurde. Auch der offizielle Glaube, der bei Luckmann heute nicht mehr trägt, ist in seiner Theorie ja einer, der von einem Individuum konstruiert und dann objektiviert wurde; eine Ermächtigung des Einzelnen zur Konstruktion seines persönlichen heiligen Kosmos ist dann eine Rückkehr zu der Freiheit, die er schon immer hatte, derer er jedoch verlustig gegangen war. Das ist recht genau die protestantische Erzählung der Reformation, mit der die Macht der Kirche gebrochen werden sollte: Luthers Idee war, in der reformatorischen Erzählung, keine neue, sondern vielmehr eine Rückbesinnung zur Art und Weise, wie Religion schon immer sein sollte und vor der Objektivierung des geschlossenen Systems auch schon einmal war.

Für Luckmanns konstruierenden Einzelnen gilt dieselbe Erzählung, aber das ist eine Erzählung, die ohnehin für die gesamte moderne Welt konstitutiv ist; sie ist keinesfalls lediglich Punkt der Religionssoziologie. „Die im modernen heiligen Kosmos vorherrschenden Themen verleihen dem Individuum so etwas wie einen sakralen Status, indem sie seine Autonomie hervorheben",[112] schreibt Luckmann. Hier ist das protestantische Paradigma am Werk. Das bemerkt dann auch Luckmann: „Das hat eine

---

111   Dazu auch Bruce [1996]: 21f.
112   Luckmann [1991]: 153.

Beziehung zur Glaubensbetonung im Protestantismus."[113] Der Glaube im Protestantismus ist die eine große Leistung, verbunden mit dem einen Akt der Gnade, die einmal komplett und rückstandslos erhalten werden kann und dann zur Erweckung im Glauben führt, die also die eine große Entscheidung bedingt. Der willentliche Entscheider der Moderne ist ohne diesen Hintergrund nicht in seiner gegenwärtigen Form denkbar. Daher auch der katholische Vorwurf, der Protestantismus verlagere den Glauben vom Intellekt zum Willen: Auch wenn Luther dies niemals mit Willen umschrieben hätte – es ist ja gerade die Gnade Gottes, die am Werk ist, nicht der Mensch – führt auch dieser Glaubenssatz, einmal sedimentiert, zum protestantischen Muster der einen, innerlichen Entscheidung, wie sie von Kierkegaard später so stark beschrieben wird: Der mit der Gnade gesegnete Mensch kann nun den großen Sprung wagen, er wird zum gerechtfertigten Entscheider. Auch im Protestantismus, schreibt Luckmann, finde eine „Neubestimmung der persönlichen Identität als ‚Innerlichkeit' des Menschen" statt. Dieser Neubestimmung entspricht der „Rückzug des Einzelnen in die Privatsphäre".[114] Dieser innere Mensch bleibt dabei eine „unbestimmbare Einheit, ein Ziel, das unerreichbar bleibt".[115].

Diese Zentrierung erreicht dann den historischen Menschen, der daraufhin die Wahl zwischen verschiedene Optionen im Religionshandel hat – das Warenlager der Sinnangebote steht vor dem Mensch der Phänomenologie und lädt zum freien Zugreifen ein. Es erfordert eine starke Entscheidung, in einem Moment, einmal und für immer. Es erfordert Kierkegaards Sprung. Bei Luckmann zwingt es noch nicht so, wie Berger das formulieren wird, aber es fordert doch sehr stark auf. Seine Formulierung der beiden alternativen Optionen zur Wahl der privaten Religion macht dies deutlich. Die erwähnte Option, die zur Beibehaltung des alten – also der organisierten, strukturierten, orthodoxen Religion – führt, ist die, sich für unfähig zu halten, was impliziert, daß der Einzelne nicht unfähig *ist*, seine Fähigkeit nur in sartrischer Manier verneint und damit eine moralische Fehlleistung begeht, die ihm negativ anzurechnen ist. Nicht nur ist eine Wahl zwingend, das Festhalten an der orthodoxen Religion ist in diesem Bild, ohne daß Luckmann das natürlich so formuliert hätte, eine Art Häresie. Es handelt sich um eine Fehleinschätzung der grundlegenden Wahrheit, selbst die Möglichkeit zu haben, zu entscheiden, wie die eigene religiöse Sinnwelt konstruiert sein soll und eine Verkennung der Wahrheit, die Verantwortung für diese Wahl auch selbst innezuhaben – genau wie es bei Luther eine Sünde war, der katholischen Kirche, dieser in seinen Augen so verdorbenen, häretischen, heidnischen Institution weiter zu

---

[113]   Luckmann [1991]: 153.
[114]   Luckmann [1991]: 154.
[115]   Luckmann [1991]: 154.

folgen (oder sich den anderen Reformatoren anzuschließen). Es kann nur die Folge eines Unvermögens sein, die Wahrheit zu erkennen. Luckmanns zweite Option, sich für unfähig zu halten, folgt recht exakt diesem Schema.

Das offizielle Modell ist also nicht mehr plausibel, so Luckmann, denn es entsteht zunehmend „eine Kluft zwischen dem offiziellen Kirchenmodell und dem, was *objektiv* wichtig ist". Dieser Glaube an die objektive Welt ist im Konstruktivismus schwierig; sie wird angenommen, aber als für die Wahrnehmung unerreichbar dargestellt. Diese ist hier aber auch nicht gemeint. Objektiv wichtig ist das, was als wichtig konstruiert ist, die Perspektive, die zu einer Wahrnehmung der Wichtigkeit führt. Der Konstruktivismus ist nicht positivistisch, aber Positivismus wird von der Reformation begünstigt: Dinge sind wahrnehmbar, wenn man nur (mit Gottes Gnaden) die Augen öffnet, ist ebenso Produkt der Reformation und der Einladung Luthers, die Bibel selbst zu lesen, ein Objektivismus, der die Geworfenheit des Einzelnen nicht nur in Situationen, sondern auch in Interpretationen und Denkmuster geflissentlich ignoriert. Das ist sicherlich weder Luthers noch Luckmanns Sichtweise: Luther war der Ansicht, der Bibelleser müsse ausgiebige Vorkenntnisse mitbringen und gelangt nur mit deren Hilfe zu der einen, gar nicht subjektiven Wahrheit; Luther hat die Reformatoren, die ebenso „mit der Bibel" gegen Rom standen, verachtet, wenn diese nicht seine Lesung sekundierten. Luckmann zeigt uns seinerseits gerade die Perspektivität der Wahrnehmung auf. Der Glaube an die Gnade, die noch Voraussetzung für dieses Vertrauen in jeden Einzelnen war, die Wahrheit zu sehen, verflüchtigt sich, aber die Einstellung, als einzelner die Wahrheit erkennen zu können, bleibt.

So wird Luckmanns Religionssoziologie weitergeführt durch die Feststellung, in der modernen Situation sei dem Konsumenten der heilige Kosmos „direkt zugänglich, ohne Mittler".[116] Die Perspektivität der Wahrnehmung hin oder her, man kann den heiligen Kosmos oder die heiligen Kosmoi, die nun im Warenhaus stehen, direkt einsehen und selbst lesen. Das ist natürlich das Modell, in dem der heilige Kosmos – Gott – dem protestantische Gläubigen direkt und unmittelbar zur Verfügung steht, durch direkte und volle Gnade, ohne die Mittlerfunktion der Geistlichen, die im Katholizismus zwingender Anlaufpunkt für ein Auskommen mit der höchsten Macht darstellen und die Gnade verwalten. Ohne einen Verwalter der Gnade kann man zu Gott persönlich beichten, ihn persönlich ansprechen und erhält seine Gnade als persönliches Geschenk. Religiöse Themen werden danach dennoch vermittelt, allerdings nun nicht durch eine Geistlichkeit, sondern durch die „eigene Erfahrung" – in der persönlichen Beziehung zum Erretter. Damit werden sie in hohem Maße

---

[116] Luckmann [1991]: 146.

subjektiv und machen den Betrachter, wie Luckmann ihn imaginiert, zum in hohem Maße subjektivistischen Betrachter, nun ohne Idee der Gnade und *trotz* Luther. Aus Wahl und Abkehr von der offiziellen Religion entsteht natürlich etwas, was weiterhin mit dem offiziellen Modell verwandt sein muß. Die individuelle Religiosität, so Luckmann, ist anfangs nach dem Muster der offiziellen Religion gestaltet, bewege sich dann aber nach einer Periode des Zweifels hin zu einer „rein individualistischen Lösung"[117] Die protestantische Erzählung der Befreiung des Einzelnen von der zentralen Kirche schwingt hier sehr prominent mit: Die Idee des Priestertums aller Gläubigen ist notwendige Voraussetzungen für die Annahme, der einzelne könne ohne Gruppe, Mittler und Hilfe eine „eigene" Interpretation hervorbringen, ohne gesellschaftliche Interpretationsmuster und -schemata. Nur auf der Basis des Priestertums aller Gläubigen kann eine „rein individuelle Lösung" auch nur im Ansatz plausibel erscheinen; nur dann ist der einzelne mit der Interpretationsmacht ausgestattet, Texte ohne die Einwirkung seiner Umwelt „verstehen" zu können. Auf der Basis eines vollen Aktes der Gnade, der den vollen Glauben des sich entscheidenden Menschen hervorruft, entsteht ein Menschenbild, das den Gedanken eines Warenlagers mit der Aufforderung zur Entscheidung denkbar macht, weit jenseits der Religionssoziologie.

Der bekennende Protestant: Peter L. Berger

„Dieses Buch", schreibt Berger über *Der Zwang zur Häresie*, ist „ein Reflexionsakt: Es ist eine Erörterung [...] und kein konfessionelles Dokument",[118] und „der paradigmatische Charakter des Protestantismus ist der einzige Grund, warum die anschließende Erörterung theologischer Wahlmöglichkeiten [...] sich auf protestantische Beispiele konzentriert."[119] Es ist allerdings ein Reflexionsakt, der im Begriff der inneren, privaten Religion, der individuellen, innerlichen Sinnkonstruktion ein protestantisches Religionsverständnis offenbart, wie auch Luckmanns Arbeit. Es ist außerdem eine Darstellung eines individuellen Glaubens gegen einen alten, überkommenen offiziellen Glauben und spiegelt auch hierin eine protestantische Erzählung wider. Verstehen wir uns nicht falsch: Bergers Religionssoziologie ist sicherlich kein Werk der Apologetik – das kann man nicht ernsthaft unterstellen – aber dennoch muß bemerkt werden, daß es in seiner theoretischen Ausrichtung die religiöse Formung des

---

[117]   Luckmann [1991]: 127
[118]   Berger [1979]: 50.
[119]   Berger [1979]: 71. In *A Far Glory* jedoch bezeichnet er sein Werk als „a liberal Protestant one". Berger [1992]: 20.

Autors widerspiegelt. Daß es hier starke protestantische Einflüsse gibt, weiß Berger offensichtlich selbst, sonst hätte er nicht die Notwendigkeit empfunden, sich dafür zu erklären. Daß das Buch protestantisch beeinflußte Theorien beinhaltet, ist natürlich auch keinesfalls eine vernichtende Kritik, denn etwas anderes hätte gar nicht stattfinden können; jeder Autor bringt zwangsläufig die Interpretation der Welt, die Welterklärungserzählung als Filter an seine Wahrnehmung mit, die er hat, seine Perspektivität. Das würde Berger selbst sofort zugeben. Bei Peter Berger ist das nun einmal sein offen bekannter liberaler Protestantismus, den ich ihm nicht vorwerfen will oder werde. Insofern soll dies keine Kritik sein, vielmehr ist Lob angebracht dafür, daß dieser Hintergrund offengelegt wird. Dennoch bereitet dieser Umstand Schwierigkeiten, die Einordnung dieses Dokuments als „nicht konfessionell" in jeder möglichen Bedeutung der Behauptung zu unterstützen. Es ist insofern konfessionell, als die an die Religion herangetragenen Theorien bereits aus einem religiösen Hintergrund stammen, wenn auch aus dessen unbewußten Folgen. Der „paradigmatische Charakter des Protestantismus" weist ebenso bereits auf ein Bild hin, das eben das protestantische Gottesbild zum paradigmatischen erklärt.

Paradigmatisch ist darüber hinaus hier das Bild der Trennung des Sakralen vom Profanen, ein allgemein christliches Muster, das im Protestantismus verschärft wurde und das bekanntermaßen für die Säkularisierung eine gewichtige Rolle spielt. Bei Berger tritt die Konstruktion als konstruiertes *Sakrales* dem Menschen gegenüber; diese Zweiteilung ist bereits ein christliches Denkmuster. In *The Sacred Canopy* beschreibt Berger die Beziehung zwischen dem religiösen Nomos, der „Plausibilitätsstruktur" des Religiösen und dem, was er die menschliche Konstruktion von Gesellschaft nennt. Diese Religion ist nicht lediglich Reflexion von sozialen Prozessen, sondern gemeinsam mit der Gesellschaft Produkt menschlicher Konstruktion, mit der Gesellschaft also untrennbar verbunden[120] und steht gleichzeitig als sinnstiftendes *Canopy*, als Baldachin vom Menschen konstruiert schützend über ihr (oder auch nur ihm, dem Individuum). „The social world intends […] to be taken for granted. It is not enough that the individual looks upon the key meanings of the social order as useful, desirable, or right. It is much better if he looks upon them as inevitable, as part and parcel of the universal ‚nature of things.'"[121] Dabei handelt es sich um eine Erzählung über die Natur der Dinge, die er selbst dort deponiert hat, die ihm aber dann als das Sakrale gegenübertritt. Gerade die Unterscheidung zwischen dem Weltlichen und dem Geistlichen, dem Sakralen und dem Profanen, die Aufteilung der Wirklichkeit in zwei

---

[120] Berger [1967]: 47.
[121] Berger [1967]: 24.

Reiche, wie sie Augustinus und der Augustinerbruder Luther vornehmen, ist christlich beeinflusst und findet sich weit jenseits von Religionssoziologie und Religionswissenschaft in allen Ecken und Bereichen des westlichen Denkens. Die Antike sah ihre Götterwelt nicht als ein Anderes, sondern als etwas, was tagtäglich das Leben der Menschen begleitete, man erkannte Jupiter, Apollo, Venus und Mars in den alltäglichen Abläufen der Welt wieder, wie in der freien Interaktion der Menschen mit den Göttern in klassischen Dramen und Komödien überdeutlich wird. Erst im Monotheismus wird Abrahams Gott auf den langen und langsamen Weg zu Derridas „tout autre"[122] geschickt, was Derrida dann als sich auf unsere Mitmenschen ausdehnend sieht, die ebenso *tout autre* werden. Die Trennung des Sakralen von dem Profanen ist mit der Individualisierung des Menschen also eng verwandt.

Diese Individualisierung ist bei Berger auch keine Diagnose einer gegenwärtigen Situation, sondern eine Grundannahme seines Menschenbildes. Bergers Individuum in der Plausibilitätsstruktur behält präsoziales Bewußtsein: „consciousness precedes socialization", aus dem heraus es in eine Plausibiltätsstruktur überführt wird, „it can never be totally socialized [...] socialization, then, is always partial."[123] Dieses primäre Selbst, in Berger, hat dann „two components", wie das Selbst von William James, aber auch das Selbst von Margaret Archer und diese zwei Komponenten tragen eine „externe Konfrontation" zwischen Individuum und Gesellschaft in das Individuum selbst.[124] Wir finden in Bergers Sichtweise nicht lediglich die Trennung in zwei Reiche, wir finden ebenso die Sakralisierung des Profanen durch die Zentrierung der Welt auf den Einzelnen, die Individualisierung, die ebenso in unserer Denkweise so tief verankert ist und gleichzeitig der Reformation so viel schuldet.

Diese Individualisierung ist nicht in der Idee des individuellen, idiosynkratischen Glaubens zu finden, das hätte Luther zornig gemacht (was schnell passierte), sondern in der Legitimation des einen richtigen Glaubens im einsamen Dialog mit Gott, in der vollen Gnade in einem Moment. Der Zwang zur Häresie, der Zwang zum Wählen, der Zwang zur eigenen Entscheidung für den inneren, innerlichen Glauben ist ein urchristliches, im Protestantismus wieder verschärftes Muster, denn die Idee, einen „Glauben" wählen zu können, ist dann am ehesten plausibel, wenn unsere Welterklärungserzählungen uns als essentielle Individuen allein vor Gott „erkennen". Wir haben es also mit einem Kernsatz des Protestantismus zu tun, der eine fundamentale Einsamkeit des Gläubigen vor einem gerechten (oder, mit Jonathan Edwards, auch zornigen?) Gott postuliert, dem der Einzelne nur durch individuellen, inneren Glaube

---

122   Derrida [1995].
123   Berger [1967]: 83.
124   Berger [1967]: 84.

an seine Erlösung, *sola fide*, begegnen kann (der wiederum Folge der Gnade ist). Erst auf der Basis einer solchen Idee der solitären Innerlichkeit kommen die „gewählten" Glaubenssysteme ins Spiel. Erst hier kann die Idee eines wie auch immer gearteten „Zwanges zur Häresie" aufkommen.

Ein weiteres, damit eng verwandtes Muster ist das der Zustimmung zu einer Sinn-struktur Kraft persönlicher Entscheidung und die Genese sozialer Strukturen durch reflektierte Entscheidungen. Auch das haben wir bereits bei Luckmann gefunden. Berger schreibt, Menschen müßten heute aussuchen und wählen und was bliebe, sei „die Erinnerung an die mit Bedacht gebildete Konstruktion einer auf Zustimmung beruhenden Gemeinschaft". Dieses fast sartrische Prinzip, das alle sozialen Tatsachen als gewollte moralische Entscheidung sieht, „increasingly, communities, too, are chosen",[125] schreibt Berger – und auch das ist nebenbei ein grundlegend prote-stantischer Glaubenssatz, der einzelne solle seine Gemeinde und Kirche selbst wählen (während katholische Pfarrgemeinden territorial organisiert sind). Neu ist der Indivi-dualismus nicht; er ist im konstruktivistischen Menschenbild vorausgesetzt.

Neu ist jedoch die Einsamkeit, die nun auf der Basis dieses Individualismus, nach Abkehr vom offiziellen System, entsteht. Die Moderne mit ihren Wahlmöglichkeiten führt zudem dazu, so Berger, daß der moderne Mensch sich „alleine" fühlt in einer Art und Weise, in der es der traditionellen Gesellschaft niemals hätte sein können.[126] Genau das ist die Auswirkung, die die protestantische Reformation mit dem Prie-stertum aller Gläubigen, die individuell die Bibel lesen und entscheiden sollten, ob sie auf dieser Basis denn nun errettet sind oder nicht, auf die reformierte Gesellschaft hatte. Max Weber diagnostiziert eben gerade diese Einsamkeit, die den Calvinisten, der nun ohne die vermittelnde Rolle von Priester, Bischof und Gemeinde allein vor Gott steht, befällt. Der rationale und einsame Entscheider ist ein Calvinist, der allerdings selbstverständlich nicht volle subjektivistische Freiheit hat, zu tun was ihm gefällt, sondern eben richtig und falsch wählen kann. So ist die Wahl ein Risiko.

Erst aus diesem Hintergrund heraus taucht in Bergers Sichtweise das Problem des Pluralismus als *Gefahr* auf, das die Plausibilitätsstrukturen erschüttert, weil sie nicht mehr alleine sind; der Relativismus führt dann dazu, „von einer Plausibilitätsstruktur zur anderen zu migrieren",[127] Pluralität wird zur Unsicherheit,[128] die Häresie ist dann

---

[125]   Berger [1992]: 89.
[126]   Berger [1979]: 36.
[127]   So bei Giacomo Marramao. Die Säkularisierung der westlichen Welt. Frankfurt 1999: 121.
[128]   Diese Unsicherheit, so Berger weiter, führt dann zur Flucht in die vermeintliche ontologische Sicherheit „harter", konservativ-strikter Religionen. Berger [1992]:19.

der „Imperativ des Wählenmüssens",[129] eine Wahl, die dann natürlich von der Person über die Strukturen erfolgen muß und der die Religion privatisiert. Es wird hier sehr schnell deutlich, daß es sich um Essentialismen handelt, die eine ontologische Handlungserklärung eines sartreschen Individuums implizieren[130] – und darin wieder reformatorisch beeinflußt sind. Es ist nicht lediglich der Absolute Gott das *tout autre* der Welt in der Unterscheidung des Sakralen vom Profanen, es ist auch das Individuum das *tout autre* gegenüber der Plausibilitätsstruktur, die es von außen betrachten können müßte, um sie wirklich wählen zu können. Das ist natürlich die alte Struktur-Akteur-Debatte, die ich im vorliegenden nicht ausführlich bearbeiten möchte. Diese Debatte hat auch etwas Religiöses an sich, kann man in Struktur und Akteur doch Gott und die (ihn einsam anblickende) Seele erkennen.

Ich habe oben festgestellt, daß die immer wieder wiederholte Kernaussage Bergers zur Wahl der Religion die des Endes des Schicksals und des Beginns der persönlichen Verantwortlichkeit ist, in allem, was die Moderne uns entgegenstellt, inklusive Glaubensfragen. Wir steigen aus schicksalhaften Zusammenhängen und offiziellen Religionen aus, um zur individuellen Beziehung zur eigenen Sinnkonstruktion zu gelangen. Der moderne Mensch muß „anhalten und reflektieren" und wird so individuell verantwortlich, und „vortheoretische Erfahrung" zwingt ihn dazu, die alten Theorien kritisch zu bezweifeln.

Es ist nicht sehr viel notwendig, um hierin die Erzählung der Reformation wiederzuerkennen. Es ist dieselbe, die bei James und Luckmann bereits aufgetaucht war. Die Reflexion führt wieder einmal zur Befreiung von der knebelnden Orthodoxie. In *A Far Glory* schreibt Berger, in der modernen Situation müssen wir „reject as illusory the certainties held out by the Orthodox;"[131] was die Orthodoxie gelehrt hat, ist Illusion, Aberglaube, magischer Quatsch. Erst die eigene, vortheoretische Erfahrung bringt uns der Wahrheit näher.

Ironischerweise ist dieser Zweifel eben gerade nicht vortheoretisch: Er bringt ein Denkmuster an die Welt heran, das in der Reformation zu seiner Blüte gekommen ist. Die „vortheoretische" (nämlich nicht kirchen-, sondern gnadengeleitete) Erfahrung ist das, was Martin Luther an die Bibel heranbringen wollte: *Sola scriptura* bedeutet ja gerade, die Bibel nicht durch die Brille der katholischen Dogmen zu lesen, sondern als einzelner, individueller, rationaler Mensch, der (mit Gottes Gnade als Hilfe) aus diesem Text einen eigenen Sinn gewinnen kann (der dann auch der orthodoxe Sinn

---

[129] Berger [1979].
[130] Das sartresche Individuum wird von Berger auch in *A Far Glory* wohlwollend behandelt, in Kapitel 4, „The Solitary Believer". Berger [1992]
[131] Berger [1992]: 20.

wäre). „Freedom presupposes solitariness",[132] schreibt Berger, und das ist eine sehr protestantisch geformte Idee von Freiheit in Einsamkeit. Das ist die Erzählung der Aufklärung und des Liberalismus, aus der die Trennung von Religion in Privat- und öffentliche Sphäre erst entstammt. Währenddessen können sich gegenwärtige „wörtliche Interpretation ohne Vorkenntnisse"-Jünger, wie man sie vor allem in amerikanischen evangelikalen Gemeinden findet, nicht auf Luther berufen: Der Bibelleser, der eine ernsthafte Exegese betreiben will, sollte, so Luther, Vorkenntnisse mitbringen, antike, hellenistische und römische Geschichte kennen und Latein und Griechisch, besser auch Hebräisch können. Damit befindet er sich selbstverständlich wieder in einem ganzen Netz theoretischer Vorformungen, die nicht loszuwerden sind; in denen befindet er sich auch dann, wenn er die Bibel liest, ohne all das erlernt zu haben, dann bringt er die Selbstverständlichkeiten der Gegenwart an den Text. Aber das ist ja gerade der Punkt: er bringt Gottes Gnade mit. Von einem subjektiven Lesen hätte Luther nie gesprochen, aber subjektives Lesen ist die Folge, wenn jeder Leser sich darauf beruft, diese Gnade zu haben.

Bergers Religionsverständnis ist, wie Luckmanns, protestantisch. Das ist für sich zunächst nichts Schlimmes. Eine Perspektive ist, wie gesagt, unvermeidlich. Das geht jedem Autor so, ob bekennend oder nicht; aus einer gesellschaftlich-religiösen Hintergrundposition kommt man immer, auch dann, wenn man persönlich mit dem Glauben gebrochen hat oder nie einen bewußt hatte. Eine allgemeine Religionstheorie erwächst daraus jedoch nicht. Berger, der ja bekannterweise mit Thomas Luckmann gemeinsam das grundlegende Werk des Konstruktivismus verfaßt hat, teilt mit diesem eine ganze Reihe grundsätzlicher Annahmen, die ich bei Luckmann bereits auf ihrer Verwandtschaft mit protestantischen Denkmustern untersucht habe. Bei Berger ist, trotz der anfänglichen Distanzierung, der Protestantismus allerdings auch weit öfter erwähnt, als das bei Luckmann der Fall war. „Der Protestantismus", so Berger, „hat sich stärker als jede andere Theorietradition mit den Relativierungskräften der Moderne herumgeschlagen."[133] Das ist nur konsequent, denn diese Tendenzen (oder die diskursive Thematisierung der Welt in diesen Begriffen) lassen sich in ihrem Ursprungszusammenhang auf die Reformation zurückverfolgen.

Auch Berger legt somit Grundannahmen zu Tage, die eine privatisierte Religion als Annahme mitbringen, weil sie ein Muster der paradigmatischen protestantischen Religion mitbringen. Daß dies gerade Charles Taylor und, wie wir gleich sehen werden, Franz-Xaver Kaufmann Bauchschmerzen bereitet, überrascht uns das?

---

132   Berger [1992]: 87.
133   Berger [1979]: 82.

Erweckung als Paradigma: José Casanova

Bei José Casanova finden wir eine Theorie der Religion, die gerade dann öffentlich sein kann, wenn dagegen die Religionsfreiheit als Abwehrrecht des Einzelnen gewahrt bleibt und die Religion somit in ihrer Öffentlichkeit nicht tyrannisch werden kann. Somit verbindet sich eine Theorie der Religion der Innerlichkeit mit einem Bild der Religion in der Öffentlichkeit. Aus diesem Bild der Innerlichkeit heraus schließt Casanova dann jedoch ohne große Diskussion auch auf eine individuelle Entscheidung als Quelle und Ursprung der Religiosität und setzt diese mit der evangelikalen Erwachsenenerweckung gleich. Aus seinem normativen Kurs heraus mußte er das, wie ich gezeigt hatte. Die paradigmatische Form dieses neuen, auf Freiwilligkeit beruhenden Glaubens ist die freie und reflexive Entscheidung des Erwachsenen, der autonom bestimmt, ob er eine Tradition bekräftigt und welche, der also die Kierkegaardsche Frage: *aber wohin springen?* reflexiv untermauert beantwortet hat. So diagnostiziert er, daß die Freikirche die moderne Form der Religion darstellt. Auch in Casanova Religionssoziologie finden wir so protestantische Grundannahmen.

Interessanterweise bringt Casanova gerade in dieser Charakterisierung der paradigmatischen freikirchlichen Organisation in der Gegenwart die protestantischen Annahmen seiner Theorie bereits offen mit. (Der Spanier Casanova unterrichtet in den Vereinigten Staaten an der New School for Social Research.) Eine vom Staat getrennte Kirche wird, so Casanova, automatisch eine „Freikirche,"[134] also eine Vereinigung von Individuen, die einem innerlichen Glauben folgen, dem sie nach außen lediglich organisatorisch Form verleihen; eine äußere Form, die jedoch nur zur gegenseitigen Unterstützung und sozialen Zusammenkunft dient. Das ist ein protestantisches Religionsverständnis, auf dem die liberale Theorie der Religion und ihre Behandlung durch die liberale Theorie beruht, worauf ich noch zurückkommen werde. Es ist also eine Abdrängung also der Religion in die Privatsphäre, die aus der Moderne stammt, die wiederum aus der Reformation eben diese Innerlichkeit und Privatheit gewinnt, die ich bereits ausführlich als protestantisches Muster diskutiert habe.

Seine Schlußfolgerung, die Folge aus dieser Innerlichkeit wären dann „wirklich freiwillige Religionsgemeinschaften",[135] folgt danach, ohne daß thematisiert würde, daß „freiwillig" auch einer dieser Begriffe ist, bei dem, wie bei „öffentlich" – oder bei „Säkularisierung" – verschiedene Bedeutungen in einen Topf geworfen werden können. Einerseits meint freiwillig die Abwesenheit von Zwang, daß niemand gegen

---

134   Casanova [2004]: 274.
135   Casanova [2004]: 289.

seinen Willen in eine Religionsgemeinschaft gezwungen wird. Andererseits – und das ist die rational-choice-Variante des Begriffes – kann es meinen, daß Menschen auf dem Markt einfach nutzenmaximierend auf der Basis allgemeiner und transzendenter Rationalität aus allen Angeboten auswählen. Die notwendige Entwicklung der Moderne ist also in dieser Theorie eine Protestantisierung der Religion. Das ist eine These, die durchaus bereits vertreten worden ist, aber sie wurde auch bereits offen vertreten[136] – ohne diese Protestantisierung als allgemeine religiöse Entwicklung darzustellen, ohne sie beim Namen zu nennen. Genau das jedoch tun diese Theorien der Privatisierung: sie stellen ein protestantisches Religionsverständnis als Vorannahme an die Wurzel ihrer Thematisierung der Religion – und gelangen so zu einer Diagnose Privatisierung, die damit bereits in der Vorannahme verankert war.

Struktur für Jedermann: Ulrich Oevermann

Auch Ulrich Oevermanns Modell habe ich bereits angesprochen; auch in diesem Modell lassen sich gewisse Grundannahmen zum Religionsbegriff wiederfinden, die zwar gerade in dieser Theorie als allgemeine imaginiert werden, so allgemein jedoch nicht sind. Aus Opposition zum Erfahrungsmodell des Numinosen wie auch des Bedürfnismodells, das dann von der Religion ausgefüllt wird, finden wir ein Strukturmodell der Religion bei Oevermann, der davon ausgeht, daß Religiosität eine Struktureigenschaft menschlichen Daseins darstellt, das aus der Trennung von Natur und Kultur hervorgeht. Ich möchte vorausschicken, daß ich die Kritik Oevermanns am Erfahrungs- und Bedürfnismodell durchaus teile und Oevermanns Modell für interessant halte. Dennoch finden wir gerade an diesem Punkt eine Annahme, die möglicherweise nicht direkt protestantisch, aber jedoch sehr christlich ist: die Trennung von Natur und Kultur.

Fragt man Muslime nach dem, was sie am Christentum für am wenigsten akzeptabel halten, gibt es viele mögliche Antworten, Bilder und menschgewordene Götter rangieren jedoch auf prominenten Positionen: Beide stehen für die die Zentrierung der Welt auf den Menschen, die aus dem christlichen Glaubenssatz der Gottesebenbildlichkeit des Menschen und der Menschwerdung Gottes herrührt. Diese führt zu einer Interpretation der Welt, die den Menschen – mit Luther dann dezidiert den *einzelnen* Menschen – in den Mittelpunkt der Betrachtung rückt, als ein *totaliter aliter* gegenüber der ihn umgebenden Natur, aus seiner Gottesebenbildlichkeit heraus. So bezeichnet der

---

[136] Vgl. Cuddihy [1978].

Begriff der *Natur* in unserem Diskurs all das, was nicht Teil des Menschen ist, nicht menschengemacht ist. Unser Diskurs baut eine Trennwand auf zwischen dem Menschen und dem Rest der Schöpfung, die der Mensch sich – in voller Konsequenz – hiernach „untertan" machen soll. Das ist eine Ursprungsbestimmung und keine Kritik; ich teile durchaus diese Idee der Trennwand. Dies aber ist die Grundidee, aus der heraus eine Trennung von Natur und Kultur postuliert werden kann: Es bedingt eine Idee des Andersseins zwischen dem einen und dem anderen und diese Idee, so verankert und selbst-verständlich sie in unserem Diskurs sein mag, ist eine besondere Folge einer besonderen Interpretation der Welt, die das Christentum dort deponiert hat. Zu einer allgemeinen Religionstheorie taugt sie daher nicht, denn sie würde in vielen anderen religiösen Umfeldern teils heftige Gegenwehr auslösen.

Damit nicht genug. Oevermann, so habe ich bereits festgestellt, versteift sich in seinem Religionsbegriff auf jenes, was als Bewährungsmythos dem Bewährungsproblem kollektiv gegenübertritt. Dazu ist, so hatte ich festgestellt, eine Transzendierung der Endlichkeit der eigenen Existenz notwendig, also ein Bezug zu Erlösung und Heil im Unendlichen; nach Oevermanns Strukturmodell handelt es sich also dann nicht um eine Religion, wenn es keinen Jenseitsbezug beinhaltet. Dennoch kann die säkularisierte Weltsicht im Modell dargestellt werden, wenn sie z.B. kein Leben nach dem Tod mehr in ihrem Bewährungsmythos bietet; die moderne Leistungsgesellschaft ist hierfür ein Beispiel. Das macht die Frage nach den Mustern schwierig. Einerseits findet sich die Betonung der Notwendigkeit eines Jenseitsbezuges, was als Idee sicherlich christlich ist. Andererseits wird jedoch auch das Fehlen eines Jenseitsbezuges als möglicher Inhalt des Bewährungsmythos genannt – zu Recht, denn auch die null-Option ist sicherlich eine Jenseitsoption. Diese Option schwächt jedoch den Bewährungsmythos nicht, so Oevermann, sie verschärft ihn in der rationalistischen Suche nach Selbstverwirklichung. Die Idee der Erlösung im Jenseits ist eine Idee, die in den christlichen und muslimischen Religionen die absolut zentrale Rolle spielt, erfährt jedoch sowohl in der heidnischen Vorstellung als auch im ursprünglichen Judentum keine besondere Betonung. Die Kultreligionen des Mittelmeerraumes vor der Ausbreitung des Christentums sind Erzählungen zur Sinnfindung in dieser Welt, nicht in der jenseitigen; eine römische Kulthandlung erwirkt Ernte, Wetter, Erfolg, Heirat, gute See, Dinge, die die Zukunft des Menschen in diesem Leben beeinflussen; ein Glaube in ein Jenseits war zwar teilweise existent, aber nicht universell verbreitet (wie ohnehin keine Glaubenselemente universell verbreitet waren). Auch das Judentum ist nicht in erster Linie Erlösungsreligion, sondern ein Beistandspakt für das auserwählte Volk in seiner Reise durch die Geschichte *dieser* Welt. Eine Religion auf ihren Jenseitsbezug zu reduzieren hieße, mit Luckmann, sie auf die großen Transzendenzen zu beschränken, was diese beiden wichtigen Traditionen – und andere – nicht als Religionen auf den Schirm brächte. Oevermann stellt explizit dar, daß sein Modell universell auf alle Kulturen anwendbar sei; und es ist vielleicht auch möglich, den Bezug der Römer auf die Götter zum Zweck der diesseitigen Hilfe als etwas Jenseitiges zu lesen, jedoch scheint es dennoch sehr weit interpretiert, dies als Erlösung oder Heil zu thematisieren. Erlösung und Heil sind implizit Zeichen einer christianisierenden Betrachtung des Religionsbegriffes; die Natur/Kultur – Trennung ist es ebenso. Auch hier finden wir also einen Religionsbegriff, der westliche, christliche Wurzeln hat; mit der Ablehnung der Erfahrung und der Individualität als Basis ist dieser Begriff, den Oevermann vorschlägt, jedoch weniger protestantisch als der von Luckmann, Berger und Casanova.

Die religiöse Ökonomie: Die rational-choice-Theorie der Religion

Der Begriff der inneren und privaten Religion ist ein aus dem protestantischen Religionsverständnis kommender Begriff. Wo phänomenologische, individualistische, persönliche Theorien allesamt bereits Stränge der westlichen Version des Monotheismus in sich tragen, ist bei rational-choice-Theorien noch einmal eine besondere Zentrierung auf den einzelnen zu erkennen. Mehr als das jedoch: durch die Ökonomisierung übernimmt dieser Ansatz eine Denkweise, von der selbst bereits analysiert wurde, daß sie in der Religion ihre Ursprünge hat. Die gesamte Idee dieses Ansatzes ist in dem, was Max Weber protestantische Ethik genannt hat, bereits tief verwurzelt: es ist die Religionsbegrifflichkeit der liberalen Ökonomie.

R. Stephen Warner begrüßt diese Idee als reinsten Ausdruck seines „neuen Paradigmas". Das neue Paradigma versteht die amerikanische Erfahrung als einen „open market for religion",[137] mit ökonomischer Begrifflichkeit. Im neuen Paradigma hat Religion eine Funktion, die durch verschiedene Konsumprodukte erfüllt und die von verschiedenen Anbietern auf verschiedene Art und Weise bedient werden kann, mit verschiedenen Freizeit-, Gottesdienst-, Ausflugs- und Geselligkeitsangeboten. Es gewinnt, wer die Anreize, die Bedürfnisse der religiösen Konsumenten zu befriedigen, am besten umsetzt. Hier findet sich also eine Idee der bereits bestehenden Bedürfnisse, die im Einzelnen vorhanden sind und von außen, durch andere Individuen, befriedigt werden müssen. Ursprungspunkt ist das Individuum, die Religionsgemeinschaften sind dazu lediglich Befriediger eines primär individuellen religiösen Bedürfnisses. Die

---

[137] Warner [1993]: 1050.

protestantische (calvinistische) Erzählung des Einzelnen, der alleine vor Gott steht und dort seine Erlösung nicht bewirken kann, sondern erfahren muß, steht an der Basis des positivistischen Bildes des einzelnen, für sich rationalen und einsam wahrnehmenden Menschen, der für diese Wahrnehmung keine Filter, keine Theorie, keine Erwartungen benötigt. An der Basis steht nur und einzig und allein das Individuum. Diese Rationalität des Einzelnen ist universell, sie ist fundamental die gleiche bei allen Individuen und auch die Präferenzen und Wertvorstellungen sind es auch, in Iannacombes Welt: „The ultimate preferences (or „needs") that individuals use to assess costs and benefits tend not to vary much from person to person or time to time." Iannacombe präsentiert dies als Annahme des rational-choice-Modells nach dem Propheten Gary Becker: „Social outcomes constitute the equilibria that emerge from the aggregation and interaction of individual actions." Gerade in ihrer Individual-zentrierung ist die rational-choice-Theorie trotzig und verneint jede gesellschaftliche Handlung. In ihrem Kern gehen radikalere Versionen des Liberalismus mit Thatcher davon aus, „there is no such thing as society". Diese Idee steht als Dogma an der Basis der rational-choice-Theorie; wer das Dogma anzweifelt, erntet in wirtschaftswissen-schaftlichen Kreisen in der Regel wenig mehr als ein müdes Lächeln.

Radikal geschichtslos und radikal gleichmacherisch: Menschen sind im Gunde doch jeder wie der andere. Auch das ist eine Annahme, die ohne die Idee der protestan-tischen Glaubensüberzeugung, daß jeder einzelne ein Priester sei, kompatibel. Hat man den Glauben durch die Gnade, ist jede Vernunft gleich: in John Miltons Paradise Lost ist das Adams Ausspruch, *for what obeys / Reason is free; and Reason he made right*.[138] Wie Arthur Williamson darstellt, ist auf dieser Basis auch die Demokratie eine radikal protestantische (und apokalytische) Erfindung: Die Demokratie der Anti-ken war niemals eine allgemeine, universelle Rechtsvorstellung, die mit einer *missio* begleitet war.[139] Sie galt nicht umstandslos für alle Menschen; die moderne Demokra-tie hat diesen Anspruch und die moderne Ökonomie verteidigt die prinzipiell gleiche Rationalität aller Menschen, interessanterweise auch gegen die Ökonomen. In der Grundlegung dieser Theorie von John Muth wird festgestellt, daß man es dem einfachen Marktteilnehmer zutrauen sollte, genauso rational zu kalkulieren, wie der Ökonom das in seinen Modellen kann. Jeder einzelne ist ein Priester.

Wenn sich in den Präferenzen des einzelnen doch einmal etwas ändern sollte, dann ist das nicht die Folge einer Veränderung in der Natur des Menschen, sondern eine Folge von veränderten Zwängen von außen, die dann wiederum die Präferenzänderung

---

[138] John Milton. Paradise Lost. London 2000: 194 (Buch IX, Zeile 352f)
[139] Williamson [2006].

erzwingen, und nur das. Wie bereits festgestellt: "Präferenzen" sind nicht Überzeugungen, sie nicht Grundlagen für die Lebensführung, sie sind lediglich äußere Vorlieben, die im freien Spiel jederzeit wechseln können, die einzige Varianz, die das rational-choice-Menschenbild erlaubt.. „Behavioral changes (over time) are the conesquence of changed constraints; behavioral differences (across individuals) are the consequences of differing constraints." Dieses Dogma paßt sehr gut zu Max Webers Entzauberung der Welt, die nicht etwa dazu führte, daß es das Absolute in der Welt nicht mehr gab, sondern daß es dem menschlichen Einfluß entrückt wurde zugunsten einer providentiellen Ordnung, die von außen auf den Einzelnen wirkt in Form von Naturgesetzen und göttlich geplanten Abläufen. Anders als der Katholik kann der Calvinist den Ratschluß Gottes nicht ändern; er kann sich lediglich an ihn anpassen oder, für den Fall, daß er diese Anpassung verweigert, Strafe auf sich ziehen. Das bekannte Beispiel hierzu ist Benjamin Franklin: Der zog den Zorn seiner Mitbürger auf sich, als er den Blitzableiter erfand und damit ein Werkzeug des göttlichen Zorns entkräftete, so seine frommeren Zeitgenossen; dafür werde sicherlich die Gemeinde bestraft. In einer entzauberten Welt erwarten die Calvinisten den Einfluß Gottes in Form von Naturereignissen und regulären Abläufen, nicht in der Form besonderer Erscheinungen und Wunder. Der Einzelne kann diesen regulären Gott (im Sinne des regulären Klerus, der seinen Regeln folgende Gott) nicht mehr beeinflussen.

Es ist, das muß natürlich festgestellt werden, schon nicht ohne eine gewisse Ironie, wie hier dem Individuum in kurzen Abstand voneinander entfesselte Freiheit und sklavische Abhängigkeit bescheinigt werden. Das Individuum ist Quelle aller Entwicklung, das Individuum trägt alle Verantwortung, das Individuum ist wie jedes andere und kann nur reagieren auf das, was von außen als Zwang auf ihn erlegt wird. Das ist selbstverständlich dieselbe Debatte über das Verhältnis des freien Willens zu Gottes Ratschluß, die innerhalb der calvinistischen Glaubensgemeinschaften hunderte Jahre lang geführt wurde und letztlich zu einer radikalen Bejahung beider Eigenschaften führte. Bevor lange Abhandlungen über die Widersprüche in der rational-choice-Theorie verfaßt werden,[140] sollte man diese Diskussion wieder lesen. Sie nimmt vieles vorweg.

Die Individualzentrierung findet sich hier also einerseits am prononciertesten, andererseits findet sich hier am klarsten die Spannung zwischen Gott und dem Menschen wieder, die nun zwischen Zwang und Wahl austariert wird. Es ist merkwürdig, daß gerade der Ansatz, der am wenigsten Phänomenwissen über die Religion in seine Analysen einbringt, diese Spannung am klarsten reproduziert. Vielleicht aber

---

[140] Der Hinweis kommt natürlich zu spät.

auch nicht; ein Ansatz mit tieferem Phänomenwissen hätte das Problem vielleicht auch eher erkannt.

Darüber hinaus jedoch stehen auch andere Grundannahmen der rational-choice-Theorie bereits, ein weiteres Mal, bei Max Weber. In seiner Abhandlung über die Berufung, die bei Luther noch eine Nebensächlichkeit war, wenn man das ewige Leben als Maßstab nimmt und deshalb nicht verändert werden sollte, stellt Weber dar, wie der Calvinismus seine Schafe zur Profitmaximierung drängt. Dieses wesentliche Element – bei Iannacombe die absolut zentrale erste Annahme der Gary-Becker-Schule, „Individuals act rationally, weighing the costs and benefits of potential actions, and choosing those actions that maximize their net benefits," ist bereits vor hundert Jahren durch Max Weber als Folge einer spezifisch protestantischen Welterklärungs-erzählung dargestellt worden. Anders als der Katholik, der sich seiner Errettung durch die Aussage des Priesters sicher sein kann, muß der Protestant in seiner persönlichen Beziehung zu Gott diese Sicherheit als Funktion seiner eigenen inneren Seelenwelt gewinnen. Das äußere Zeichen seiner Erlösung ist bekanntermaßen der Erfolg, denn der Gläubige ist im Calvinismus nicht Gefäß einer göttlichen Seele, sondern das Werk-zeug Gottes, zur reinen und ausschließlichen Verherrlichung des Allmächtigen. Diese Verherrlichung geschieht durch Arbeit und der in der Arbeit erzielte Erfolg ist ein Zeichen der Errettung dieses fleißigen Einzelnen.

Bekanntermaßen führt dies laut Weber zu einem Menschen, der die katholische Gelas-senheit verliert und statt dessen zum getriebenen Wesen wird. Da seine Errettung nie sicher ist, ist auch nie der Punkt erreicht, an dem genug gearbeitet, genug Erfolg ange-häuft und genug Taten zu Gottes Ehre beendet wurden. Die ewige Unsicherheit, die aus dieser spezifischen Welterklärungserzählung entsteht, führt dann zu einer Arbeit-samkeit, die sowohl im katholischen als auch im klassischen Umfeld so nicht vorkam; der Katholik arbeitet, um sich zu erhalten, nicht, um die Errettung zu erlangen, denn für die Errettung ist nicht *nur* der gnädige Gott in seinem ewigen Ratschluß und der Glaube, sondern sein eigenes gutes Werk zusammen mit der Kirche verantwortlich, die bei mangelnden guten Werken aus dem Schatz der Kirche für den defizitären Sünder einspringen kann. Der Bürger des klassischen Altertums verabscheute die Arbeit ohnehin.[141] Erst der calvinistische Protestant muß sich in aller Wörtlichkeit um sein (ewiges) Leben schuften – und kann einen Hauch von Sicherheit oder zumindest

---

[141] Würde es sich um noch präsente Gruppe handeln, würde ein solcher Kommentar einen Sturm der Entrüstung, möglicherweise Vorwürfe des Rassismus hervorrufen. Da das Altertum keine lebenden Vertreter hat, die sich stereotypisiert und herabgewürdigt fühlen könnten, hoffe ich, diesem Sturm zu entgehen und verweise auf das Recht anderer (also der Antiken), die Arbeit nicht mit den Werturteilen zu belegen, mit denen zu belegen wir es gelernt haben, und darüber hinaus auf das zwinkernde Auge in diesem Satz zu achten. *Bitte.*

Wahrscheinlichkeit nur durch die Profitmaximierung erlangen, die ihm sein Erwählt-sein anzeigen soll.

Die Idee der Profitmaximierung, auch wenn der Profit jetzt ein Heilsprofit sein soll, mit allen Absurditäten, ein solches Ziel anzunehmen und es zusätzlich durch Diversi-fizierung der Investments erreichen zu wollen, ist vielleicht die protestantischste Annahme der gegenwärtigen liberal dominierten Ökonomie. Die von den Haushalten produzierten religiösen Güter, die dann zu einer Ansammlung von „religiösem Kapi-tal" im einzelnen führen (Gnade?), sind jedoch hochriskante Investitionen, so Ianna-combe. „Most religious commodities are risky, promising large but uncertain bene-fits." Hier ist die Unsicherheit des Calvinisten in der Theorie verankert: Man weiß es am Ende ja doch nicht. Wahren muß man sich jedoch auch hier vor Trittbrettfahrern, die nichts beisteuern aber doch an dem in der Gruppe generierten religiösen Kapital teilhaben wollen, eine Dynamik, die „alle Gruppen" betrifft, die kollektive Güter (auf einmal?) produzieren. Diese kann man aussortieren, indem man ein hohes Maß an Teilnahme und Zeitopfer erfordert, was die *free-riders* aus ihrer Ecke drängt.

Abgesehen davon, daß es zutiefst unchristlich ist, „Parasiten" aussortieren zu wollen, ist auch das natürlich ein Bild, das dem Katholiken gar nicht als Problem erscheinen würde. Der gesamte Punkt des Konzeptes des „Schatzes der Kirche" ist es ja gerade, eben denen, die nicht so viel (durch ihre Werke) zu ihrer Erlösung beigetragen haben, wie sie müßten, dennoch zur Erlösung zu verhelfen: Die „überschüssigen" Werke der Heiligen werden dann auf diese „Trittbrettfahrer" umverteilt. Das ist im katholischen Diskurs nicht nur kein Problem, sondern sogar Teil der allgemeinen Logik. Es als Problem zu sehen, kann in der katholischen Erzählung jedenfalls nicht so leicht auf-tauchen; es wird erst ein Problem für den profitmaximierenden Einzelnen, der es durchaus auch als moralische Pflicht ansieht, den Geboten Gottes durch einen Zwang zur Arbeit und Selbstverantwortung zur Durchsetzung zu verhelfen.

Zudem ist hier ist ein weiteres Mal die Erzählung der Abkehr von der Orthodoxie zu finden. So ist „disestablishment", also die Abkehr vom offiziellen Glauben die Norm, nicht länger die Ausnahme oder Abweichung.[142] Warner nennt die Religion „the preeminent voluntary associational form in our society".[143] Das konstituierende Ele-ment bleibt das Individuum, das bedient wird. Religionen und Glaubensgemeinschaf-ten als „rationale Produzenten" wollen dann auch einen Markt mit dort vorhandenen Präferenzen bedienen, nicht etwa eine als wahr empfundene Tradition um ihrer selbst willen aufrecht erhalten. Daher werfen sie gerne das über Bord, was nicht mehr

---

[142]   Warner [1993]: 1053.
[143]   Warner [1993]: 1060.

ankommt oder den Präferenzen und Bedürfnissen der Gemeinde nicht mehr entspricht, denn sonst ginge die Gemeinde zu einem anderen religiösen Anbieter, der die Bedürfnisse besser erfüllt: „Religions have little choice but to abandon inefficient modes of production and unpopular products in favor of more attractive and profitable alternatives." Ironischerweise ist das genau die Richtung, die die protestantische Theologie im letzten Jahrhundert gefahren ist: Als Reaktion auf die Moderne hat man die theologische Kiste massiv entrümpelt. Wer jedoch an eine zeitlose Wahrheit glaubt, und religiöse Menschen scheinen zu dieser Einstellung kurioserweise zu neigen, wird sich mit dem Gedanken der nachfragegetriebenen Umdefinition der Glaubensinhalte zur Bedienung der gegenwärtigen Bedürfnisse der Mitglieder dieses Vereins nicht recht anfreunden können.

Als Fazit dieser langen Betrachtung dieses Ansatzes ist festzuhalten, daß es sich hier um eine Theorie handelt, die oft Vertreter auf den Plan ruft, sich über die Soziologie der Religion zu äußern, deren Verständnis von Religion zumindest stark limitiert ist. Zudem bedienen sie sich dann eines Theoriegerüsts, das von außen als „neue Betrachtungsweise" der Religion gerühmt wird, ohne daß man sich bewußt ist, daß es sich um ein System handelt, das in seinen Annahmen gerade die Traditionen, die es von außen zu betrachten sucht, tief in ihrem Innern mit sich herumträgt. Das macht diese Theorietradition zu der, von der, Warner zum Trotz, am wenigsten zu erwarten ist, wenn es um ein analytisches Verständnis religiöser Prozesse geht. Vor allem diese Theorie leidet darunter, daß sie Religion als Sinnsystem nie wirklich ernst nehmen kann und religiöse Gefühle nie wirklich zu verstehen versucht, während sie selbst auf sehr deutlichen protestantischen Fundamenten steht.

Die Religionssoziologie bringt also, so hoffe ich erfolgreich gezeigt zu haben, zur Betrachtung ihres Gegenstandes bereits Werkzeuge, Begrifflichkeiten und vor allem interpretative Muster eben jenes betrachteten Musters mit. Die Religion, die hier analysiert wird, ist protestantisch; der Religionsbegriff, mit dem gearbeitet wird, ist protestantisch. In einer gewissen Weise werden die religiösen, besonders christlichen und noch einmal besonders protestantischen Welterklärungserzählungen in den religionssoziologischen Betrachtungen selbstreflexiv und sie lieben es, von Neuerung und Individualität zu sprechen.

Wenn von all den Neuerungen die Rede ist, die die Moderne, die Globalisierung, die Weltgesellschaft oder was auch immer der Religion auferlegt, möchte ich erst einmal Skepsis walten lassen. Möglicherweise bedient sich die Religiosität immer noch derselben Mechanismen, läuft religiöse Richtungsorientierung immer noch nach denselben Schemata ab und möglicherweise sind auch die Pluralisierung und die Entstehung einer Situation, die als Wahl interpretiert werden kann (ob es denn eine ist, auch dazu bin ich skeptisch), gar nicht so revolutionär. Die Häresie, deren Zwang Peter Berger konstatiert, kommt ja immerhin vom griechischen Wort für Wahl – was bedeutet, daß auch damals bereits die Deutung eine Deutung der Wahl war, wobei jedoch diese Wahl im klassischen Sinne die Auswahl von Teilelementen aus dem Ganzen war, die Wahrnehmung eines lediglichen *Teils* als ganze Wahrheit, was die ganze Wahrheit aus dem Blickfeld rückt; die klassische Verwendung des Begriffes meinte also etwas deutlich Verschiedenes von der Idee der Wahl aus einem Angebot.

Die Bewegung vom Schicksal zur Wahl hin ist dennoch bereits eine Bewegung, die in christlichen Erklärungsmustern prominent vorhanden war: Schicksal ist im Grunde unchristlich, Schicksal ist ein heidnisches Konzept, das Menschen zu Figuren in einem Theaterstück macht. Selbst die calvinistische Prädestinationslehre ist eben gerade keine Lehre des von göttlichen Mächten getriebenen Menschen, sondern lediglich Feststellung, daß Gott die Entschlüsse der Menschen bereits vor Anbeginn aller Zeit *kennt* – damit aber nicht die Entschlußfähigkeit des Menschen schmälert. Prädestination heißt nicht Unfreiheit, es ist nur im Geist des Menschen, der zum Verständnis der Zeit jenseits der Linearität nicht wirklich geeignet ist (das ist keine notwendigerweise religiöse Aussage: man frage einen Relativitätstheoretiker!) nun einmal schnell so zu verstehen.

Es bleibt das Paradigma der Wahl eine Interpretation, eine an die Abläufe herangetragene Welterklärungserzählung. Wahl ist die Rahmung der Thematisierung, die an die Betrachtung der Religion von Seiten der Religionssoziologie herangetragen wird, um Kontingenzen zu erklären und bedient sich damit einer theoretischen Bewegung, die bereits aus der Substanz des Beobachteten, aus dem religiösen Erbe nämlich, speist. Diese Verwendung des Begriffes der individuellen Wahl zur Thematisierung der Religiosität der Gegenwart mit einer echten Wahl der Religion zu verwechseln, wäre vorschnell.

Während ich im ersten Kapitel versucht habe darzulegen, wie die Privatheit der Religion nicht Diagnose, sondern Vorannahme ist, habe ich hier versucht, diese Vorannahme selbst auf ehemals religiöse, nun säkularisierte Prämissen zurückzuführen. Wie ich zu Beginn gesagt habe, handelt es sich hier möglicherweise um den kontroversesten Teil der Darstellung; wer diesem Teil nicht folgen will, sei dennoch eingeladen, den Rest zu prüfen, denn er ist nicht von dieser Bestimmung des Ursprungs abhängig. Wo auch immer die Setzung der Wahl und der privaten Religion herkommt, es ist eine Setzung, keine Diagnose. Die Diagnosen tragen derweil weiterhin starke Elemente der Gemeinschaftlichkeit weiter mit in sich; diese Elemente möchte ich nun betrachten.

3.   Bleibende Gemeinschaft

Die Erzählung der Wahl ist ebenso weit verbreitet wie in ihren Grundannahmen protestantisch. Das habe ich bisher versucht zu zeigen, hoffentlich mit einiger Plausibilität. Nun kann es nicht die Aufgabe einer literaturtheoretisch inspirierten Analyse sein, eine Erzählung als „nicht konform mit der Realität", unwahr oder falsch darzustellen; eine solche Darstellung würde ihren eigenen Annahmen widersprechen. Obwohl ich der Erzählung der Wahl skeptisch gegenüberstehe, will ich diese nicht als „nicht realitätskonform" ablehnen, sondern vielmehr zeigen, wie diese Erzählung die Wahrnehmung der Welt so beeinflußt, daß sie sich selbst reproduziert und dadurch durchaus zu tatsächlichen Folgen in einer so wahrgenommenen Welt für das Handeln der Menschen führt.

Wenn eine Abkehr von dieser Erzählung als gesellschaftlich nützlich gesehen werden soll, muß allerdings gefragt werden: wohin? Auch eine neue Erzählung muß auf alten, bekannten, internen Begriffen und Welterklärungserzählungen aufbauen; ganz neue Erzählungen, taufrisch, ohne Bezug zum Bestehenden kann es nicht geben. Glücklicherweise brauchen wir auch eine solche *creatio ex nihilo* nicht, denn die Erzählungen der Gemeinschaftlichkeit sind in den Religionstheorien, die sich in ihren Kernaussagen so sehr auf Wahl und Individualismus beziehen, durchaus bereits vorhanden.

Ich habe bereits angekündigt, daß ich den Nukleus eines Religionsbegriffs jenseits der Wahl bereits aus den bearbeiteten Konzepten destillieren möchte. Sowohl Luckmanns breiter Religionsbegriff als auch Bergers Einsicht in die Umfeldgebundenheit des Glaubhaften bieten Ansätze, in denen eine Erzählung der Religion auszumachen ist, die jenseits des Begriffs der gewählten und privatisierten Religion liegt; Taylors Unbehagen mit James' allzu hartnäckigem Individualismus ist ebenso ein wertvoller Verbündeter. Lediglich von der rational-choice-Theorie ist in diesem Zusammenhang wenig Beistand zu erwarten – das trotz der Tatsache, daß gerade ein solcher Ansatz mit sehr kommunalen Annahmen arbeitet, die jedoch gerne unter den Tisch gekehrt werden, allen voran der strukturellen Einheitlichkeit der menschlichen Rationalität. Auch Malise Ruthven, dessen Buchtitel so oft für eine Theorie der privatisierten Religion in Anspruch genommen worden ist, kann in seinen Darstellungen nicht auf die gemeinschaftliche Komponente verzichten und versucht es auch nicht. Eine im deutschen Sprachraum sehr prominent gewordene Betrachtung der Religion, die ich bisher noch nicht aufgegriffen habe, nämlich die von Detlef Pollack, hilft ebenso, nachzuzeichnen, wie die Religion weiterhin gemeinschaftliche thematisiert wird. Aus diesen Betrachtungen möchte ich zeigen, daß die Idee der Gemeinschaft trotz aller anderslautenden Beteuerungen in kurzen Zusammenfassungen in der Religionssoziologie dennoch präsent ist, daß es keine neue Religionssoziologie braucht, um die Gemeinschaftlichkeit der Religion auch in den bestehenden Religionstheorien wiederzufinden.

Die Stütze im Umfeld: Peter L. Berger

Peter Berger war für Warner noch Vertreter des alten Paradigmas, der die Religion auch dann, wenn sie als Baldachin über dem Individuum selbst aufgespannt werden sollte, zu umfassend sah, zu geschlossen. Das spricht für Berger. Dennoch fanden wir auch hier individualistische, privatisierende Grundannahmen, die im Zwang zur Häresie dann nicht nur die Option, sondern die Pflicht der individuellen Wahl postulierte. Gerade diese Wahl war jedoch zweifach gemeinschaftsgebunden geblieben: einerseits braucht diese Religion eine Stütze im Umfeld, um wählbar zu sein, andererseits basiert sie bei Berger auf einer Erfahrung, die ebenso gesellschaftlich konstruiert wahrgenommen werden kann. Bergers Wahl tendiert zur individuellen Erklärung, aber zwischen den Zeilen erkennt sie sehr gemeinschaftliche Voraussetzungen und Rahmenbedingungen für diese sogenannte „Wahl".

Bei Berger, der uns allen eine Wahlpflicht auferlegt, kommt dem Gedanken des unterstützenden Umfeldes und der sozialen Biographie des Einzelnen eine wichtige Rolle zu. Berger, der gleich einen ganzen Stapel Bücher über die Religion produziert hat, weist uns regelmäßig darauf hin, daß der Glaube etwas ist, das ein unterstützendes Umfeld benötigt, um gedeihen zu können. Es ist einfacher, einen Glauben zu pflegen, wenn man sich für diesen Glauben gesellschaftlicher Unterstützung sicher sein kann. „Moralität braucht soziale Unterstützung, um plausibel zu werden oder zu bleiben", schreibt er.[144] Ein einzelner, der an moralische, religiöse oder einfach welterklärende Gewißheiten alleine verfügt, verbringt sein Leben in der Regel in der Defensive, durch sein Umfeld gedrängt, diese Ideen, die mit den Ideen des Umfeldes zusammenstoßen, aufzugeben. Will er „dazugehören", sich anerkannt und respektiert fühlen, will er nur verstanden werden, muß er Begrifflichkeiten und Selbstverständlichkeiten, die außer ihm niemand teilt, möglicherweise aufgeben; seine Erfahrung mit seinen Mitmenschen wird ihm die Nachricht senden, daß das, was er da glaubt, nicht „normal", nicht verständlich sei. Der Mensch als „empirisches Lebewesen" glaubt laut Berger dann etwas,

---

[144]   Berger [1979]: 31.

wenn „sein Umfeld dies bestätigt" und „ohne Konsens löst sich der Glaube an der Wirklichkeit auf bzw. sucht die Übereinstimmung mit der Erfahrung",[145] die bei Berger weiterhin eine zutiefst individuelle Erfahrung ist. Das ist eine seltsame Vermengung einer Kohärenztheorie und einer Korrespondenztheorie der Wahrheit, wie sie nur im Konstruktivismus aufkommen kann.

Interessanterweise verstärken sich bei Berger beide Momente, die des Glaubens und der Erfahrung. Der Mensch, der in seinem Glauben umfeldgebunden ist, kann gerade deshalb die deduktive Option nicht länger widerspruchslos verfolgen, denn sie ist es, die ihn in die Defensive drängt; er muß eine auf der Erfahrung basierende Option wählen. Wir begegnen hier einem Ansatz der Einsicht, daß unsere moderne Gesellschaft die alten Orthodoxien, so, wie sie verbreitet worden sind, nicht mehr *in toto* vertritt, sondern sie statt dessen mit einem erfahrungswissenschaftlich begründeten Weltbild vermischt, einem neuen zentralen Glaubenssatz, der Positivismus und empirische Wissenschaft heißt, den die Religionen anerkennen müssen, um plausibel zu bleiben. Was wird hier also eine Dynamik sichtbar, die gerade von der Gesellschaft und ihren Plausibilitäten *ausgeht*, vielleicht letztlich doch gar keine so dezidiert individuelle Wahl darstellt.

Ob ein solcher Glaube mit Begriffen der Wahl in Einklang gebracht werden kann, hängt wie immer von der Perspektive, von unseren Filtern ab. Sicherlich, würde Berger sagen, haben wir im Bereich dieser Erfahrung immer noch die Möglichkeit, an der so nicht bestätigten Überzeugung festzuhalten oder sie zugunsten der durch die Erfahrung gewonnenen Einsichten zu ersetzen. Wie daraus eine Betrachtung der individuellen Wahl, zu der der einsame Betrachter genötigt wird, werden kann, erklärt sich eben aus der Einsamkeit der Bergerschen Erfahrung und aus der Singularität der Plausibilitätsstrukturen, die Berger annimmt: Diese recht protestantische Idee einer Erfahrung, die ohne gesellschaftliche Filter auskommt und einer Exklusivität der Plausibilitätsstruktur, die als Idee monotheistisch ist, führt zum Ergebnis, daß eine Erschütterung, eine Änderung der Erfahrung oder des gesellschaftlichen Umfelds zur „Migration von einer Plausibilitätsstruktur zu einer anderen" führen kann – zur Konversion, zur Änderung des Glaubens. Wenn wir statt dessen jedoch annehmen, wie ich das tun möchte, daß der Einzelne in vielen verschiedenen Systemen interner Kommunikation steht, daß er viele verschiedene Plausibilitätsstrukturen überlappend haben kann, kann man konstatieren, daß diese Überlappung nicht erst ein Produkt der Moderne darstellt: Pluralität ist nichts neues; ob eine solche „Erfahrung" nun die Überzeugungen erschüttert oder dies nicht tut, hängt in erster Linie davon ab, ob der Sender dieser Erfahrung

---

[145]   Berger [1979]: 46.

intern oder extern konstruiert wird, ob man sich mit ihm in einer Gruppe wähnt, ob man seine Zustimmung braucht und erwartet. Diese Fährte möchte ich später noch einmal detaillierter verfolgen.

Die Erfahrung, daß die eigenen Überzeugungen vom Umfeld nicht bestätigt werden, kann in einer anderen interpretativen Form auch zur Stärkung dieser Überzeugung beitragen, wenn das die Überzeugung nicht bestätigende Umfeld von vornherein als „anderes" gesehen wird, von dem nie erwartet wurde, daß es die eigenen Überzeugungen teilt, weil es sich um Irregeleitete, Ungläubige, nicht Erleuchtete handelt. Gerade Sekten erzielen auf diese Art und Weise einen engen Zusammenhalt trotz massiver Infragestellung der eigenen Überzeugung durch die Umwelt. Bereits die Wahrnehmung der Erfahrung hängt von interpretativen Gruppen ab, von Erwartungen an die Quelle der Erfahrung und von den Mustern, die die eigene Welterklärungserzählung für jene bereit hält, die die eigene Überzeugung nicht teilen.

Unter diesen Umständen wäre dann also keine individuelle Wahl am Werk, sondern es handelte sich vielmehr eine Funktion des gesellschaftlichen Umfeldes und der Erzählungen, die der Mensch in internen Umfeldern aufgenommen hat und die nun in der Bewertung der Erfahrung im möglicherweise neuem Umfeld zum Tragen kommen. Das würde Berger sicher so nicht unterschreiben; das gesellschaftliche Umfeld ist bei Berger nur die Voraussetzung, auf deren Basis dann eine Wahl getroffen werden muß. Dennoch betont Berger die Wichtigkeit des Umfeldes für die Kontingenzbewältigung des Menschen und steckt damit bereits klare Wege zu einer Analyse der gesellschaftlichen Ursachen von Überzeugungen und Welterklärungserzählungen ab.

Die von Berger andernorts konstatierte *Sehnsucht nach Sinn*[146] ist ebenso ein Ansatz, der individualistisch intendiert ist, aber durch und durch gemeinschaftliche Implikationen bergen könnte. Diese Sehnsucht, in der pluralisierten Welt ohne einheitliches Sinnsystem Halt in einer Idee des letzten Sinns zu finden, könnte dann im Lichte der Umfeldbetonung eine Sehnsucht nach *Stütze* sein. Was in einer Welt ohne offizielle Option ja gerade nicht mehr vorhanden ist, ist die allgemeine Übereinkunft, was die letzten Wahrheiten angeht. Hier kann man kurz einhaken und behaupten, daß möglicherweise bereits diese Behauptung problematisch ist: Gerade die Welterklärungserzählung des Individuums als epistemologische Stütze ist so weit verbreitet, daß man sie möglicherweise durchaus als geschlossenes, offizielles System bezeichnen kann. Wenn in einem solchen Umfeld eine Sehnsucht nach Sinn aufkommt, dann entsteht diese möglicherweise gerade aus dem beklemmenden, von der Gesellschaft als offizielle Wahrheit vermittelten Gefühl, selbst verantwortlich zu sein für alles, was einem

---

[146]   Berger [1992].

widerfährt; das kann in diesem Bild dann eine klare Sehnsucht nach Freiheit vor der Verantwortung sein, eine Sehnsucht nach Gemeinschaft, eine Sehnsucht nach der Erlösung von der Welterklärungserzählung des Individuums als epistemologische Letztbegründung (auch eine solche Erlösungssehnsucht wäre christlich geprägt). Das soll selbstverständlich nicht heißen, daß es eine Sehnsucht danach darstellt, Befehle entgegenzunehmen und eine offizielle Option aufgenötigt zu bekommen, sondern eine Sehnsucht danach, in einer Gemeinschaft eingebettet zu sein, die man als fürsorglich und intern wahrnimmt, nicht nur in der Bewältigung der Lebensrisiken, sondern auch in der Bewältigung diverser Sinnkrisen. Die Sehnsucht nach Sinn hat eine deutlich gemeinschaftsbetonte Komponente, wenn es eine Sehnsucht nach Sinn jenseits der eigenen Verantwortung für alle Lebenslagen ist.

Somit finden wir in Peter Bergers Werk eine kleine, aber prominente und wesentliche Linie, die weiterhin aus der Erzählung der Gemeinschaftlichkeit genährt wird und die als Ansatzpunkt genommen werden kann, um diese Linie in den Vordergrund zu rücken. Ich möchte mich, bevor ich damit beginne, jedoch noch anderen unterstützenden Argumenten zuwenden, die wir in der gegenwärtigen Religionssoziologie finden können.

Kluges Buch, unpassender Titel: Malise Ruthven

Malise Ruthven ist, was die Wahl des Titel zu seinem Werk *Der göttliche Supermarkt*, engl.: *The Divine Supermarket. Shopping for God in America* angeht, ein Geniestreich gelungen. Der Titel faßt so griffig die Erzählung der individuellen Wahl aus einem Pluralismus von Angeboten zusammen, daß er in Beschreibungen des Paradigmas des Konsumerismus der selbst zusammengestellten Weltanschauung immer und immer wieder auftaucht. Kaum ein Werk über die „neue pluralistische Situation" kommt ohne diese Fußnote aus, aber kaum ein Werk setzt sich tiefer mit diesem Buch auseinander; praktisch keine Abhandlung über die Wahlfreiheit der Religion geht über die Nennung des Titels hinaus. Dabei handelt es sich um ein wundervolles Buch. Daß es jedoch von theoretisch interessierten Arbeiten eher selten jenseits des Titels konsultiert wird, geschieht natürlich aus gutem Grund. Es handelt sich nicht um eine theoretische Abhandlung über das Wahlverhalten von sinnsuchenden Menschen im pluralistischen Umfeld. Es handelt sich um eine impressionistische, wie der Autor es selbst nennt, Darstellung der religiösen Vielfalt Amerikas in besonderem Blick auf die Sonderbarkeit der amerikanischen Religiosität aus Sicht eines Fremden.

Es ist ein schönes Zeugnis der vielen möglichen Interpretationen, die das Christentum erhalten kann – und nur mit christlichen Religionen beschäftigt es sich, wenn man die Kirche der Heiligen der letzten Tage als christlich einstuft, was von Religionswissenschaftlern (und auch von anderen christlichen Religionsgemeinschaften) oft aus durchaus nachvollziehbaren Gründen nicht getan wird. Ein Zeugnis für ein *shopping for God*, für ein konsumeristisches Wahlverhalten, ist es jedoch schwerlich. Insofern handelt es sich bereits ein Zeugnis dafür, wie die Interpretation eine scheinbar materiell vorhandene Sache in tausend verschiedene Richtungen drehen kann, wie bloße Wahrnehmung nicht genügt. Die Interpretation der Wahl und der Ökonomisierung der Religion ist so weit verbreitet, daß sie den Titel eines Buches inspiriert, das sich nicht nur nicht mit Ökonomisierung und Wahl beschäftigt, sondern das sogar ohne großen Aufwand als Zeugnis *gegen* eine solche Wahlinterpretation gelesen werden kann.

Malise Ruthven zeichnet die Werdegänge von Religionsgemeinschaften nach, in denen zwar Individuen *verankert* sind, die jedoch durchweg als Teile der religiösen Gemeinschaften, denen sie angehören, deutlich werden. Der Religionsstifter Joseph Smith wird als von Magie faszinierter, schwächlicher Junge mit Minderwertigkeitskomplexen dargestellt, der jedoch klug und gebildet genug war, die Umprojizierung der Geschichte Israels auf die Vereinigten Staaten, die in der amerikanischen protestantischen Tradition und der Selbstthematisierung des Landes so prominent ist, so zu internalisieren, daß er daraus ein neues biblisches Buch machte, das genau dieses in der amerikanischen Erzählung so tief verankerte Mythos in sein Zentrum rückte. Seine frühen Jünger wären ihm niemals gefolgt, wenn sie nicht bereits in einem Glauben an den christlichen Gott so verankert gewesen wären, daß sie glauben *konnten*, er sei Gottes Prophet. Gerade aus Ruthvens mitfühlender Beschreibung von Emma, seiner „Hauptfrau", geht sehr deutlich hervor, wie sie die Exzesse ihres Mannes schultert, Demütigungen erträgt und ihm treu bleibt, nicht zuletzt, weil sie von seiner Stellung als Prophet überzeugt ist. Hier ist keine Wahl am Werk. Hier resoniert etwas, hier wird etwas in die Diskussion über Gott eingeführt, daß einen Nerv des amerikanischen religiösen Diskurses trifft – und das ohne diesen Nerv, ohne diese Verbindung niemals eine so große Anzahl von Menschen so stark hätte faszinieren können.

Die gegenwärtige Mormonenkirche baut ihre Riten und Bräuche nicht lediglich auf dem Christentum auf, sondern auch auf den traditionellen Geheimakten der Freimaurer; was hier stattfindet, ist ein Ineinanderlaufen bekannter Erzählungen, der Errettungsidee des neuen Zion Amerika, die Exodusgeschichte als Parabel zur amerikanischen Entwicklung und ein unbändiger, forschender Pioniergeist, der Moses in der Wüste mit dem amerikanischen Treck in die Prärie verbindet. Das verbunden mit freimaurerischer Symbolik und Rhetorik, plus ein „Wiedererkennen" christlicher Symbolik in indianischem Brauchtum, um die Wiederkehr Christi auf dem amerikanischen Kontinent zu beweisen – *habemus mormoni.*

Die Geschlossenheit der Mormonengemeinschaft wird noch mehrere Male weiterhin sehr deutlich, nicht nur darin, daß der Zutritt zum Tempel höchst exklusiv geregelt ist: nicht einmal einfache Mormonen dürfen ihn betreten, es bedarf besonderer sozialer Stellung in der Kirche, um Zutritt zu erlangen. Vor allem die Unkenntnis „gewöhnlicher" Mormonen, was die Existenz „konkurrierender" Mormonenvereinigungen angeht, macht sehr klar deutlich, daß es sich nicht um konsumorientierte Shopper handelt, die Angebote vergleichen und den günstigsten nachgehen. Sie kennen nicht einmal die naheliegendsten, ähnlichsten Ersatzprodukte. Es handelt sich auch bei diesen neuen Erscheinungsformen einer alten Religiosität um Gruppen, die nach wie vor ihre Nachkommen in den Strukturen des Eigenen sozialisieren, so sehr, daß die Existenz der kleineren Mormonenvereinigungen – und die Tatsache, daß diese die Kontrolle über einige wichtige historische Stätten der Kirche der Heiligen der letzten Tage besitzen – die „Utah-Mormonen" oft regelrecht schockiert. Die hier dargestellten Gläubigen sind keine Wähler ihrer Religion, sie sind, wie alle Menschen, in ein System der letzten Bedeutungen hineingeboren und werden aller Wahrscheinlichkeit nach bis zu ihrem Lebensende darin bleiben.

Ein weiteres Mal deutlich wird diese Dynamik der selektiven Aneignung bestehender Ideenwelten in Ruthvens Beschreibung der rassistischen „Ariergemeinden", die ihrerseits Jesus als Begründer einer weißen Religion gegen die „minderwertigen Rassen" zu vereinnahmen suchen und in ihrer „Kirche" ein Bild Hitlers zwischen die Heiligen hängen. Auch hier – und man kann es Ruthvens Impressionismus nur zugute halten, daß der beklemmende Terror des Autors beim Besuchs eines „Gottesdienstes" (man sträubt sich gegen die Verwendung des Wortes) in diesem Gebäude in der Beschreibung durchaus faßbar wird – wird deutlich, inwiefern es sich nicht um die individuelle Wahl eines einzelnen Aussteigers handelt, sondern um die Übernahme bestehender diskursiver Muster und ihre Einbettung in einen von christlichen Symbolen und Erzählungen geprägten Kontext, um eine Ummünzung, die in sich geschlossen und logisch genug zu erscheinen scheint, daß diejenigen, die diese Überzeugungen schon vor ihrer Verkirchlichung vertraten, ihr folgen. Hier wägt niemand einfach seine persönlichen Heilsbedürfnisse ab; hier geht eine bereits konstituierte Gruppe in die Kirchlichkeit, die im amerikanischen Umfeld vor allem umfassenden Schutz vor staatlichen Eingriffen bietet.

Ruthvens Buch zeigt, über Geschichten, Reiseberichte und Impressionen sicherlich auch, wie religiöse Einzelne in der religiösen Wildnis ihr Glück machen konnten. Es ist jedoch viel eher als ein Zeugnis zu lesen, wie verschiedene diskursive Richtungen sich, oft unter dem Dach des Christentums, vermischen und so zu Bewegungen werden, die an die Traditionen des althergebrachten anschließen, während sie dennoch mit der Interpretation des Althergebrachten brechen. Ruthvens Buch kann auch als eine Darstellung der Vereinigung und Überlappung verschiedener Diskurse gelesen werden und zeigt dann die seltsamen Mischungen, die aus einer solchem Ineinander- laufen entstehen können und die Anziehungskraft, die diese Mischungen dann auf Menschen haben können, die sich in diesem Umfeld zufällig als Interne wiederge- funden haben. Es ist in keinem Fall der Grundstücksmakler in Savannah, der sich einer Mormonenkirche anschließt, die gerade 3000 km weiter nordwestlich im Begriff ist, ihre heilige Stadt zu finden (oder zu gründen); es ist der Freund, der Verwandte, der Kollege, der es in einer bestimmten historischen und territorialen Situation als plausi- bel ansieht, die Erzählungen des Christentums auf die von Joseph Smith proklamierte Offenbarung umzumünzen und ihn in der bekannten Tradition des überlieferten Glau- bens als Prophet dieses Gottes anzusehen. Die hier beschriebene Religion gleicht dann vielleicht eher einem Netzwerk von Suppenküchen als einem Supermarkt: Wer an die- ser Ecke zur Küche geht, erhält diese Suppe, wen der Zufall zur anderen Straßenecke führt, der erhält eine andere, und wenn das, was man erhält, zu den Grundannahmen paßt, die man für gewöhnlich mit dem Wort Suppe verbindet, wenn sie keine allzu un- glaublichen Zutaten erhält, die man nun wirklich beim besten Willen nirgends verorten kann, dann wird man sie essen.

Ruthven möchte uns einen Supermarkt präsentieren und zeigt uns statt dessen die Verwobenheit der Erzählungen, auf die sich verschiedene Gruppen berufen, die sich alle christlich nennen. Er zeigt uns, wie eben nicht frei gewählt wird, sondern in welchen Prozessen Erzählungen glaubhaft werden und dann auch von bestimmten Menschen in bestimmten Situationen geglaubt werden. Diese Idee, die aus Ruthvens Buch herausgelesen werden kann, soll meine eigene Analyse der Religion, zu der diese Zusammenfassungen hinführen, orientieren. Indem der Titel des Buches eingeklam- mert wird, kann man so zu einem Punkt gelangen, an dem Ruthvens Buch wirklich ernstgenommen und nicht nur als Futter für ein schönes Zitat verwendet wird, das die Essenz dieses Buches überhaupt nicht greift.

Der sichere Anker im Angesicht der Überraschung: Detlef Pollack

Einer der Soziologen, der sich in letzter Zeit im deutschsprachigen Raum prominent mit der Soziologie der Religion beschäftigt hat, ohne die Idee der persönlichen Wahl in den Vordergrund zu stellen, ist Detlef Pollack. In *Was ist Religion?*[147] zieht er ein Resumée der Versuche, eine Definition der Religion zu finden, die soziologisch tragfähig ist – ein notorisch schwieriges Unterfangen. Viele Definitionen neigen dazu, das Netz weit zu spannen, so daß zwar alle Religionen, die soziologisch bearbeitet wurden, unter die Definition fallen, unglücklicherweise jedoch alle anderen gesellschaftlichen Phänomene ebenso. Andererseits grenzen Versuche, die Definition enger zu fassen, viele bedeutende Religionssysteme aus, vor allem diejenigen, die kein jenseitiges Leben, keine Kirchlichkeit und keinen personalen Gott vorweisen können. Möglicherweise, und man verzeihe mir den zugegebenermaßen ungebührlichen Vergleich, hält es sich mit der Religion da vielleicht doch wie mit der Pornographie: *I know it when I see it.*

Wie dem auch sei, auch Detlef Pollack hat sich an einer Definition der Religion versucht und kam zu folgendem, nicht uninteressantem Ergebnis: Wie Luhmann beginnt Pollack mit dem Problem der Kontingenz, der einfachen Erfahrung, daß Dinge auch anders sein könnten, was „die prinzipiell unaufhebbare Ungesichertheit des Daseins thematisiert".[148] Religion erklärt dann, warum das, was eingetroffen ist, eingetroffen ist und das andere, das möglich war, dem keine natürlichen Hindernisse im Weg standen, das kein Wunder gewesen wäre, nicht. Soweit ist das noch keine neue Definition, diese Bewegung finden wir wie gesagt auch bereits bei Niklas Luhmann.

Nun erweitert Pollack jedoch diesen Kontingenzbegriff vom physischen, materiellen, erwartbaren, innerweltlich Potentiellen auf die Religion und ihre Kontingenzen *selbst*. „Was der Mensch als Kontingent erfährt, hängt von seinem Welthorizont, von seinem Daseinsverständnis, von seiner Erwartungshaltung ab und diese variieren sozial, historisch und individuell."[149] Damit wird Pollack gänzlich unprivatisiert, weshalb er auch erst in diesem Kapitel auftaucht: Es ist nicht etwa sicher, was als Kontingenz wahrgenommen wird, da es nicht sicher ist, was als normal erwartet wird. Schon die Definition dessen, was unsere Sicherheiten sprengt, was als Unwägbarkeit eigentlich erklärt werden muß, ist gesellschaftsspezifisch und historisch geformt und nicht etwa das Produkt einer irgendwie gearteten positiv erfahrbaren materiell einfach vorhandenen

---

[147]   Detlef Pollack. „Was ist Religion? Probleme einer Definition". In: Zeitschrift für Religionswissenschaft 3. 1995: 163.
[148]   Pollack [1995]: 184.
[149]   Pollack [1995]: 185.

immanenten Welt mit ihren *do's and don'ts*. Diese sind vielmehr an die Gemeinschaft gebunden, die nicht nur die Religion als Antwort auf unbeantwortbare Fragen hervorbringt, sondern schon die *Fragen*, die die Religion eigentlich beantworten soll, strukturiert. Die Bewegung ist also nicht, wie sie von psychologischer Seite oft formuliert worden ist, die nach der Religion, die diese beißenden Fragen beantwortet, die jeder Mensch hat, sondern bereits die Bewegung, die die Fragen also solche *hervorbringt*, weil bereits die Unsicherheiten kontingent sind.

Diese Kontingenz verankert eine andere Kontingenz, „religiöse Sinnformen [bewältigen] nicht nur Kontingenz, sondern [sind] auch selbst kontingent".[150] Diese Kontingenzbewältigung ist dann religiös, wenn sie die Lebenswelt überschreitet und gleichzeitig dazu in Bezug bleibt, wenn sie also diese doppelte Kontingenz so löst, daß sie mit der Kontingenz der Frage weiterhin in Resonanz bleibt, während sie jedoch dennoch über diese hinausgreift, um diese in Sicherheit zu verankern. „Nur in dem, was dem Menschen nicht zugänglich ist, kann er Sicherheit finden."[151] Das macht den Transzendenzbegriff dann jedoch zum Relationsbegriff.

Das ist dann die Sichtweise, in der die „Überraschung" prominent wird. Diese Überraschung ist das Phänomen, das erklärt werden muß, weil es nicht erwartet war; bisherige Religionsdefinitionen waren dann auch zufrieden, wenn sich ein System fand, das diese erklärt. Allerdings, sagt Pollack, ist es ja bereits ein gesellschaftlich geformtes Muster, das dazu führt, daß wir überhaupt überrascht *sind*. Etwas, was wir ohnehin als natürlich erwartet haben, überrascht uns nicht, und das hängt davon ab, wie wir die Welt erzählen. Diese Idee möchte ich gleich noch einmal aufgreifen; es wird meine Idee der Etikettierung informieren.

Hier ist die Religiosität der Menschen nicht zentraler Bestandteil der Theorie und ich will auch keine herausdestillieren, die nicht Ziel der Bearbeitung Pollacks war. Jedoch ist eine so in der Geschichte und der Gesellschaft verankerte doppelte Kontingenz keine, die eine einfache Wahlentscheidung des glücklichen Käufers hervorbringen sollte. Wenn bereits die Frage, die die Unsicherheit nicht erst *be*fragt, sondern erst als solche erkennt, kontingent ist, dann ist es selbstverständlich auch die religiöse Identität des Fragenden, der so solipsistisch hier nicht sein kann. Pollacks Ansatz ist ein wesentlicher Baustein für eine Thematisierung der Religion jenseits der Wahl.

---

[150]   Pollack [1995]: 189.
[151]   Pollack [1995]: 186.

Erfahrung in Solidarität: Charles Taylor

Charles Taylor ist vielleicht einer der stärksten Verbündeten unter den zitierten Betrachtern der Religion, was die andauernde Wichtigkeit der Gemeinschaft für das Religiöse angeht. Taylor schreibt über James, er stehe „in einer protestantischen Tradition des Religionsverständnisses"[152] und das kommt in James' Betrachtung der Religion klar zum Vorschein. James' Religionsauffassung hat „tiefe Wurzeln in unserer religiösen Tradition", schreibt Taylor und erkennt somit, daß es sich nicht um eine lediglich beschreibende, sondern um eine Denkmuster reproduzierende Idee handelt. Daß sie sich mit unseren heute so stark vorherrschenden Ideen einer persönlichen Religion so stark deckt, wie Taylor bemerkt, mag nicht daran liegen, daß James so perzeptiv der Wirklichkeit entgegentrat. Es mag daran liegen, daß eben auch die Wahrnehmung dieser Wirklichkeit eine gruppenabhängige, diskursabhängige, ideenabhängige Wahrnehmung ist – und daß die Ideen, die dieser Wahrnehmung zugrunde liegen, eben aus denselben Quellen stammen.

Bei aller Sympathie für James' Argumentationslinie vermißt Taylor das Kollektive, das Gemeinschaftliche in James' Religionsbegriff. Die Idee, daß auch die Gemeinschaft Ort der Beziehung mit dem Göttlichen sein kann, findet Taylor im Verständnis des gegenwärtigen religiösen Lebens weiterhin verankert, sowohl im Katholizismus als auch im Protestantismus.[153] Kollektive Bindungen seien „noch immer recht stark",[154] wobei allerdings der Beigeschmack des „noch" impliziert, daß er auch dies möglicherweise als etwas ansieht, was sich so nicht halten mag. Dem würde ich mich entgegenstellen, dazu aber später.

Taylors Unbehagen mit James' allzu individualistischem Religionsbegriff kulminiert dann in der Kritik, die von meiner Seite diesem Konzept auch entgegenzubringen gewesen wäre. Taylor bezweifelt die James'sche Überzeugung, die individuelle Erfahrung sei die Basis jedes religiösen Erlebens; die Frage ist vielmehr angebracht, inwiefern „man eine wirklich individuelle Erfahrung haben kann[,] [d]enn alle Erfahrungen benötigen irgendein Vokabular, und diese Vokabulare werden uns zwangsläufig [...] von unserer Gesellschaft vermittelt. [...] Das, was wir religiöse Erfahrung nennen könnten, erhält seine Gestalt unmittelbar von den Ideen oder dem Verständnis, mit dem wir unser Leben leben."[155] Um etwas erfahren zu können, brauchen wir ein Vokabular, eine Interpretation, innerhalb deren Grenzen wir das, was uns begegnet,

---

[152]   Taylor [2002]: 26.
[153]   Taylor [2002]: 27.
[154]   Taylor [2002]: 98.
[155]   Taylor [2002]: 30.

erfahren können. Um etwas wählen zu können, müssen wir zunächst Modelle besitzen, auf deren Basis wir wählen und wir benötigen ein System, das von uns verlangt, zu wählen. Eine gesellschaftliche konstruierte Idee der Wirklichkeit ist nötig, würde Luckmann sagen, und Taylors Einsicht geht in der Tat leicht in die Luckmannsche Richtung, der ich mich gleich zuwenden möchte. Mit ihrem Zweifel an der individuellen Erfahrung geht sie jedoch über Luckmann hinaus, der diese Ideen in phänomenologischer Tradition weiterhin zumindest an einem Punkt in der Geschichte an individuellen Erfahrungen eines oder mehrerer Urkonstrukteurs/e festmachen will. Taylor ist sich dem nicht so sicher; „man sagt, der Gläubige habe den Irrglauben erfunden, der ihm betört"[156] und Luckmann würde das auch sagen. Ob dem wirklich so ist, ist ein Gedanke, dem Taylor – diesmal zweifellos wieder mit James, dessen Religiosität Taylor mehrfach betont – nicht folgen würde. Im Gegensatz zu James möchte Taylor das Kollektive nicht missen, nicht nur in der religiösen Praxis, sondern auch in der Analyse des Sitzes und des Ursprungs der Religion.

In der Folge von Taylors Zweifel möchte ich zu einem Religionsbegriff gelangen, der mit Luckmanns Begriff zwar eine gewisse Verwandtschaft teilt, aber in seiner Gesellschaftsbezogenheit über ihn hinausgeht. Zunächst jedoch möchte ich mich dem zuwenden, was Luckmann zu einem gemeinschaftlichen Religionsbegriff beitragen kann.

Religion als Deutungsmuster: Thomas Luckmann

Luckmann ist der Pate der individuellen, privatisierten Wahlreligion. Dennoch finden wir vielleicht gerade hier den Ansatz, der dabei hilft, diese privatisierte Vorstellung von Religion, die eine amputierte Vorstellung ist, zu überkommen. Die bisher genannten Betrachtungen hatten alle wichtige Ansätze zu einer Idee der Religion in Gemeinschaft zu liefern, aber die für diese Idee wertvollste Grundlage ist möglicherweise bei Luckmann selbst erhältlich.

Luckmann diagnostiziert, so habe ich es bereits ausführlich dargestellt, eine Privatisierung der Religion, dehnt gleichzeitig jedoch den Religionsbegriff ins wissenssoziologische aus. In diesem breit kritisierten Modell bietet sich einer der interessantesten und vielversprechendsten Ansätze einer Narration der Religion als gemeinschaftliche Größe; es handelt sich gleichzeitig jedoch auch um den umstrittensten Teil der Luckmannschen Religionssoziologie.

---

[156]　Taylor [2002]: 52.

Es ist Thomas Luckmann, der für die Religion einen Rückzug in die private Sphäre diagnostiziert; es ist ironischerweise auch Luckmann, der uns die Werkzeuge liefert, dieser Theorie eine gemeinschaftliche Erzählung entgegenzuhalten. Der aufmerksame Leser merkt das bereits bei der Lektüre von Luckmann selbst. Luckmann bemängelt in seinem einflußreichen Buch *Die unsichtbare Religion*, daß die Religionssoziologie sich über lange Zeit hinweg nur mit der Kirche befaßt und damit die Bedeutung von Religion für die Gesellschaftsordnung vernachlässigt hat[157] und findet eben hier, in der Ordnung der Welt, diese Bedeutung fernab von Kirchenbesuchsstatistiken und Antworten auf die Frage „Welche Rolle spielt Gott in Ihrem Leben?" wieder. Thomas Luckmann hat alle gesellschaftliche Konstruktion der Wirklichkeit ins Feld des Religiösen gerückt und festgestellt, alle Sozialisation sei ein religiöser Prozeß der Aneignung von Weltansichten.[158] „Die Grundfunktion von Religion ist mit der Grundfunktion von Wirklichkeitskonstruktion schlechthin identisch."[159] Daher gebe es keine nichtreligiösen Menschen; Menschsein impliziert Konstruktion der Wirklichkeit und damit Religiosität. Bei Luckmann ist diese „Wirklichkeitskonstruktion [...] geschichtlich vorgegeben".[160] Genau das möchte ich strahlend aufgreifen; genau aus diesem Grund kann sie eben nicht privat sein, wie Luckmann dennoch diagnostiziert.

Bei Luckmann ist Religion natürlich noch die „historische Vergesellschaftung *subjektiver* Transzendenzerfahrung",[161] womit geschichtlich geformte Muster aus subjektiver Konstruktion erwachsen, die ihren Weg ins Ganze gefunden haben. Seine Rückkehr zur Wahl ist, so habe ich bereits festgestellt, dann der Versuch, dem einzelnen diese Konstruktionsfreiheit zurückzugeben. Gerade unter den Voraussetzungen einer wissenssoziologisch beeinflußten Theorie der Religion ist dem nicht zu folgen. Der Grund liegt in der breiten Religionsdefinition, die ich so nicht übernehmen möchte, selbst verborgen.

Wenn Luckmann alle Sinngebung, alle auf die Frage „warum" Religion nennt, liegt die Schlußfolgerung nahe, daß jede menschliche Welterklärungserzählung *religiösen* Charakter hat, auch dann, wenn der Mensch sie nicht mehr als sakral konstruiert – und da es keine Gesellschaft ohne solche Interpretationsfilter geben kann, gibt es auch keine Gesellschaft ohne Religion, so säkular und entmystifiziert sie sich auch denken mag. Das war Luckmanns These der „unsichtbaren Religion", eine Erweiterung des Religionsbegriffes, für die er scharf angegriffen wurde, er mache „alles" zur Reli-

---

[157]   Luckmann [1991]: 60.

[158]   Luckmann [1991]: 87f.

[159]   Thomas Luckmann. „Über die Funktion der Religion". In: Peter Koslowski (Hg.). Die religiöse Dimension der Gesellschaft. Tübingen 1985: 34.

[160]   Luckmann [1985]: 34.

[161]   Luckmann [1985]: 37

gion[162] und Luckmann selbst schreibt: „Religion ist Gesellschaft, Gesellschaft ist Religion."[163] Das hier festgestellte, oft dargebrachte Problem besteht in einer Ausweitung des Religionsbegriffs, der alle Religionen einschließt, aber unglücklicherweise den gesamten Rest der menschlichen Interaktion mit dazu.

Bis zu einem gewissen Punkt sollte man Luckmann dennoch verteidigen: Welterklärungserzählungen sind immer notwendig, um Wahrnehmung zu ordnen – es gibt keine Wahrnehmung ohne Interpretation – und als solche brauchen sie immer eine nichtmaterielle, interpretative Welterklärungserzählung, auf der aus dem Wust der Wahrnehmung ein erkennbares Bild wird. Diese Ordnungssysteme sind nicht materiell und auch nicht materiell generiert, sie sind Werte- und Überzeugungssysteme, die unsere tiefsten Ideen von richtig und falsch, von normal und unnormal beinhalten. Diese Ordnungssysteme tragen wir an die materielle Wirklichkeit heran und verstehen sie mit ihrer Hilfe. Das ist auch nicht der Kern der Kritik, der Luckmann ausgesetzt ist: diese Einsicht ist weit verbreitet. Der Angriff, dem Luckmann ausgesetzt ist, ist vielmehr: warum müssen diese Ordnungssysteme „Religion" genannt werden?

Diese Ordnung, diese Erzählung „Religion" zu nennen, ist zu breit. Sie schiebt subjektiv nicht als Religion wahrgenommene Erklärungen in den Bereich des Religiösen, aber das ist eine substantielle Kritik an Luckmanns funktionaler Definition. Dieser Kritik möchte ich folgen, aber nicht, ohne zuvor festgestellt zu haben, daß gerade wenn man diese *Ordnungsstrukturen* Religion nennt, sie damit unwiederbringlich entprivatisiert sein *müssen*. Sie sind als Grundlagen der Wahrnehmung, von denen wir nicht bemerken, daß sie Grundlagen der Wahrnehmung sind, nicht gewählt.

Nicht alle diese Ordnungen sind Religionen, aber alle Religionen sind solche Ordnungen. Es handelt sich in der Religion um einen Spezialfall dieser Ordnungssysteme, wie ich später vorschlagen möchte. Wenn wir davon absehen, diese Ordnungsstrukturen allesamt Religion zu nennen, weil sie die subjektive religiöse Sinnhaftigkeit vermissen lassen, ändert dies jedoch nicht den grundsätzlich ungewählten Charakter dieser Ordnungen, die eben nicht rein subjektiv sind, es nie sein können. Es ändert daher, das will ich im nächsten Kapitel zeigen, aber auch nicht den grundsätzlich ungewählten Charakter der Religion, denn auch die subjektiv bekannte (im Sinne von: bekennen) Religion ist eine Art von Wahrnehmung, die auf der Basis bestehender Ordnungsstrukturen stehen muß. Auch die Religion, die bekannt wird, kann nur bekannt werden, wenn sie diesen Ordnungsstrukturen nicht widerspricht. Wie Ruthven das in seiner impressionistischen Arbeit zeigte: es müssen Anknüpfungs-

---

162   Carsten Wippermann. Religion, Identität und Lebensführung. Opladen 1998: 136.
163   Luckmann [1985]: 35.

punkte vorhanden sein. Diese Religion stellt damit keine Wahl dar, sondern eine von diesen Ordnungsstrukturen vorstrukturierte Religiosität; sie bleibt auch dann gesellschaftlich, wenn die Ordnungsstruktur selbst nicht Religion genannt wird. Nennen wir diese Ordnungsstruktur eine Welterklärungserzählung und postulieren, daß sie ihre Ideen von gut und schlecht aus den Schatztruhen der historischen Religionen erhalten hat, so wie die religionssoziologischen Bearbeitungen der individuellen Wahl ihre Kategorien und Selbstverständlichkeiten aus den Schatztruhen der Reformation erhalten hat; dann muß sie *selbst* keine Religion sein, um dennoch mit Religion eng verbunden zu sein. Nennen wir es nun Religion oder eine Welterklärungserzählung, die diese notwendige Sinnsuche unterschreibt, vermischen wir sie, wie Luckmann das getan hat, oder trennen wir sie, was ich zur Güte vorschlagen und im nächsten Kapitel auch genauer ausführen möchte: Eine solche Erkenntnis wie die, die sich in Luckmanns Religionstheorie trotz aller Kritik daran finden läßt, daß die Sinnsuche selbst zur Überwindung des rein biologischen Wesens unumgänglich ist, entprivatisiert die Religion jedoch unwiederbringlich.

Auch die Religionstheorien, die so sehr den Begriff der privatisierten Religion vertreten, tragen somit in sich die Kernelemente der gesellschaftlichen Religion in sich. Gerade die Sichtweisen, die feststellen, daß Wahrnehmung immer die Wahrnehmung durch eine Linse sein muß, daß „unbefleckte Wahrnehmung" unmöglich ist, wie Margaret Archer sagte, führen zu einer diskursiven Definition der Religion. Jacques Derrida betont in selten deutlicher Form, „sowenig man von der Religion wissen mag, man weiß zumindest so viel, daß sie immer die vorgeschriebene Antwort und Verantwortung ist, daß man sie nicht wählt, in einem reinen und abstrakten autonomen Willensakt. Zweifellos beinhaltet sie Freiheit, Wille und Verantwortung, doch einen Willen und eine Freiheit ohne Autonomie (versuchen wir, dies zu denken!)"[164]

Es führt zu einer diskursiven Definition der Religion. Versuchen wir, dies zu denken.

---

[164]   Jacques Derrida. „Glaube und Wissen". In: Jacques Derrida und Gianni Vattimo. Die Religion. Frankfurt 2001: 57.

4. Ist das denn zu glauben?

Auch die Idee der Gemeinschaftlichkeit muß also, wie im letzten Kapitel gesehen, keineswegs neu erfunden werden. Dazu habe ich zunächst festgestellt, wie auch die Theorien der privaten Religion weiter auf die Notwendigkeit gruppenbasierter Prozesse verweisen, um aufzuzeigen, daß der Konsens der privaten Religion vielleicht brüchiger sein könnte, als er allzu oft dargestellt wird.

In den gängigen Erzählungen darüber, wie der Mensch zu seiner Religion kommt, fristen Erklärungen, die nicht das Individuum und seine Wahl in den Vordergrund stellen, jedoch trotz aller gemeinschaftlicher Elemente ein Schattendasein. Diesen Schatten möchte ich zu lichten versuchen oder zumindest einen kleinen Teil zu dessen Lichtung beitragen. Dieses geschieht, was bereits gesagt worden ist, nicht, um zu beweisen, daß die Gemeinschaftlichkeit die wahre Ursache von Religion darstellt, die nun als neues Paradigma das alte ablösen sollte, weil es „wahrer" ist oder die „Wirklichkeit" besser repräsentiert, sondern um zu zeigen, daß Religion jenseits der Wahl plausibel *thematisierbar* ist. Außerdem ist eine Thematisierung über gesellschaftliche Prozesse und Erzählungen für die soziologische Analyse nützlicher und das, so möchte ich meinen, ist das eigentliche Qualitätsmerkmal einer Theorie.

Die Wahl ist, so wollte ich ja zeigen, keine Erklärung der Religion wie sie ist, sondern ein an die Religion herangetragenes Netz von Setzungen, die ihre Wahrnehmung strukturiert. Das Ziel ist nicht, die Setzungen aus dem Weg zu räumen; das wäre unmöglich. Ohne Setzungen kein Beginn des Denkens. Das Ziel ist, zu zeigen, daß andere Thematisierungen plausibel sein können, um diese anzuregen. Diese gemeinschaftliche Theorie ist dann nicht lediglich ein Angriff auf die Plausibilität der alten (was es durchaus auch ist, das ist nicht zu verleugnen), sondern in erster Linie ein Vorschlag, die Rahmung zu ändern.

Zusammen mit einem diskursiv beeinflußten Modell möchte ich die Wahl nicht als Gegenwartsdiagnose, sondern als Erzählung ansehen. Das habe ich im vorhergehenden Kapitel bereits nachgezeichnet. Basierend auf den gemeinschaftlichen Thematisierungen, die dort bereits zu finden waren, möchte ich die Idee aufgreifen, daß wir alle Ordnungsstrukturen benötigen, Narrative, in denen die Wahrheit erst Wahrheit wird. Ich möchte – gegen Luckmann – allerdings nicht annehmen, daß es sich hierbei um individuelle und danach objektivierte Konstruktionen handelt, sondern vielmehr, daß diese Grundlagen diskursive, narrative Grundlagen sind. Ich möchte, ebenso im Gegensatz zu Luckmann, diese Ordnungsstrukturen nicht ausnahmslos und vereinheitlichend

Religion nennen, sondern zwischen verschiedenen Ebenen solcher Narrative differenzieren, in Abhängigkeit davon, wie Narrative im Diskurs markiert sind: einige sind als übernatürliche, transzendente Setzungen markiert, andere als immanente, materielle, natürliche Voraussetzungen. Setzungen sind sie allesamt; an ihrer diskursiven Markierung jedoch kann man die Religion erkennen.

Nun ist das zunächst nur eine andere Rahmung der Religion, von der ich wie gesagt nicht behaupten möchte, sie sei in einem mimetischen Sinne wahrer. Ich will allerdings behaupten, daß sie für die Soziologie *nützlicher* ist; das ist ohnehin das Qualitätsmerkmal einer jeden Definition. Sie ist dann sinnvoll, wenn sie nicht lediglich eine theoretische Übung darstellt, sondern auch für etwas zu verwenden ist. Diese diskursive Religionsdefinition ist, denke ich, sogar recht elegant verwendbar. Sie kann einerseits mikrosoziologisch einen Rahmen für die Thematisierung von Konversionen bieten. Damit etwas als *Religion* bekannt werden kann, muß es mit diesen Welterklärungserzählungen zumindest rudimentär konform sein, es muß plausibel sein. Auf dieser Basis will ich im Licht und Schatten der drei Ebenen von ordnungsstiftenden Erzählungen *credenda* lokalisieren, glaubhafte Setzungen, die dann Grundlage für die langsame Veränderung von Setzungen sein können, weil sie annehmbar sind. Makrosoziologisch kann diese Definition die Anknüpfung gegenwärtiger Erzählungen an religiöse Inhalte greifen, sie kann Modernisierung und Säkularisierung rahmen und großflächige Verschiebungen in der Religiosität von Gesellschaften analysieren helfen. So kann sie entweder die Bewegung von transzendent markierten zu immanent markierten Setzungen in der Säkularisierung erklären oder aber die Migration von einem Set transzendent markierter Setzungen zu einem anderen, das dann damit verwoben bleibt, weil es bereits an einem wesentlichen Punkt verwoben war. Die Christianisierung Südamerikas, die Entstehung neuer religiöser Bewegungen und Ähnliches sind Verschiebungen von transzendent markierten Setzungen, die möglich waren, weil sie an *credenda* anknüpften. Es handelt sich um eine wahre gesellschaftliche Erklärung all dieser Phänomene und erlaubt so die Loslösung dieser Felder vom Griff ökonomistischer und psychologistischer Betrachtungen.

Das heißt folglich, daß diese Religion sowohl auf makro- als auch auf mikrosoziologischer Ebene nicht notwendigerweise als Folge der solipsistischen Wahl interpretiert werden *muß*. Innerhalb einer bestimmten Erzählung, nämlich der, die ich oben nachgezeichnet habe, kann man das natürlich tun; das ist jedoch keine Folge der Struktur der modernen Welt an sich, sondern selbst eine Folge der Erzählung dessen, was plausibel erscheint, mit der zusammen diese Welt erst wahrgenommen wird. Auch die Erklärung, Religion sei etwas Privates, muß auf eben diesen plausiblen Inhalten basieren. In unserer Gegenwart haben wir die Idee der individuellen Wahl zum Kern unseres Plausibilitätssystems, unserer Welterklärungserzählung gemacht. Die Erklärung der Wahl ist selbst eine Setzung, sie ist selbst eine Ordnungsstruktur, sie ist selbst ein heiliger Baldachin, und sogar ein äußerst umfassender.

Eine diskursive Definition der Religion

Religionsdefinitionen sind notorisch schwierig. Die Definitionen, die in der Soziologie vorgeschlagen worden sind – in den letzten Kapiteln wurden einige Sichtweisen ja angeschnitten – leiden meist darunter, daß eine zu enge Definition der Religion nicht all das erfaßt, was wir als Religion zu erkennen glauben. (Das heißt natürlich: die Definition erfaßt nicht das, was unser Diskurs bereits *vor* der Definition als Religion etikettiert hat und an dem die Definition dann gemessen wird.) So ist ein Glaube an Gott zwar häufig, aber gerade in fernöstlichen Religionen nicht Teil des Systems, eine Orthodoxie kommt auch nicht selten vor, aber eben nicht immer; eine solche Definition würde zum Beispiel die römische Kultreligion ausschließen, aber auch den Buddhismus. Rekurrieren wir auf Jenseitiges bezogene *Handlungs*systeme, hätten wir sicher etwas, worunter die Messe und die Meditation fallen könnte, auch die römisch-heidnischen Kulte, aber wir erhielten Probleme mit radikal antiklerikalen und antiritualistischen Religionsgemeinschaften wie z.B. den Quäkern.

Während also eine zu enge Definition, die zudem dann oft christianisierend daherkommt, in der Regel als unbefriedigend angesehen wird, werden in einer zu weiten Definition Dinge unter die Religion subsumiert, die wir nicht Religion nennen wollen. Funktionale Definitionen haben dieses Problem, es ist das Problem, für das Thomas Luckmann so scharf angegriffen wurde: Ein System von Dogmen, zu dem die Mitglieder des Kults sich bekennen, hat auch der Marxismus, der in der Sowjetunion auch eine ritualisierende Integrationsfunktion erfüllte und der sogar apokalyptisch ist, und Transzendenz findet sich auch in der Idee der Menschenrechte. Ist amnesty international dann eine Religion? Unser Alltagsverständnis hätte hierzu die Antwort: wohl nicht. Diesem Alltagsverständnis möchte ich nicht nur folgen, sondern auch einen guten Grund für diese Gefolgschaft mitliefern: der Diskurs hat eine gewisse Art, die Religion zu konstruieren, und diese Art der Konstruktion ist die Trennung zwischen transzendenten und immanenten Bezügen. Auch das ist zunächst natürlich in der westlichen Sicht der Religion verankert. Wenn es dort enden würde, wäre es keine neue Idee. Allerdings finden wir in jeder Art, die Welt zu ordnen, Setzungen, unabhängig davon, ob sie transzendent oder immanent markiert sind. Setzungen benötigen wir immer; Ordnungssysteme benötigen wir immer; die Ebenen dieser Systeme lassen sich jedoch differenzieren. Diese Bezüge unterscheiden sich jedoch nicht wesentlich voneinander; beide bestehen aus Setzungen mit verwandten, oft sogar denselben Inhalten. Es handelt sich also in dieser Unterscheidung nicht um eine Erkenntnis eines echten Unterschieds, sondern um den Unterschied einer diskursiven Markierung. Ich möchte versuchen, eine Definition der Religion als Sammlung narrativer Elemente und erzählungsstiftender Größen zu erarbeiten, die nicht gleich alles zur Religion macht, aber doch eine Sichtweise erlaubt, die nicht lediglich die christliche Idee, was eine Religion denn nun charakterisiert, verallgemeinert. Mit einer etwas, aber nur leicht weberianischen Wende jedoch könnte hier etwas Eingegrenzteres entstehen.

Bei Oevermann haben wir eine Idee des Fortbestandes der Struktur der Bewährungsproblematik und des Bewährungsmythos, während die aus den überkommenen Religionen bekannten Inhalte zugunsten einer „wissenschaftlichen" Betrachtung verlorengehen, die jedoch weiterhin kollektiv vergesellschaftet sind. Ich möchte die andere Richtung einschlagen und statt dessen annehmen, daß es gerade die *Inhalte* sind, die als Erzählungen weiterhin in der modernen Welt vorhanden sind und daß es gerade diese Inhalte sind, die nicht verloren gegangen sind, doch möglicherweise ihre bewußte Markierung verändert haben. Dann wären wir lediglich mit einer Änderung konfrontiert, die nicht in der Sache selbst liegt, sondern in der Erzählung darüber, wie wir sie thematisieren. Bei Pollack haben wir die Erkenntnis gefunden, daß bereits die Fragen, die wir stellen, bereits gesellschaftlich vorgeformt sind; schon vor den Antworten brauchen wir eine Idee der Kontingenz der Frage. Taylor wollte die Religion weiter gesellschaftlich verankert sehen. Ich möchte versuchen, eine solche Verankerung in einer diskursiven Thematisierung der Religion zu versuchen.

Luckmann hatte recht: Religionen sind natürlich Systeme zur Sinnstiftung, die die Welt und ihre Wahrnehmung ordnen. Jedoch sind nicht alle solche Systeme Religion. Luckmanns Ansatz, der in der Religionssoziologie so scharf kritisiert wurde, birgt vielleicht dennoch in der Transzendierung der simplen biologischen Existenz durch Sinnfindung eine nützliche Idee, um eine Erzählung der Gemeinschaftlichkeit der Religion aufzubauen und anzuknüpfen, auch wenn die Breite der Definition und die Individualzentrierung des Konstruktivismus verworfen werden. Das Modell bleibt natürlich tief in der Phänomenologie gefangen, die ihrerseits protestantischen Grundannahmen einiges schuldet. Ich möchte dieses Modell nicht für plausibel halten und statt dessen einerseits mit einer diskursiven Grundierung der Theorie beginnen und in der Folge auf zwei Unterschiede abstellen, die an Max Webers „Nichtdefinition" der Religion anknüpfen.

Drei Ebenen einer entprivatisierten Religion

Es wäre eine bekannte Tatsache, daß Max Weber die Religion nie zu definieren gewagt hat – wenn es denn eine Tatsache wäre. Was Weber anbietet, beginnt mit „Religion ist", ist also vielleicht doch eine Definition: Religion ist mit subjektivem Sinn ausgestattetes religiöses Handeln. Vielleicht ist das eine kluge Nichtdefinition. Flapsig könnte man das paraphrasieren mit: Wenn der gläubig Handelnde denkt, es ist Religion, ist es Religion. Woher jedoch diese subjektive Idee? Diskursiv müßte man sagen: es ist dann bewußt religiös, wenn es im Diskurs als „Religion" benannt wird, so markiert wird. Das ist dann der Fall, wenn diese Ausrichtung, dieses Handeln im Diskurs als transzendent *markiert* ist. Das hilft zur Entzerrung von Luckmanns Definition. Luckmann wollte jedes System, das sinnvolle Ordnung ermöglicht und damit die reine Biologie des Menschen transzendiert, Religion nennen und sah dieses System als „einheitliche Sinnmatrix".[165] Wenn wir an die Basis der erzählerischen Ordnung der Welt diskursiv geformte narrative Ordnungssysteme setzen, Systeme, die diese Welt erst sinnvoll zu ordnen ermöglichen, haben wir jedoch nicht lediglich die Luckmannsche Möglichkeit, hier gleich zum Begriff der Religion zu springen, sondern können diese Ordnung zunächst mit Hilfe diskursiver Systeme auf quasi einer niedrigeren Etage erklären.

Setzungen und Ordnungen benötigen wir prinzipiell; unbefleckte Wahrnehmung ist unmöglich. Von diesen Prämissen an, von denen keine in der Welt selbst materiell liegen, beginnt dann Wahrnehmung; sie sind Archers „Flecken". Stanley Fish nennt sie „Prämissen" an gemäßigten Tagen, „Glaube" an kämpferischeren. Diese Setzungen als erste Prämissen sind notwendig, bevor kognitive Aktivität beginnen kann. Wie Fish schreibt, dem ich hierbei folge: „Reasoning can't get started until a first premise is put in place." Damit ist es für Fish getan, damit ist es auch für Luckmann getan; für beide sind all diese Ordnungssysteme, all diese Überzeugungen prinzipiell gleich.

Strukturell unterscheidet sie auch nichts, aber dennoch sind nicht alle Prämissen gleich. Zunächst unterscheiden sie sich darin, was sie leisten: einige fundieren *Erkennen*, andere fundieren *Erklären*. Die Erzählungen, die Erklären fundieren, lassen sich wiederum ebenso und folgenschwerer trennen: Einige dieser Setzungen werden als

---

[165] Luckmann [1991]: 93.

materiell in der Welt stehend wahrgenommen, andere dagegen gelten nicht als Teil der materiellen Welt. Dabei gibt es keinen prinzipiellen Unterschied zwischen den immanent und transzendent markierten Setzungen, jenseits eben dieser Markierung: „on the level of epistemology both [nämlich die Setzung „Glaube" und die Setzung „Vernunft"] are the same"[166], schreibt Stanley Fish. Ja und nein. Alle die Wahrnehmung strukturierende und erzählerisch rahmende Strukturen sind diskursive Formungen. Sie sind jedoch, bereits von und in diesem Diskurs, unterschiedlich *markiert*. Es ist eine Trennung der Markierung, nicht des Seins: einige Setzungen sind im Diskurs immanent *markiert*, andere sind transzendent *markiert*. Während keine von beiden Teil der materiellen Welt ist, wird es jedoch bei einem Set von Setzungen angenommen. Beide bleiben diskursive Setzungen, Erzählungen, die die Welt und ihre Wahrnehmung strukturieren, jedoch sind einige davon in eben diesem Diskurs als transzendent etikettiert und somit auch „subjektiv" (in seiner diskursiven Begrenzung) religiös, andere dagegen „subjektiv" irreligiös.

Man sollte also auf zwei Unterschiede zwischen diesen diskursiv geformten erzählerischen Grundlagen der Welt bauen, um die Religion nicht mehr zu einer allumfassenden Kategorie werden zu lassen: Einmal kann unterschieden werden zwischen dem, was erkennende Rahmung („Das ist ein Baum") liefert und dem, was diesem Erkannten einen Sinn zuschreibt („*Warum* ist da(s) ein Baum?"). Das ist die Trennung zwischen einer Markierung als *erkennende Erzählung* im Fall der Typologie und der *erklärenden Erzählung* im Fall der sinnhaften diskursiven Formungen. Außerdem kann und sollte man unterscheiden, ob diese sinnformenden Setzungen sich ihrem Charakter als Setzung bewußt sind,[167] also im Diskurs als *transzendent markiert* sind, oder unbewußt, indem sie als *immanent markiert* werden. Die Frage nach dem *Warum* geht in die Richtung einer religiösen Frage, ist allerdings nur dann eine religiöse Frage, wenn sie eine *Markierung als transzendente Erklärung* trägt und auch nach einer solchen fragt, wenn sie dadurch, in der Sprache Webers, mit subjektivem religiösen Sinn ausgestattet ist. Sie ist dagegen eine Frage nach einer Welterklärungserzählung, die die Wahrnehmung *immanent markiert* strukturiert, wenn also die Frage und die erklärende Erzählung als immanent und materiell in der Welt markiert wird.

---

[166] Stanley Fish. „Why We Can't All Just Get Along." In: First Things 60. Februar 1996: 18-26. Später als Kapitel abgedruckt in Fish [1999]: 243ff.

[167] Wenn ich von Setzungen rede, meine ich unbeweisbare Grundlagen der Wahrnehmung, Interpretation und Argumentation; manche sehen diese als menschliche Erfindungen, manche als göttliche Offenbarung; ersteres wäre eine Konstruktion, letzteres eine Erkenntnis. Die Verwendung des Wortes „Setzung" soll keine der beiden Interpretationen präjudizieren. Das Wort soll lediglich deutlich machen, daß verschiedene Gruppen verschiedene bewußte und unbewußte dogmatische Grundlagen verwenden.

Dann ist sie zwar eine die Welt ordnende Sinnstruktur im Sinne Luckmanns, aber im Sinne Webers nicht mit subjektivem religiösem Sinn ausgestattet. Wenn der Rekurs zur Setzung, zum Nichtimmanenten also diskursiv auch als solcher markiert wird, möchte ich diese Setzung *Religion* nennen. Passiert dieser Rekurs unbewußt, also als immanent markiert, handelt es sich um eine *Welterklärungserzählung*. Das geht einher mit einer gegenüber der phänomenologischen Betrachtung deutlichen Reduktion des Begriffes der individuellen Reflexion und Entscheidung zugunsten unbewußter diskursiver Formen.

Wenn die Frage nach dem Sinn aufgeteilt wird in ein *Was* und ein *Warum* und das *Warum* wiederum in eine bewußte, das heißt im Diskurs als transzendent markierte Glaubensgrundlage und eine unbewußte, das heißt im Diskurs als immanent markierte Grundlage jeweils unbeweisbarer Setzungen (oder Dogmen), haben wir drei Ebenen, die Erklärungen und diskursive Rahmungen liefern: die unbewußte (d.h. als immanent und erkennend-natürlich markierte) *Typologie*, die unbewußte (d.h. als immanent und erklärend-natürlich markierte) *Welterklärungserzählung* und die bewußte (d.h. als transzendent und erklärend markierte) *Religion*. Im Netz dieser Markierungen entsteht die „bewußte" Religion; von diesen dreien liefert nur die Religion eine *bewußte* Antwort auf die große W-Frage, des *Warum* in der Welt, die Theodizee.

Typologien ordnen die Welt typologisch und präsentieren ein kohärentes Ganzes; sie beantworten die Was- und die Wie-Frage. Sie sind die Interpretationsmuster, mit deren Hilfe wir die Wahrnehmung der Welt ordnen, den Wust an Materiellem und Immateriellem, der uns entgegenschwappt, typologisch segmentieren – Baum, Haus, Hund, kalt, warm, blau, rot, hübsch. Sie sind unbewußte Typisierungen, mit denen wir auf dem Rücken von Jahrtausenden sozialisiert worden sind und die uns als so normal und alltäglich erscheinen, daß wir uns ihrem Charakter als Interpretation gar nicht mehr bewußt sind. Das macht sie zu *erkennend-natürlichen* Erzählungen.

Da es sich hier um die Muster handelt, mit denen wir aus den Wirren der Zeichen erst ein Bild zusammenstellen, muß ein Wesensmerkmal dieser Strukturen ihre Unbewußtheit sein, sonst wäre die Objektivität der Welt gefährdet. Abgesehen davon, daß es unmöglich wäre, wären wir völlig überfordert, müßten wir die Welt kontinuierlich bewußt ordnen. Selbstverständlich basiert aber eben diese interpretative Wahrnehmung, die nun als *Wie* daherkommt, auf unseren Selbstverständlichkeiten, Erwartungen und als normal gesetzten Deutungsmustern, ist also abhängig von (erklärend-natürlichen) Welterklärungserzählungen und diese wiederum von Religionen. Selbst benötigen sie jedoch in der Regel keine elaborate Erklärung. Unhinterfragtes, selbst-

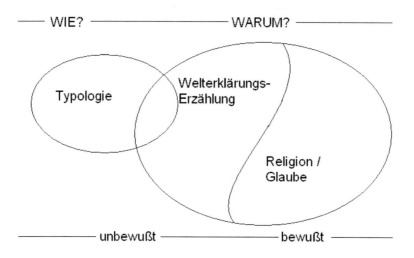

verständliches „Wissen", das keine weitere Erklärung und auch keinen Rekurs zu Kontingenzbewältigungen benötigt, liegt in diesen Typologien. Sobald jedoch ein Rekurs auf weitere Erklärung und Rechfertigung notwendig würde, bewegten wir uns auf dem Terrain der Warum-Frage. Auf dieser Ebene stehen uns Erklärungen zur Verfügung, die diese mit Hilfe von Typologien erkannte Ordnung der Welt nicht lediglich typologisch-semantisch ordnen, sondern im Verweis auf einen Sinn *erklären*. Diese Frage nach dem Sinn kann nun immanent oder transzendent markiert beantwortet werden, jedoch sind auch die immanenten Antworten von vorherigen Setzungen abhängig, was ihre Immanenz zerstört bzw. eben sie zu einer Setzung macht. Werden sie weiterhin immanent argumentiert, ohne *bewußten* Rekurs auf Setzungen und Vorannahmen, das heißt: in einer Markierung als natürlich, will ich von *Welterklärungserzählungen* reden. Sie haben ihre Quellen in den Antworten, die die vormoderne Welt noch als bewußte Warum-Frage gesehen hatte – und bleibt damit in der theodizeebewehrten Warum-Frage tief verankert, allerdings ohne diese weiterhin bewußt zu stellen.

Welterklärungserzählungen geben diesem Ganzen also einen Sinn, beantworten die Frage des *Warum unbewußt*, wobei ich unter unbewußt verstehen möchte: *innerhalb des Diskurses als immanent markiert*. Beide, Typologien und Welterklärungserzählungen, stellen unbewußte, in diskursiven System verbreitete Denkmuster und Interpretationsstrukturen dar, die wir weder wählen noch bewußt als solche wahrnehmen. Der Welterklärungserzählung kommt in diesem Duo die Rolle zu, der typisierten, erkannten, interpretativ geordneten Wahrnehmungen der Welt einen *Sinn* zuzuweisen, sie mit Hilfe von Grundannahmen und natürlichen Prinzipien zu erklären, ohne jedoch diese Prinzipien oder die Grundlagen, auf denen man zu ihnen gelangt ist, bewußt als Setzungen zu sehen, sondern statt dessen zu vernatürlichen, zu verdiesseitigen. Diese Sinnzuweisung ist eben komplett unbewußt: Wir „wissen" einfach, *warum* wir Autos besitzen, welchen Zweck sie erfüllen; sehen wir einen Bettler auf der Straße, schockiert uns das nicht sonderlich, denn wir wissen – oder glauben zu wissen –, warum manche Menschen betteln (müssen). Auch wissenschaftliche Erklärungen fallen unter diese breite Kategorie. Der Himmel ist blau, weil das Sonnenlicht in der Atmosphäre gestreut wird. Es ist eine physikalische Erklärung, beruht als solche jedoch auf tausend Setzungen, nicht zuletzt auf der Setzung der positiven Wissenschaft, aber innerhalb der Physik weiterhin auf überaus komplexen Annahmen bezüglich der Natur des Lichtes zwischen Teilchen und Welle. Es handelt sich um eine Ursachenerklärung, die wir auf die Materialität der Welt selbst zurückführen, als natürliche Ursache. Hier kommen positivistische, materialistische Grundannahmen zum Tragen, die eine versteckte Antwort auf die Warum-Frage geben und damit die Wie-Frage strukturieren.

Die als normal und selbstverständlich wahrgenommenen Interpretationsmuster, die über Jahrtausende in religiösen Denkmustern geschärft und entwickelt wurden, bleiben heute als unbewußte Selbstverständlichkeiten zurück, als „gesunder Menschenverstand", als unhinterfragte Idee der Wirklichkeit, als Basis der positiven Wissenschaft. Das beinhaltet die Idee der persönlichen Willensfreiheit, die als materielle Wahrheit selten hinterfragt im Alltag steht, aber beschränkt sich bei weitem nicht darauf. Es beinhaltet auch zentrale Ordnungsmuster der Welt, mit der wir alltäglich selbstverständlich umgehen: Da ist die Freiheit allgemein als politische Idee, die Gleichheit der Menschen ebenso wie die Ideen Liebe, Hoffnung, Glück, die Grundlage der Wirklichkeit in der Materialität, die Möglichkeit der menschlichen direkten ungefilterten Wahrnehmung. Das *Warum* ist nie eliminierbar, egal wie trivial die Interaktion mit der Umwelt sein mag. In manchen Fällen ist das eindeutig, so zum Beispiel, wenn ein Mensch tötet. Hier rechnen wir diese Handlung seiner *Freiheit* zu und erkennen *Schuld* in ihr. All das sind allgemeine, alltägliche Interpretationen, die jedoch mit gesetzten und so verankerten Annahmen verbunden sind: Es gibt den freien Willen, es gibt Freiheit, es gibt Schuld.[168] Diese Annahmen sind im Diskurs als immanent, als in der Welt markiert, auch wenn es vielen Beobachtern durchaus bewußt sein mag, daß hier ein Problem bestehen könnte. In all den Beispielen, in denen diese gesetzte

---

[168]   Zum Schuldbegriff und seiner historisch-diskursiven Verankerung Georg Wagner. Das absurde System. Strafurteil und Strafvollzug in unserer Gesellschaft. Heidelberg 1985.

Komponente weniger klar ersichtlich zu sein scheint, ist sie jedoch dennoch präsent. Der Tod ist tragisch, ein Unwert, den wir vermeiden wollen; das ist ein Werturteil, das starke metaphysische Vorannahmen über die Natur des Lebens schlechthin macht. Werturteile, die ich teile und für nützlich und richtig halte, aber dennoch Werturteile. Armut ist unangenehm und zu bedauern, aber auch mit Hilfe dieses Begriffs der Freiheit und der persönlichen Verantwortung zu erklären, zu interpretieren. Diese Situationen können im Rückgriff auf solche Wertebindungen interpretiert werden, ohne daß es uns bewußt wird, daß wir zum Teil sehr dezidiert nichtimmanente Konzepte an sie herantragen, mit deren Hilfe wir sie deuten, die aber dennoch als immanent markiert werden. In dieser Markierung der Natürlichkeit liegt die Unbewußtheit der Welterklärungserzählung. All diese sind nicht universelle, aber sehr weit in der Gesellschaft verbreitete Erzählungen, die wir als natürliche Wahrheiten zu akzeptieren gelernt haben. Diese Frage nach dem *Warum*, die die biologische Existenz zu transzendieren in der Lage ist, wollte Luckmann bereits allgemein Religion nennen. Wenn es sich hier um Religion handelt, dann ist wirklich jede Wahrnehmung, jeder Gedanke Religion, da Sinnfindung unvermeidlich ist. Das, so wurde Luckmann vorgeworfen, beraubt Religion ihrer Deutungskraft, denn es beraubt die Religion eines *anderen*, gegen das es abgegrenzt werden kann. Ich möchte diese Kritik aufnehmen und für diese Sinnstiftung nicht den Begriff der Religion verwenden, sondern den der Welterklärungserzählung, solange diese nichtimmanenten Urteile, diese sinnstiftenden Deutungsmuster, denen wir tatsächlich nie entkommen können, unbewußt und als immanent markiert bleiben.

Religion dagegen möchte ich nur dann verwenden, wenn der Bezug zu diesen transzendenten Setzungen bewußt wird, auch offen für diese Setzungen *als Setzungen* eingestanden wird. Bewußt als Setzungen anerkannt sind die Setzungen, die *im Diskurs als transzendent markiert* sind. Religion ist dann die Bezugname zu Setzungen, die bewußt als Setzungen anerkannt werden: Das ist Webers subjektiver Sinn, diskursiv untermauert. Das schließt, wie im umgekehrten Fall der Welterklärungserzählungen, nicht aus, daß einige andere Teilnehmer die transzendenten Setzungen anderer Menschen als immanent markieren; wesentlich ist, daß der gesellschaftliche Diskurs, das heißt dann natürlich: ein gesellschaftlicher Diskurs sie als transzendent markiert, somit diese Möglichkeit bietet und dieser Diskurs auch die Interpretation von Menschen beeinflußt, so daß diese Markierung auch in sozialem Handeln zum Ausdruck kommt. Gott, Schicksal, gute Sterne, die Geister der Vorfahren und die Beseeltheit der Natur können unter solche als transzendent markierte Erzählungen fallen. Sobald diese Fragen bewußt gestellt und bewußt in Rekurs auf transzendente Ideen beantwortet werden, haben wir in unserem Diskurs über das Thema ein anderes, passendes Wort für diesen Vorgang: Wir nennen ihn die Diskussion der Frage nach der Theodizee. Bei Berger waren diese Erzählungen aber noch ausgeweiteter: „Every Nomos entails a transcendence of individuality, and then, ipso facto, implies a theodicy."[169] Eine Theodizee, eine sinnhafte Erklärung der Vorgänge, vor allem (aber nicht notwendigerweise ausschließlich) des Leides der Welt, haftet jeder Plausibilitätsstruktur an, so Berger. Christentum und Polytheismus haben, nicht überraschenderweise, dieses Charakteristikum gemeinsam: Sie bieten Antworten auf die Frage nach dem Hintergrund, der Ursache, weit: dem Sinn der Vorkommnisse der Welt. Sie unterscheiden sich in der Frage des Glaubens an feste Orthodoxien, in der Frage des Lebens nach dem Tod und der Frage nach dem moralischen Leben und der Sünde, dem also, woran wir heute wohl zuerst denken, wenn das Wort „Religion" fällt. Im Sinne jedoch der Erklärung und Rechtfertigung der Vorgänge der Welt und des Leids in der Welt, bieten beide Antworten; wenn wir eine für beide religiöse Traditionen gemeinsame Eigenschaft finden müßten, wäre sie hier, im Suchen (oder Erkennen) des in der Welt versteckten Sinn (und dadurch dem Tragen einer Sinnhaftigkeit in die Welt), in der Vorgabe von Mustern für die Wahrnehmung der Welt *mit der Verankerung dieser Sinnhaftigkeit im Transzendenten.* Diese letzte Eingrenzung ist aber wesentlich. Für Peter Berger ist jedoch auch schon bereits das, was ich Welterklärungserzählung genannt habe, Transzendenz oder zumindest Zeichen der Transzendenz: „Jede ordnende oder Ordnung heischende Geste [...] ist [...] ein Zeichen der Transzendenz."[170] Solche Transzendenzen, solche Erzählungen haben natürlich praktische Auswirkungen auf die Welt und auf die Art, wie sie organisiert wird. Das trifft dann aber nicht lediglich für das Christentum zu, sondern auch für putativ nachchristliche und säkulare Erzählungen von sinnhafter Weltorganisation, wie z.B. dem Marxismus, dem Fortschrittsglauben, Nationalismus und neuerdings der Globalisierung und eben des Individualismus. Diese werden aber im Diskurs nicht als Transzendenzen markiert. Ob diese Transzendenz als solche erkannt wird, daran möchte ich die Religion definieren.

Ich möchte diese Definition eine diskursive Definition der Religion nennen, in der eine Religion eine Sammlung von Erzählungen der a) *diskursiv geformten* und b) als nicht Teil der materiellen Welt gesehenen und daher *bewußten,* als *transzendent markierten* c) *Setzungen* darstellt, die nicht aus dem Einzelnen selbst, sondern aus seiner diskursiven Verwurzelung in alten, sedimentierten Setzungen stammen. Diese Ant-

---

169 Berger [1967]: 54.
170 Berger [1972]: 81.

wort, und nur diese, dann als Religion zu bezeichnen, hieße, den nicht- und vorchrist-lichen religiösen Strukturen ihren Charakter des Religiösen auch dann nicht abzu-sprechen, wenn die jenseitigen Götter nur zur Sicherung der diesseitigen Welt dienen, wie zum Beispiel im römischen Kult, gleichzeitig jedoch innerweltliche Ideologien (in den meisten Fällen) nicht unter die Überschrift „Religion" zu subsumieren. Der Marxist hat transzendente Werte, der Marxismus verortet sie jedoch in der, markiert sie also als, Immanenz, im Materiellen.[171]

Das Merkmal der Religion, gegenüber der unbewußten Setzung der Welterklärungs-erzählung, ist dann das *Bewußtwerden* der Überbrückung einer Kontingenz (oder, mit Pollack, der Schaffung einer Kontingenz im Moment der Überraschung) durch eine gesetzte Antwort, sei es der Rekurs auf Gott, gute Geister, Engel, Karma, Freiheit, Gleichheit, Nächstenliebe oder Eigenverantwortung, und die Markierung dieses Re-kurses als nichtimmanent. Das sind größtenteils dieselben Konzepte, auf die sich auch eine Welterklärungserzählung berufen kann; es sind nicht die Konzepte, die immanent sind, lediglich ihre Markierung, die diese Konzepte zu Religion macht und dieselben Konzepte zu Welterklärungserzählungen, wenn sie als immanent markiert werden. Gerade für „Freiheit" und „Gleichheit" gilt dies: sie können sowohl religiös als auch materiell konnotiert werden. Abgesehen von der diskursiven Markierung, und hier gibt es viele parallele und überlappende Diskurse, nicht nur einen großen gesellschaftlichen Diskurs, unterscheiden sich diese Setzungen in absolut keiner Hinsicht.

Auf diese Art kann man die Welterklärungserzählungen von der Religion trennen, was es uns erlaubt, Religion weiterhin als sinnvolle, nicht auf die gesamte Bandbreite der menschlichen Interaktion und Wahrnehmung ausgebreitete Analysekategorie zu behal-ten. Die Unterscheidung der Markierung ist allerdings keine Unterscheidung im Wesen dieser Erzählungen; die zweite Unterscheidung zwischen erkennenden und erklärenden Erzählungen, von denen das *Was* auf der unbewußten Ebene liegt, das *Warum* jedoch auf der Schwelle zwischen bewußter und unbewußter Ebene, liegen ebenfalls nah beieinander (das „Warum" ist im „Was" oft enthalten!). So ist es völlig verständlich, eine Konflation der drei zu denken, wie Luckmann das getan hat. Im Rahmen dieser hier vorliegenden Beobachtung ist diese Konflation jedoch überhaupt nicht notwendig. Was allerdings das schlagendere Argument ist: Diese Konflation ist für eine Verwendung der Definition nicht hilfreich, nicht nützlich. Ich möchte einen deutlichen Abstand zwischen Typologisierung und Welterklärungserzählung und zwi-schen Welterklärungserzählungen und Religion schieben, nicht, weil es sich um grund-

---

[171]   Wenn man wirklich bösartig sein möchte, könnte man behaupten, der Marxist habe hier ein falsches Bewußtsein. Da meine Bösartigkeit sich in Grenzen hält, verstecke ich sie in einer Fußnote.

sätzlich verschiedene Systeme handelt (das tut es nicht), sondern weil dieser Abstand für spätere Analysen nützlich sein wird. Unsere Erzählungen, mit denen die Welt diskursiv strukturiert wird, so könnten wir dann also sagen, weisen drei Ebenen auf – ohne zu feste Grenzen ziehen und ohne eine zu starre Kategorisierung vornehmen zu wollen: erkennende Typologien, immanent markierte, erklärende Welterklärungserzählungen und der bewußte Glaube als transzendent markierte erklärende Erzählung als Blüte dieser Wurzeln und gleichzeitig als Träger der Samen, aus denen diese Wurzeln entstanden sind und entstehen.

Ein gegen eine solche Konzeption gerichteter Kritikpunkt wäre, daß es sich hier um einer Verquickung von Religion und Ideologie zu Lasten der Ideologie handelt. Common sense läuft oft in die umgekehrte Richtung: Religion, so lehrt uns der Marxismus seit langem, sei eine Ideologie; Ideologie, so würde ich erwidern, ist vielleicht eher analog ein elaborates System von Welterklärungserzählungen, denn es handelt sich bei einer Ideologie um ein System von Grundannahmen, das als immanent verteidigt wird, als Wahrheit in dieser Welt. Die Kritik der Religion als Ideologie stellt in der Regel die Interessenhaftigkeit in den Vordergrund,[172] die den Ideologiebegriff ebenso definiert: Eine Ideologie ist eine Erklärungsstruktur der Welt, die bestimmten Interessen dient und daher – oft auch gegen besseres Wissen der „Wahrheit" einer solchen Konzeption – in der Gesellschaft disseminiert und verankert wird, um Herrschaft und Gewinn aus dieser so im falschen Bewußtsein gehaltenen Welt zu ziehen. Diese weit verbreitete Ansicht trägt einen fatalen Fehler in sich (und eine monströse Respektlosigkeit, die letztlich davon ausgeht, daß religiöse Menschen das, was sie glauben, gar nicht wirklich glauben). Im vorliegenden Fall liegt der Fehler im Essentialismus der Interessen. Es ist letztlich derselbe Fehler, der aus der Religion etwas Wählbares machen will.

Wenn eine Ideologie eine Art und Weise der Weltinterpretation darstellt, die gewissen Interessen dient, dann ist als nächstes die Frage vonnöten, woher diese Interessenkonzeptionen stammen.[173] Auch Interessen liegen nicht mimetisch in der Welt, sondern werden auf der Basis einer gewissen Welterklärungserzählung geformt, einer-

---

[172]   Bernhard Welke definiert in „Ideologie und Religion" die Ideologie als „Gesamtdeutung des menschlichen Daseins in der Welt, die aus einem sachfremden Interesse entspringt. In: Christlicher Glaube in moderner Gesellschaft, Band 2. Freiburg 1988: 79.

[173]   Auch Berger fällt, trotz seiner Erkenntnis der Plausibilitätsstrukturen, in diese Falle: In *A Far Glory* versucht er, religiöse Überzeugungen durch Interessen zu begründen, so z.B. die Zugehörigkeit zu bestimmten protestantischen Denominationen und die Einstellung   zur Abtreibung nach Klassenzugehörigkeit. Berger [1992]: Kapitel 2, „The Social   Context   of Belief".

seits einer Wahrnehmung des in ihr Vorfindbaren, andererseits einer Bewertung der Bedeutung des so Vorgefundenen. Diese Einschätzungen benötigen bereits eine Plausibilitätsstruktur, einen interpretativen Filter, um getätigt werden zu können; sie basieren wiederum auf einer Theorie. Ihnen zugrunde liegen muß eine „wahre Idee" im Sinne einer nicht interessengeleiteten ehrlichen Überzeugung, eines *erkennenden Wissens* (ich habe es *Typologie* genannt), wie die Welt aufgebaut ist und eines *erklärenden Wissens* (*Welterklärungserzählung*) über das, was erstrebenswert ist; diese Überzeugung kann nicht interessengeleitet sein, denn das hieße, daß Interessen prä-sozial und somit uninterpretiert materiell existierten. Das ist auch Stanley Fishs Position: „Naked preferences [...] are part of the neutral principle picture of the world, where it is possible (and desirable) to distinguish between principle and substance. [...] There are no naked preferences for the same reason that there are no neutral principles: principle and substance always come mixed."[174]

Auch Ideologien basieren somit auf Typologien und Welterklärungserzählungen, die ihrer Natur her unbewußt sein müssen. Eine Ideologie kann erst auf Basis einer Welterklärungserzählung überhaupt entstehen. Eine Ideologie mag eine Welterklärungserzählung sein, sie ist aber nicht Religion und umgekehrt ist auch eine Religion keine Ideologie.

Das heißt dann jedoch nicht, daß nicht auch aus Ideologien solche Ordnung der Erfahrung erwachsen kann; natürlich wird man an die Welt so herangehen, wie die Ideologie das „erwartet". Das soll nicht bestritten werden, diese Verwobenheit ist ja gerade der Punkt. Wie bewußte Religionen, *Glaube*, mit der Zeit Elemente in Welterklärungserzählungen einmischen können, zu zuvor präsenten Elementen, die am bewußten Glauben nahe genug waren, daß sie überhaupt eine Plausibilität desselben ermöglicht, so kann auch eine Ideologie einen solchen Einfluß auf eine Welterklärungserzählung nehmen, solche Elemente somit formen und ausbauen. Das zu erklären wird gerade die Leistung einer diskursiven Religionsdefinition sein.

Nutzen der diskursiven Definition

Diese Religionsdefinition, das habe ich oben festgestellt, ist dann sinnvoll, wenn sie nützlich ist. Das ist sie. Einerseits erlaubt sie die Diagnose, daß die These der privatisierten Religion selbst eine strukturierende Welterklärungserzählung darstellt. Sie liefert ein Werkzeug, mit dessen Hilfe Religionen analysiert werden können: ihr Einfluß

---

[174]   Fish [1999]: 9.

auf säkulare Welterklärungserzählungen, ihr Einfluß auf Personen, der Wechsel von Personen aus einer Religion in eine andere, Modernisierung. Das Werkzeug kann ebenso an das Phänomen der „Rückkehr der Religion" herangetragen werden, um es aus der babylonischen Gefangenschaft des Wahlparadigmas zu befreien. Außerdem greift es all das, was wir als Religion benennen wollen.

Auf der Basis dieser Theorie läßt sich systematisieren, wie in einer Gesellschaft Wissen aufkommt, das so eng mit den in dem „Wissen" ihrer in der Religion zuvor bekannten Glaubensinhalten korreliert; Max Webers Analyse des „Wissens" über die Wirtschaftsorganisation im Calvinismus, die Analysen der Entwicklung des Liberalismus aus religiösen Erzählungen von Gordon Bigelow[175] und Boyd Hilton,[176] Thomas Nobles Analyse des „Wissens" über die wissenschaftliche Betätigung aus der von göttlichen Regeln durchzogenen Welt, [177] etc. Es gibt keine Newtonsche Physik ohne den Calvinismus und seine Erwartung der diesseitigen Veränderung, keine Leibniz'sche Mathematik ohne den Katholizismus und die Annahme der Permanenz der Welt, keine experimentelle Physik ohne die materialistischen, positivistischen und diesseitigen Grundannahmen, keinen Liberalismus ohne die Notwendigkeit, dem göttlichen Plan freien Lauf zu lassen. All diese erwachsen aus dem Christentum und aus der Reformation, vielmehr: aus von ihnen verbreiteten Erzählungen, wenn auch oft gegen ihre Intentionen.

Mit Hilfe dieser Unterscheidung, die zunächst Typologie und Sinnfrage, danach immanente und transzendente Markierung der gesetzten Grundlagen trennt, kann man auch die Säkularisierung und die, wie Max Weber es so griffig nannte, „Entzauberung der Welt" als Bewegung von der Religion auf die Welterklärungserzählung thematisieren: Ein Wissen über die Funktionsabläufe schiebt zum Beispiel ein Gewitter aus dem Reich Gottes strafender Akte in den Bereich der natürlichen Abläufe, während die gesetzten Grundlagen von der transzendent markierten auf die immanent markierte Ebene verschoben werden, von einem bewußten Verweis auf unbeweisbare Glaubensinhalte zu nun als immanent gesehenen Grundlagen und Setzungen, die die Wahrnehmung ermöglichen. Es ändert sich die interpretative Wahrnehmung und die Setzungen, durch die sie erfolgt – und diese geänderten Setzungen „ändern" das Gewitter. Statt von einer Entzauberung der Welt zu sprechen, könnten wir vielleicht sagen: Der Zauber ist geschehen, der Hase ist noch auf der Bühne und Teile des Publikums (nicht alle) haben vergessen, wo der Hase herkam – aber wir alle sehen

---

[175] Gordon Bigelow. Fiction, Famine and the Rise of Economics. Cambridge 2003.
[176] Boyd Hilton. The Age of Atonement. The Influence of Evangelicalism on Social and Economic Thought, 1795-1865. Oxford 1988.
[177] Noble [1997].

nicht nur einen Hasen, wir würden auch ohne den Hasen keinen Zauberer sehen können, keine Bühne und keinen Vorhang.

Die Verschiebung einer Transzendenz von einer bewußten auf eine unbewußte Ebene soll jedoch nicht als Rückschritt thematisiert werden; die drei Ebenen stellen keine Entwicklungslinie dar, vergleichbar mit der „Modernisierung", auf der eine Ebene unter- und eine andere höherentwickelt ist. Auf der Basis einer gemeinschaftlich geteilten Welterklärungserzählung, von der ausgehend dann Typologien gedacht werden, kann ein enormer Zuwachs von Wohlstand, technischer Entwicklung, Kalkulierbarkeit und Vorhersage erreicht werden, zu einer bis dato ungesehenen Beherrschung der Natur und zur Steigerung der Lebensqualität. Setzungen anzunehmen und auf ihnen aufbauend eine Welt zu ordnen ist nichts in irgendeiner Hinsicht Falsches, es kann gar nicht anders sein. Daß sich einige mit der Zeit ins Unbewußte schieben, weil sie immer so selbstverständlich waren, ist auch keine allzu schockierende Entwicklung. Es pietistisch als zu verurteilende Abkehr von einem zuvor bewußt bekannten Glauben zu verurteilen, wäre nicht nur vorschnell, sondern falsch. Es handelt sich im Übergang von bewußten zu unbewußten Setzungen gerade nicht um eine Abkehr, sondern um eine viel tiefere Verinnerlichung dieser Glaubensinhalte, so tief, daß wir sie als in der Immanenz verankert markieren. Damit werden diese bewußten Glaubensoptionen nicht aufgegeben, sondern „nur" sublimiert. Wenn ich später von *credenda*, dem Glaubhaften als Grundlage einer Religionsannahme rede, wird deutlich werden, daß das für die Religion nicht unbedingt etwas Schlechtes sein muß und daß gerade aus dieser Sublimation heraus eine Rückkehr der Religion wesentlich besser erklärt werden kann als aus einer Thematisierung des religiösen Menschen als Wahlwesen.

Umgekehrt kann eine Entzauberung der Welt aber auch eine genau umgekehrte Bewegung sein: was zuvor als Teil der Welt imaginiert war, kann zur bewußten Setzung dann werden, wenn das Element der Trennung „transzendent-immanent" in den Diskurs eingeführt wird. So kann ein Stammesvolk den Dialog mit den Vorfahren als immanente Wahrheit in der Welt, ohne Bezug zur Transzendenz, rahmen, bis Besucher ihm sagen, daß er hier einen Glauben hat. Hier sieht man bereits, daß auch diese Trennung der markierten Transzendenz gegenüber der markierten Immanenz eine christliche Grundannahme als Fundament hat, nämlich eben diese Trennung von immanent und transzendent, von hier und dort: Nur mit diesem *dort*, wo in der diskursiven Struktur der Welt bereits eine solche Distinktion des Geistlichen und des Weltlichen vorherrscht, ist eine solche Trennung möglich; die Idee des *civitas dei* und *civitas mundi* liegt auch dieser meiner Thematisierung bereits zugrunde. Entkommen kann man solchen Ordnungen nicht; sie zu erkennen, ist das Höchste der Möglichkeiten.

Trotz dieser Instanz des *caveat* erlaubt diese Thematisierung zumindest eine „getreuere" Einordnung nichteuropäischer Systeme als funktionale Theorien und eine klarere Abtrennung nichtreligiöser dogmatischer Systeme. Ich habe oben festgestellt: es greift alles, was wir als Religion benennen *wollen*. Das war selbstverständlich fast unredlich: natürlich tut es das. Als diskursive Definition soll es ja gerade die diskursive Ordnung wiedergeben, die eben auf Transzendenz verweisende Setzungen „religiös" nennt, in der eben festgestellten Dichotomie zwischen dem *civitas dei* und *civitas mundi*. Daß diese selbe Ordnung nun auch von dieser Definition eingefangen wird, liegt in ihrem Ursprung schon angelegt.

Welches System das dann jedoch ist, ist für die Feststellung der Religiosität gleich: Diese kann je nach Umstand zentrierter oder weniger zentriert sein, personal oder impersonal. Die römischen Erzählungen waren vergleichsweise unzentriert, mit mehreren Göttern und verschiedenen Zentren der Erzählung, die monotheistischen Religionen dagegen sind hochzentriert auf den einen, allmächtigen Gott. Beide sind personal, mit einem Pantheon persönlicher Götter einerseits und dem einen personalen Gott andererseits, gegenüber einer als Set transzendenter Ideale verstandenen Metaphysik im Buddhismus, ohne Bezugspunkt. In die diskursive Definition der Religion passen stark mystische Religionen genauso wie eine philosophisch systematisierte Fundamentaltheologie. Die Definition, mit der hier eine Religion von anderen Interaktions- und Deutungssystemen distinguiert werden soll, erlaubt es, in die Religion auch Systeme einzubauen, die als transzendente Kategorie keinen Gott haben, deren Augenmerk nicht aufs Jenseits gerichtet ist, die reine innerweltliche Hilfe anbieten, wie die römische Kultreligion. Die polytheistische Religion Roms bot für viele ihrer Anhänger keine Heilsversprechen eines Lebens nach dem Tod; unter den Römern war die Idee, daß mit dem Tod alles vorbei sei, weit verbreitet, das Gegenteil jedoch ebenso. Ein solcher „Unterschied" im Glauben zu denen, die an ein solches Leben glaubten (auch die waren zahlreich) stellte zudem keinen Grund dar, der Gemeinschaft der „Heiden" (eine spätere Benennung) nicht anzugehören. Die Funktionen der römischen Götter im täglichen Leben bestanden hauptsächlich aus Hilfe und Beistand in *diesem* Leben und aus der Erklärung natürlicher und gesellschaftlicher Vorgänge, die nicht anders erklärt werden konnten. Römische Götter wurden um Ernte, Krieg, Heirat, Laufbahn und Gesundheit angebetet und erklärten z.B. den plötzlichen Tod von Männern (durch den Pfeil Apollos) oder Frauen (durch den Pfeil Dianas), als ein Konzept von Herzinfarkt oder ähnlichen zum plötzlichen Tod führenden Krankheiten nicht bestand. Der Wille der Götter ist somit eine Erklärung auch für die tragischen, nachteiligen und teleologisch sonst unverständlichen Vorkommnisse einer als von den Göttern gelenkt gedachten Welt. Aber auch ohne Jenseitsbezug werden hier bewußt transzendente Setzungen, in die mythische Geschichte entrückt, gemacht. So haben wir es auch hier mit einer Religion zu tun. Diese Definition erlaubt gleichzeitig, Sinnstiftungssysteme, die ihre Setzungen nicht bewußt als immaterielle Setzungen kommunizieren, aber ähnliche Funktionen erfüllen, nicht unter die Überschrift der Religion zu schreiben. Das betrifft z.B die Quantenphysik, die eine Welterklärungserzählung wäre, die ihre gesetzten Annahmen als materiell markiert. Es gilt ebenso für den Marxismus, für den dasselbe in noch viel schärferer Form gilt – es findet sich ja bereits in der Selbstbenennung des historischen *Materialismus*. Auch für den Liberalismus mit seiner zentralen Setzung der individuellen Freiheit und Autonomie des Einzelnen gilt dies, auch hier ist eine solche Setzung materiell markiert. So können wir diese unter Welterklärungserzählungen verbuchen.

Berger meint, Religion sei in der pluralistischen Welt nicht länger eine unbewußte Angelegenheit.[178] Auf Basis der hier getroffenen Unterscheidung müßt man sagen: Ja und nein; Einerseits, so würde ich festhalten, handelt es sich tatsächlich nur um eine Religion, wenn die Setzungen bewußt gemacht werden, aber andererseits sind gerade diese bewußten Setzungen auf der Spitze von tausenden von Jahren gebauter Welterklärungserzählungen entstanden und haben damit, in der Gegenwart, ihre Quellen klar in unterbewußten Selbstverständlichkeiten. Zumindest im Fall der Welterklärungserzählungen ist genau das Gegenteil der Fall. Die meisten Menschen sind weiterhin in einem glücklichen Positivismus verfangen – auch eine dogmatische Setzung –, in der Ansicht, die Welt *als solche* wahrnehmen zu können. Diese Muster bleiben auch nach einer bewußten „Säkularisierung" als Abkehr von einem Bekenntnis weiterhin Kinder historisch geformter und daher stark religiös geprägter Denkstrukturen. Das müssen sie, denn hieraus erwächst der Sinn.

Das alles soll allerdings hier nicht Kern der Analyse sein. Ich möchte auf der Basis dieser Theorie vielmehr eine Theoretisierung des Sitzes und Ursprungs der Religion versuchen, die von der Nichterklärung der Wahl wegkommt und die Religiosität in ihrer Verwurzelung in Welterklärungserzählungen untersucht. Die Kernaussage dieser Theoretisierung wird sein: geglaubt wird, was aus der Erzählung heraus glaubhaft ist; glaubhaft ist das, was in die bestehenden Religionen und Welterklärungserzählungen paßt.

---

[178]   Berger [1992].

Die diskursive Definition und die Religion des Menschen

Die praktisch-analytische Aufgabe einer Theorie der Ursache der Religion des Menschen – ich meine damit die Frage: Warum hat er oder sie oder diese Gruppe die bestimmte Religion, die er oder sie oder die Gruppe hat, nicht: Warum gibt es Religion, diese Frage scheint mir auf der Basis des eben gesagten leer – ist die Erklärung von Konversion. Das ist einerseits mikrosoziologisch die Erklärung, warum dieser Mensch ab einem gewissen Zeitpunkt eine *neue* Religion hat und makrosoziologisch die Erklärung von Religionsverschiebungen, also wie sich eine Gruppe oder Gesellschaft großflächig einer anderen transzendenten Setzung zuwendet. Durkheim schrieb vor einem Jahrhundert, die „eigene", persönliche Religion sei „nichts anderes als der subjektive Aspekt der äußeren, unpersönlichen, öffentlichen Religion".[179] Auch hundert Jahre später ist das immer noch eine gute Umschreibung. Nun geht es auch hier nicht um die Darstellung der objektiven Wahrheit, sondern um die Möglichkeit, auch in einer Theorie der gemeinschaftlichen Religion eine Konversion plausibel thematisieren zu können. Das, so denke ich, ist nicht nur möglich, es ist im Rahmen der eben dargestellten diskursiven Religionstheorie sehr gut möglich: Geglaubt wird, was glaubhaft ist; glaubhaft ist, was mit bestehenden Setzungen resoniert.

Die drei Ebenen von Setzungen, Typologie, Welterklärungserzählungen und Religion, sind nicht strikt getrennt und können es nicht sein; sie vermengen sich. Da sowohl die Typologien als auch die Welterklärungserzählungen aus vergangenem, verfestigtem Glauben entstehen, umgekehrt Religion auf der Basis bestehender Religion und bestehender Welterklärungserzählungen aufkommt, können wir die drei Ebenen weder strikt trennen, noch dürfen wir sie zu eng vermengen. Unvermischt und ungeteilt, sozusagen. Der Abstand zwischen Welterklärungserzählung und Religion ist größer als der zwischen den ersten beiden; Typologien und Welterklärungserzählungen sind unbewußte Setzungen, Religion ist eine bewußte. Die Religion, das *bewußte* System der Sinngebung der Wirklichkeit, baut auf den ersten beiden jedoch maßgeblich auf und ist unabhängig von ihnen nicht zu denken. Dasselbe sind sie dennoch nicht. Im Gegensatz zu Luckmanns „Gesellschaft ist Religion" steht dann: Gesellschaft ist ein Gemenge von Welterklärungserzählungen, und wenn die diese Erzählungen ausmachenden Setzungen als Setzungen bewußt werden, nur dann möchte ich von Religion reden.

---

[179] Émile Durkheim. „De la définition des phénomènes religieux". in : L'Année sociologique 1. Zitiert in: Joachim Matthes. Religion und Gesellschaft. Hamburg 1967: 141.

All diese Narrative sind verwoben: es ist schwer vorstellbar, als immanent markiertes Wissen im klaren Widerspruch zum als transzendent markierten Wissen über längere Zeit stehen zu lassen.[180] So sind die Welterklärungserzählungen Basis für die bewußten Religionen, Religionen sind aber auch Basis für in einem Diskurs aufkommende Welterklärungserzählungen. Aus diesem Ansatz folgt dann, daß „neue" Welterklärungserzählungen aus der Überlappung „alter" Erzählungen entstehen, daß Welterklärungserzählungen auf der Basis von zuvor als religiös transzendent markiertem Wissen aufkommen und daß umgekehrt eine „neue" Religion mit den bestehenden Welterklärungserzählungen harmonieren muß. Welterklärungserzählungen als Gruppierung gehen aus bereits vor Wahl und Entscheidung mit Hilfe größtenteils unbewußter, aus historisch-diskursiven Prozessen geformter Welterklärungserzählungen hervor, die sich geschichtlich aus wiederum anderen Symbiosen entwickelten, die ihrerseits wieder aus Interpretationen entstanden – und so weiter.

So ist die Religion der Teil des Systems von Setzungen, ohne das eine Ordnung der Welt und damit eine strukturierte Wahrnehmung gar nicht möglich wäre, der in unserem Diskurs über diese Welt als nichtimmanent markiert bleibt, der Teil, von dem wir nicht annehmen, daß er einfach natürlich da ist. Natürlich können der einen Gruppe als immanent markierte Setzungen der anderen Gruppen nichtimmanent markierte Setzungen sein; aber Religion ist nur das, was als nichtimmanente Setzung markiert ist. Der Glaube an einen Gott ist eine solche nichtimmanent markierte Setzung, der Glaube an die Beseeltheit der natürlichen Welt wäre eine, der Glaube an Konflikte zwischen Gottheiten im Polytheismus ist ebenso eine solche als nichtimmanent markierte Setzung. Eine solche Setzung ist nicht Folge der Wahl, sie entsteht, wächst, gedeiht und welkt auf der Basis dessen, was als natürlich und immanent markiert einfach als wahr gesehen wird.

Aufbauend auf das, was ich oben entwickelt habe, den Unterschied zwischen den unbewußt gewordenen und gebliebenen Setzungen der Welterklärungserzählungen und den bewußten der Religionen, sehen wir dann, daß Religionen und Welterklärungserzählungen, wenn sie mit den Welterklärungserzählungen harmonieren sollen, beide aufeinander aufbauen müssen. Etwas, was wir als bewußte *Religion* wahrneh-

---

[180] Hier kann eingewandt werden, daß es sehr wohl Ausnahmen gibt, in denen Menschen ganz bewußt Glaubenssätze annehmen, die dem, was als natürlich markiert ist, radikal widersprechen. Das ist ein nur oberflächlicher Widerspruch: sie tun es dann, wenn als natürlich für eine Religion angenommen wird, die natürliche Welt abzulehnen – wenn also im Diskurs als notwendige Eigenschaft einer Religion ihre Opposition zur „natürlichen", vor allem: wissenschaftlichen Welt angenommen wird. Das ist die alte Unterscheidung zwischen Wissenschaft und Religion, die gerade us-amerikanische Protestanten in einen Kulturkampf zwischen beiden führt. Auch hier also ist es eine grundsätzliche Übereinstimmung mit einer Welterklärungserzählung, die zu dieser Religiosität führt.

men, baut dann auf diesen verworrenen, über lange Zeit hinaus aufgebauten Türmen und Labyrinthen aus Selbstverständlichkeiten auf, von denen die allermeisten längst unbewußt geworden sind. Die beiden müssen passen, damit wir die Religion für plausibel, für glaubhaft halten, bevor wir zu dieser bewußten Idee: *Daran glaube ich* kommen können. Wenn man nun nach den Beweggründen dieses Glaubens fragt – die Frage, die ich an die Religionssoziologie in den ersten drei Kapiteln herangetragen habe – kann man auf der Basis der eben erarbeiteten Systematik eine Theorie entwickeln, die sich vom Paradigma der Wahl *und* von der oft vertretenen Idee einer Konversion als Bruch radikal und unwiederbringlich löst, denn die Religion, als letzte (oder erste), bewußte Ebene der darunter liegenden, sedimentierten Ideen von Normalität und Selbstverständlichkeit, der auf beiden aufbauen muß, kann nichts sein, das einfach willkürlich aus einem breiten Angebot gewählt wird, nach Bedürfnissen oder Präferenzen oder ähnlichen halb-„äußerlichen" Kriterien. Es muß vielmehr etwas sein, was mit den anderen beiden, mit Typologie und Welterklärungserzählung, im Konzert spielen kann oder zumindest dort keine allzu heftigen Abwehrreaktionen hervorruft. Kurz gesagt, geglaubt wird, was auf Basis der historisch-diskursiv verbreiteten, sedimentierten Selbstverständlichkeiten *glaub*-würdig, *glaub*haft erscheint.

Credendum: das Glaubhafte

Das eröffnet nun einen Analyseweg für die Religion von Menschen, der sich nicht auf die Wahl versteift, sondern statt dessen nach den Erzählungen fragt, die diese Menschen ausmachen, und was auf Basis dieser Erzählungen als neues Element hinzutreten kann – und was nicht. Was mit den bestehenden Erzählungen kompatibel ist, ist ein *credendum*, ein Glaubhaftes; was nicht kompatibel ist, ist auch nicht erhältlich.

Religionen müssen mit den Welterklärungserzählungen, mit und neben denen sie stehen, kompatibel sein, um weiter plausibel zu sein. Vielleicht liegt hier eine Erkenntnis, die man auch in den von Berger zitierten Augustinussatz lesen könnte: „Nullus quippe credit aliquid, nisi prius cogitaverit esse credendum; niemand glaubt etwas, ohne vorher zu wissen, daß es glaubhaft ist."[181] Um im bewußten Glauben etwas zu affirmieren, muß dieser Glaube sich auf der Basis unserer historisch-diskursiven Sozialisation bewähren, darf nicht als komplett neu und absurd erscheinen, er

---

[181]   Berger [1972]: 110. Aus: Augustinus. De praedestinatione sanctorum 2:5.

muß denkbar gewesen sein. Der augustinische Begriff des *credendum* scheint mir daher am geeignetsten, um hierauf die weitere Analyse aufzubauen. Ein Glaube ist nicht etwas, das der Einzelne aus einem Angebot an durch die Pluralisierung nun präsenten religiösen Formen wählt, sondern eine direkte Folge sozialisierter Verstehensmuster, die ein Feld von *credenda* ausformen, an die ein Glaube anknüpfen kann. Das beinhaltet nicht nur wesentlich geringere Elemente der Wahl, es beinhaltet zusätzlich auch wesentlich geringere Elemente eines Bruchs, als in anderen Theorien angenommen wird.

Die Religion ist eine von Welterklärungserzählungen dadurch abgesetzte Größe, daß sie bewußt als nichtimmanent markiert und bekannt wird. Sie bezeichnet das, was wir bewußt zu glauben *bezeugen*, was jedoch erst auf der Basis der Welterklärungserzählungen und der Typologien entstehen kann. Das wiederum kann nur dann angenommen werden, wenn es auf Basis der ersten beiden *plausibel* erscheint, wenn es in unsere Typologien und Welterklärungserzählungen zumindest *als passend wahrgenommen* wird. Um unsere Welterklärungserzählungen zu verstehen, müssen wir also auf den Glauben der Vergangenheit rekurrieren; um unseren Glauben besitzen zu können, muß dieser auf die Welterklärungserzählungen, die wir historisch mitbringen, allerdings auch passen. Er ist damit abhängig von den Erzählungen, in denen wir sozialisiert sind, die wiederum von seinen alten Formen abhängig waren. Dann kann die Religion, da abhängig, nicht gewählt und da sozialisiert, nicht privat sein.

So entzieht der Ansatz der *credenda* die Religion ein für alle Mal der Wahl und der Privatheit. Eine private Religion kann es nicht geben, wenn es sich in Religionen um diskursive Strukturen handelt, die Frage des „Warum" gesellschaftlich (als transzendent markiert) beantworten, die ihrerseits auf der Basis der historisch-diskursiv erzeugten Struktur der Welterklärungserzählungen stehen.

Das ist die Antwort auf Bergers Frage, „welche Tradition bekräftigen?", es ist die Antwort auf die Frage danach, wie eine solche Frage methodisch von der Soziologie bearbeitet werden kann. Es wird die Tradition bekräftigt, die in den eigenen Welterklärungserzählungen als intern und damit als glaubhaft markiert wird. Es können natürlich auch mehrere Traditionen sein, die resonieren, einfach weil man in überlappenden Interpretationsgemeinschaften sitzt, die alle andere interne Aussagen machen; dann kommt es darauf an, welche Interpretationsgemeinschaften in der gegenwärtigen Situation gerade oben schwimmen und die anderen in den Hintergrund treten lassen können, welche gerade beleuchtet werden und welche in den Schatten treten.[182] In der Regel ist das zum Großteil mit Hilfe von Gruppenbezügen und mit Zugehörigkeitsideen erklärbar und auch der reine Zufall wird noch eine größere Rolle spielen als eine „rationale" Wahl der Religion nach erlösungsökonomischen Gesichtspunkten. Erhältlich sind sie wohl – aber intern, glaubhaft sind sie für die meisten nicht. Intern ist die Religion, mit der man aufgewachsen ist, die Religion, die der Partner oder die Partnerin hat, die Religion, die das gesellschaftliche Leben, in das man selbst sozialisiert ist, dominiert, diejenige, der der Freundeskreis folgt – und hier wird es bereits zweifelhaft. Glaubhaft sind die Religionen, die die eigenen Sinnsysteme nicht komplett auf den Kopf stellen. So hat der Hinduismus auch in einer Zeit der starken Zuwendung zu fernöstlichen Religionen niemals im Westen greifen können: seine starre Kastenorganisation widerspricht all dem, was dem westlichen Menschen – über das Christentum! – als „richtige" Organisation der Gesellschaft erscheint. Er widerspricht zentralen Annahmen unserer Welterklärungserzählungen.

Auch Luckmann macht vorsichtige Schritte in diese Richtung. Nachdem er feststellte, daß die Religion als Privatsache nach freiem Belieben gewählt werden kann, schränkt er es ein: „Geleitet wird er dabei *nur noch* von den Vorlieben, die sich aus seiner sozialen Biographie ergeben."[183] Dieses „nur noch", gepaart mit dem „ergeben", ist ein sehr breites *nur*. Die Frage ist vor allem, was diese fast beiläufige Erwähnung der Vorlieben (sollten sie schnell aus dem Weg geräumt werden?) eigentlich bedeutet. Vorlieben sind ebenso wie alles andere nichts Natürliches, nichts Zufälliges und nichts, wofür man sich entscheidet. Statt Vorlieben könnte man ohne weiteres auch die Welterklärungserzählungen ins Spiel bringen und statt dessen umformulieren: Geleitet wird er von seinen Welterklärungserzählungen, die Produkte seiner Sozialisation in Interpretationsgemeinschaften sind. Geleitet, müßten wir dann sagen, wird er von seinen credenda – und die scheinen doch wesentlich größer zu sein als „nur".

So liefert die Idee der *credenda* eine soziale Rahmung für Konversionen, die mit einigen Elementen der bisher angebotenen Betrachtungen resoniert, jedoch im Konflikt mit anderen Elementen liegt. Das ist zunächst ein leerer Satz, solange nicht dargelegt ist, was diese Elemente sind. Dazu möchte ich nun übergehen.

---

[182] Mit Aleida Assmann könnte man vielleicht sagen: welche aus dem Schatz des kulturellen Gedächtnisses gerade im „Wir" des kollektiven Gedächtnisses betont wird. Aleida Assmann und Ute Frevert. Geschichtsvergessenheit, Geschichtsversessenheit. München 1996.

[183] Luckmann [1991]: 141.

Individuelle Konversionen

Konversionen werden in der Regel als Brüche thematisiert, als Vorgang, in dem eine Bindung radikal gekappt und eine absolut neue Bindung radikal affirmiert wird. Monika Wohlrab-Sahr beschäftigt sich im Rahmen ihrer Untersuchung über die Konversion zum Islam mit verschiedenen Konversionstheorien und findet überall diese Bruchbetrachtung, der sie selbst dann auch folgt. Sie charakterisiert Konversion als „radikale[n] Wandel zu einer neuen Weltsicht", mit Max Heinrich, Konversion sei „the process of changing a root reality".[184] Kenneth Jones nennt die Konversion, in Anlehnung an Thomas Kuhns Theorie der Paradigmenwechsel, einen „gestalt switch", und Wohlrab-Sahr kritisiert ihn dafür, die Gemeinschaftlichkeit, die in Kuhns Theorie so prominent ist, zu ignorieren. Diese will Wohlrab-Sahr einbauen, beharrt dann jedoch in ihrer Definition auf die Interpretation der Konversion als Bruch. Die Konversion ist für sie die „Übernahme eines neuen Paradigmas im Sinne einer radikalen Transformation der Weltsicht einer Person und der damit verbundenen Formen konkreter Problemlösung, die bezug nimmt auf einen bestimmten, mit einer Weltanschauungsgruppe assoziierten Kanon im Sinne verbindlicher Wissensbestände".[185]

Hier hat Wohlrab-Sahr zwar die Gruppe und die Gemeinschaftlichkeit mir ins Spiel gebracht, jedoch durch den starken Rekurs auf Brüche Kontinuität und Plausibilität unterbetont. Eine ähnliche Definition liefert sie zusammen mit Volkhard Krech und Hubert Knoblauch in *Religiöse Bekehrung in soziologischer Perspektive*, in der die Autoren feststellen, „mit dem Begriff Konversion ist durchgängig die Vorstellung eines radikalen persönlichen Wandels verbunden".[186] In einer ersten Schleife rekurrieren die Autoren hier auf William James, dem wir auch hier bereits begegnet sind und schreiben: „Für James zeichnet sich die Konversion [...] dadurch aus, daß *zuvor randständige und unbedeutende* religiöse Vorstellungen in das Zentrum des Bewußtseins rücken" und „Der Prozeß beginnt mit einem Zustand, der vom Konvertiten *als falsch empfunden wurde*."[187] Hier begegnet uns also eine erhellende Erkenntnis: Dieses Neue war zuvor bereits da, wenn auch nur „randständig" und was auch immer da war, führte zu einem Unbehagen, das nicht existieren könnte, wenn nicht eine innere Idee des Normbruchs, der eigenen Devianz gegen etwas als Gut markiertes,

---

[184] Monika Wohlrab-Sahr. Konversion zum Islam in Deutschland und den USA. Frankfurt 1999: 76ff.

[185] Wohlrab-Sahr [1999]: 87f.

[186] Monika Wohlrab-Sahr, Volkhard Krech und Hubert Knoblauch. „Religiöse Bekehrung in soziologischer Perspektive". In: Dies. Religiöse Konversion. Systematische und fallorientierte Studien in soziologischer Perspektive. Konstanz 1998: 7. hier: 8.

[187] Wohlrab-Sahr [1998]: 8. Hervorhebungen meine.

wahrgenommen werden könnte. Es kommt also ein Konflikt zwischen *Wissen* auf – zwischen bewußt transzendent markierter Religion und als natürlich wahr markierter Welterklärungserzählung. Für einen solchen Konflikt benötigt man eine Verinnerlichung dieser Ideen, die eine solche Gewissensreaktion hervorrufen können. Was hier vor sich geht, ist, so kann man hieraus denke ich gut lesen, ein gradueller Übergang mehr als ein radikaler Wechsel. So sollte Konversion auch thematisiert werden; im Rahmen einer lebenslangen Sozialisierung scheint es eben gänzlich unplausibel, Welterklärungserzählungen so radikal wechseln zu können. Die Theorie der Religion und Religiosität, die ich vorgeschlagen habe, kann dagegen eine solche Kontinuität einbringen.

In seinem Buch *Konvertiten* erzählt Christian Heidrich die Konversionsgeschichten bekannter Religionswechsler,[188] rekurriert hier auch auf die Konversion als Bruch, in der Gestalt der von ihm so genannte Blitzkonversion, die immer das Paradigma geblieben ist. Er erzählt jedoch sehr eindringlich, wie die Lebensgeschichten seiner Konvertiten André Frossard, Augustinus, Paulus, Heinrich Heine, Edith Stein und andere zu einer Konversion hinführen. Gerade der unter „Blitzkonversion" behandelte Frossard zeigt, trotz seiner antiklerikalen Erziehung in einem sozialistischen Elternhaus, deutliche Umfeldeinflüsse, nicht zuletzt die seines Freundes André Willemin, der „die Rolle eines Steigbügelhalters" spielt,[189] aber auch eben die des sozialistischen Elternhauses. Wenn Willemin Frossard ein Buch von Nikolai Berdjajew überreicht, der das Religiöse im Marxismus analysiert, um zu zeigen, wie das Proletariat ganz in den Erzählungen des Christentums als neuer Messias portraitiert wird, zeigt das bereits, wie auch der Sozialist Frossard die Strukturen der Erzählungen des Christentums internalisiert hat, ohne sie freilich mit dem Christentum zu assoziieren. Auch die sogenannte Blitzkonversion baut auf einer langen Kette, einem großen Gewirr von Erzählungen und Selbstverständlichkeiten auf, die eine solche Konversion plausibel machen. Seine Konversion erlebt Frossard dann in einer Kirche, in der er der Ansicht ist, Gott habe mit ihm gesprochen; selbstverständlich wäre ein solches Erlebnis nicht interpretierbar, wie Frossard es interpretiert hat, wären all diese Konzepte nicht bereits narrativ zugänglich gewesen, hätte er nicht bereits gewußt, wie kulturell das Göttliche markiert ist, wie das Göttliche sich offenbart (in seinem Fall mit Hilfe eines hellen Lichtes in einer Kirche). Diese „Blitzkonversion" steht auf dem Rücken von Myriaden von „Interpretationshilfen", von Ordnungen der Wahrnehmung, von Welterklärungserzählungen. Es wäre anders auch kaum möglich.

---

[188] Christian Heidrich. Die Konvertiten. Über religiöse und politische Bekehrungen. München 2002.
[189] Heidrich [2002]: 19-21.

Die Theorie, wie ich sie formuliert habe, muß sich mit einer Bruch-Betrachtung der Konversion stoßen. Wenn eine Religion eine bewußte Affirmation einer Setzung ist, die auch als nichtimmanent markiert ist, muß die Setzung schon vorher zumindest plausibel gewesen sein, das heißt, etwas von dem, was hier durch Konversion angenommen wurde, muß schon vorhanden gewesen sein. Eine „neue Religion" ist auf der Basis der oben gemachten Überlegungen vielleicht gar keine neue Religion; es ist eine neue Formulierung eines bewußten Ganzen, das auf bekannten Selbstverständlichkeiten in Welterklärungserzählungen aufbaut. Dieser „neue" bewußte Glaube ist eine bewußte Formulierung der Verquickung von überlieferten Welterklärungserzählungen, ein System, das diese Erzählungen zusammenwebt zu einer komprehensiven bewußten Formulierung.

Konversion ist dann keine Folge der erhöhten Wahlmöglichkeiten in der pluralisierten Welt, sondern einer Erkenntnis, daß der, der da bekannte Welterklärungserzählungen verwebt und in einer Gesamtbotschaft formuliert, irgendwie ein anderes Ich ist, das Erwartungen des eigenen Ich *und* der eigenen Welterklärungserzählung (was zu einem gewissen Punkt wohl dasselbe ist) in dieser Erzählung erfüllt – er ist gleichzeitig glaubwürdiger Sender als auch Träger einer glaubwürdigen, weil mit Welterklärungserzählungen resonierenden Nachricht und das macht seine Botschaft zum *credendum*.

Das setzt natürlich voraus, daß diese Konversion eine religiöse Konversion und keine Konversion der Bequemlichkeit darstellt. Die meisten Konversionen in unserem Kulturkreis sind keine Konversionen mit religiösen, sondern mit sozialen Motiven, nämlich eine Konversion zum Zweck der Hochzeit oder sonstiger religiöser Angleichung innerhalb von bestehenden oder entstehenden Familien. Diese Konversionen sind Konversionen der Indifferenten, die an keine Religionsgemeinschaft gebunden sind und denen lediglich die Buchstabenkombination des Kirchensteuerabzugs auf der Lohnsteuerkarte egal ist, die mit der Konversion aber keine religiöse Entscheidung getroffen haben. Für diese ist eine Analyse der Gründe der Konversion in religiösen Begriffen, denke ich, unnütz.

Glaubenssysteme, Religionen, bewußte Systeme von Dogmen und Setzungen, werden von Menschen nicht einfach auf der Basis einer Wahl, die dazu noch materiell in der Welt begründet läge, angenommen, sondern weil sie durch ihre Resonanz mit dem Natürlichen und Selbstverständlichen, das wiederum als unbewußte Setzung in den Welterklärungserzählungen liegt, glaubhaft werden, *passen*. Wenn eine Beweisführung für die Plausibilität der gemeinschaftlichen Religion erbracht werden soll, dann ist sie in erster Linie hier, bei der Analyse der Genese von religiösen Konversionen und Bewegungen aus bekannten und gesellschaftlich verwurzelten Systemen, zu verorten. Jedoch ist der Zweck dieser Darstellung kein Beweis, wie die „Welt wirklich ist" – ein leerer Satz – sondern ein Vorschlag, die Wahrnehmung plausibel auch in anderen Begrifflichkeiten zu thematisieren. Als Begrifflichkeit möchte ich hier das zitierte Augustinuswort des „credendum" verwenden, nicht jedoch in seiner theologisch verfestigten Bedeutung. *Credendum*, das Glaubhafte, ist, so möchte ich aus meiner theoretischen Betrachtung folgern, das, was mit den Welterklärungserzählungen und Typologien genügend resoniert, mit ihnen genügend Berührpunkte hat, um sich in diese Systeme der als natürlich und immanent gesehenen Selbstverständlichkeiten der Welt einzufügen, das aber auch bisher bekannten (im Sinne von: bekennen) als nichtimmanent markierten Setzungen nicht so sehr entgegenläuft, daß es ausgeschlossenen werden muß. *Credenda* sind so nicht einfach die Gemeinschaft der Welterklärungserzählungen und der Religion, sondern das Feld der Welterklärungserzählungen und Religionen, die in den bestehenden Setzungen als glaubhaft markiert sind und in einer gewissen Situation akzeptiert werden können.

Das läßt sich fruchtbar an die Frage der Religiosität des Einzelnen und die individuelle Konversion herantragen; das, hoffe ich, habe ich nun gezeigt, Es läßt sich allerdings ebenso fruchtbar an die Analyse religiöser Verschiebungen in großen Gruppen oder ganzen Gesellschaften herantragen. Da es sich um eine Analyse von Erzählungen handelt, ist sie zur Betrachtung Einzelner, die aus diesen Erzählungen und in diesen Erzählungen subjektiviert wurden, genauso nützlich wie zur Betrachtung der Diskurse auf gesellschaftlicher Ebene. Dazu möchte ich jetzt übergehen.

Durch den Gedanken der credenda betrachtet handelt es sich bei den „neuen religiösen Bewegungen" und denen, die einmal neu waren, also bei allen, eben nicht mehr um wirklich *Neues*; das kann es nicht. Wäre eine religiöse Bewegung komplett neu, ohne Ansatz an Bestehendes, wäre es ihr nicht möglich, Anhänger zu finden, da niemand diese Bewegung anhand seiner *credenda* für glaubhaft halten kann. Außerdem gibt es nichts komplett Neues. Zumindest an eine Idee der Gemeinschaft müssen sie anschließen. Tatsächlich sehen wir auch, daß sogenannte religiöse Umstürze immer graduelle Übergänge und Anknüpfungen an Vorhandenes waren. Konversion hieße dann immer, in dem Anderen etwas zu erkennen, was genug *intern* war (in den unbewußten, als immanent markierten Setzungen), genug erwartet, um dessen Ideen folgen zu wollen.

Im Folgenden will ich kurz aufzeigen, wie diese Richtung der Analyse die großflächigen Verschiebungen von religiöser Affirmation, die wir geschichtlich sehen können, strukturieren kann. Besonders hier handelt es sich um ein Feld, das jenseits eines solipsistischen Konzepts der einsamen Wahl bearbeitet werden *muß* – eine Thematisierung einer gesamten Gesellschaft als gleichzeitig zur selben Entscheidung findende Wahlwesen ist, gelinde gesagt, absurd. Dazu werde ich markante Übergänge thematisieren: Augenblicke in der Geschichte, in denen eine große Anzahl von Menschen die Religion gewechselt hat, in denen die bewußten Setzungen, die als transzendent markierten Setzungen sich für eine große Anzahl von Menschen änderten, um nachzuzeichnen, wie dieser Übergang auf der Basis von *credenda*, nämlich auf der Basis dessen, was in Religionen und Welterklärungserzählungen zuvor glaubhaft war, möglich war. Neben dieser Analyse von Massenphänomenen möchte ich dann die Frage der Konversionen zwischen Weltreligionen mit Hilfe dieser Analyse betrachten. Ich möchte diese Methode *Credendaanalyse* nennen, die Suche nach der Anknüpfung von Geglaubtem im Glaubhaften.

Christentum als credendum

Das Christentum knüpft, soviel ist banal, an die Tradition des Judentums an und sieht sich selbst als die Erfüllung der jüdischen Prophezeiungen. Als das Christentum sich verbreitet, sucht es den Anschluß an diese Tradition, wird jedoch von ihren Trägern (mehrheitlich) abgelehnt; das Christentum knüpft an die Erwartung des Kommens des Messias im Judentum an, indem es sich auf die die Prophezeiungen des Judentums beruft, schafft es aber nicht, unter den Juden nennenswerte Gefolgschaft aufzubauen, da es in einem Punkt dem credendum des Judentums diametral entgegensteht: Die Juden hatten nie erwartet, daß ein am Kreuz als gemeiner Krimineller exekutierter Zimmermann der Messias sein könnte. So widerspricht das Christentum dem, was Juden über ihren Messias „wissen". In der Folge wird das Christentum bekanntlich eine Religion, die sich unter den Gentilen, den heidnischen Römern, ausbreitet – und auch hier schließt es an credenda an.

Die Inklusion des Alten Testaments trotz der Ablehnung der neuen Religion durch die Juden erweist sich als notwendig, denn nur Altes hat im römischen Diskurs eine Chance, als wahr konstruiert zu werden, und es gab kaum Älteres als die Religion der Juden. Ein weiterer Anschluß an die credenda als das reine Alter war natürlich notwendig – und das war die große Leistung Pauli: An die Stelle der Einhaltung der jüdischen Gesetze stellt er die Möglichkeit aller, Christen werden zu können, ohne zuvor Juden werden zu müssen. Die Gentilen konnten ihre Lebensweise in weiten Teilen beibehalten, Beschneidung und die Einhaltung der jüdischen Essensregeln, also die Pflicht zum koscheren Essen, waren dank der paulinischen Doktrin nicht notwendig.

Auch dabei allein jedoch bleibt es nicht, um eine Internalität im römischen Diskurs zu ermöglichen; zusätzlich bot das Christentum einige Anschlußmöglichkeiten, teilweise indem die Inhalte des Christentums in Bildern Roms imaginiert wurden, die auch in diese Erzählung mit eingingen, teilweise in den Römern bekannt vorkommenden Erzählungen. Bekannte Erzählungen, die im römischen religiösen Diskurs verankert waren, fanden sich auch im Christentum wieder, nicht unbedingt aus strategischer Erwägung – der Respekt vor Gründern von Religionsgemeinschaften sollte es erlauben, sie nicht als Zitronenhändler darstellen zu wollen – sondern aus Verwobenheit der im römischen Palästina entstandenen Erzählungen, die an die römischen anknüpfen, weil sie im Kontakt mit ihnen aufkamen. Die eleusischen Felder (übrigens auf Französisch: Champs-Élysées) wurden zum Modell, in dessen Bildern sich der Römer das Paradies vorstellte und die Unterwelt Tartaros wurde Sinnbild und Darstellung der christlichen Hölle – und beide sind es bis heute geblieben. Stellt der Christ sich Himmel und Hölle vor, bleibt er bei den Bildern, die das römische Altertum seinen Jenseitsvorstellungen mitgab. Nike bzw. Victoria standen in ihrer Darstellung nah an der Darstellung der Engel, die als Botschafter Gottes auch an Merkur angelehnt werden konnten. Letztlich erfüllte auch die Figur Jesus Christus die klassische Rolle und Erwartung des antiken Helden, dessen ursprüngliche Definition ja gerade die des Nachkommens aus der Vereinigung eines Gottes und eines Menschen war. Eine solche Erzählung war auf Basis dessen, was in der Antike seit mindestens 800 Jahren an Erzählungen bekannt war, verständlich. Sie resonierte mit ihren Welterklärungserzählungen und der bekannten Religion. Über die Gemeinsamkeiten der christlichen mit der antiken Bilderwelt kann man große Abhandlungen schreiben, was nicht das Ziel dieser Arbeit ist. Der Punkt ist jedenfalls, daß das Christentum mit seinen Ideen, Bildern und Konzepten eben nicht das genaue Gegenteil, die Antithese zum römischen Erzählungsschatz war, sondern genügend Elemente enthielt, die sich als *für Erzählung des Göttlichen plausiblen* Bildern darstellen ließen und so dem Gentilen bei aller Neuerung alles andere als komplett fremd vorkam. Es präsentierte sich in den Termini des Eigenen und berief sich dazu noch auf eine wahrhaft alte Tradition.

So konnte es für den Römer plausibel erscheinen. Daß dann Kaiser Konstantin konvertierte, gab dem Christentum seinen letzten Schub, denn nun hatte es außerdem noch einen Sender, der definitiv als intern konstruiert wurde. Das Christentum, das schon zuvor in verschiedenen Mänteln interner Kommunikation ankam, war im 3. Jahrhundert fest in den Interpretationsgemeinschaften der römischen Gesellschaft

verankert – nicht zuletzt dank seiner Anschlußfähigkeit an bestehende Welterklärungserzählungen, dank seiner credenda.

Protestantismus

Als 1200 Jahre nach Konstantin ein Augustinermönch im Nordosten Deutschlands
eine religiöse Revolution begann, geschah dies ebenso nicht auf der Basis der
Verkündung des absolut Neuen, sondern in den Begriffen der Rückkehr zum „wahren"
Alten. Daß es sich in den Differenzen zwischen Katholizismus und Protestantismus
um eine uralte Dichotomie innerhalb des Judentums handelt, zwischen der
priesterlichen Religion des südlichen Königreichs Juda und der prophetischen Religion
des Nordkönigreiches Israel, ist bekannt; daß Luther von diesen (nördlichen)
Propheten fasziniert war, vom Gedanken des konditionalen, auf Einhaltung der
Gesetze bedingten Bundes, ebenso. Die Gedanken waren nicht neu; die Reformation
ist die Wiederbelebung eines alten Konflikts, der im Alten Testament tief verankert ist.
Wichtiger noch, Luther ist in erster Lesung kein Religionsstifter; er hätte sich auch
niemals als solcher gesehen. Er ist interner Sender innerhalb der katholischen
Religion, der diese in Berufung auf das Erbe eben dieser Religion uminterpretieren
möchte. Eine Neugründung einer Kirche, eine Abkehr von der Religion der Christenheit kam ihm nie in den Sinn. Auf der Basis der Lektüre des gemeinsamen heiligen
Buches ganz Europas – das ja nicht Europa genannt wurde, sondern die Christenheit –
erhob er Einspruch gegen die Praktiken derer, die das Buch zu vertreten vorgaben –
und erntete sich ein riesiges Gefolge, denn was er verkündete, konnte Anschluß finden
an das, was als wahr bereits markiert war, was als credendum also vorhanden war.
Gerade der Schlachtruf „sola scriptura" hilft hier, denn die Wahrheit der Bibel ist in
dieser Zeit Allgemeinwissen und sich auf diese zu berufen, knüpft an ein starkes
credendum an. Diejenigen, die ihm folgen, erwarten darin freilich nicht nur Wahrheit,
sondern auch eine politische Befreiung von dem Diktat Roms. Dem credendum hilft es
sicherlich, wenn es politisch und strategisch nützlich ist, rein ideell ist eine solche
Konversion sicher nicht in jedem Fall und auch die Interessen der Herrscher sollten
nicht komplett unter den Tisch gekehrt werden. Allerdings neigt die moderne
Geschichtsschreibung dazu, diese Interessen zentral zu setzen. Hier gilt wieder das
oben bereits gesagt zu den Interessen; sie sollten auch hier nicht zum zentralen Punkt
der Reformation stilisiert werden, denn dann machen wir Luther zu einem Steigbügel-
halter zynischer Machtinteressen. So kommt es zu kurz, die Reformation nur aus den

politischen Interessen der nordeuropäischen Herrscher zu erklären, wie es leider zu häufig geschieht. So wäre es für besagte Herrscher gänzlich unmöglich gewesen, zu einer Religion zu konvertieren, die in den Interpretationsgemeinschaften Europas nicht credendumfähig gewesen wäre, sagen wir, dem Buddhismus. Ein Augustinermönch, der das an die Tür genagelt hätte, wäre aus dem Dorf getrieben worden. Sicherlich hätte man bereits viel früher eine Loslösung aus den Armen der Kirche auch durch die Annahme des Islam schaffen können. Aber weder der Buddhismus noch der Islam waren credenda, sie konnten den Herrschern und ihrer Bevölkerung nicht als interne Kommunikation präsentiert werden, eben weil sie als anderes, als Abgrenzungsziel (der Islam) oder als wundersames Unbekanntes (Buddhismus) konstruiert waren. Interessen hin oder her, sie lagen außerhalb des Möglichen, außerhalb des Internen, außerhalb der Welterklärungserzählungen. Das Luthertum lag innerhalb; es war auf der Basis der diskursiven Formation der Zeit ein credendum, denn es war in der Heiligen Schrift begründbar und präsentierte sich eben als Reform des Bestehenden, nicht als Neuerung. Nur als credendum, gepaart mit der Verbreitung durch interne Sender in Form der lokalen Geistlichkeit, die auch zuvor bereits die Geistlichkeit gewesen war und der Fürsten konnte es in der Bevölkerung Rückhalt gewinnen. Der Buddhismus hätte in einer solchen Konstellation der credenda keine Chancen gehabt; das ändert sich in der Neuzeit, in der er durch New-Age Philosophien gefiltert im Westen Einzug hält. Sowohl diese Filterung als auch diese Zeit sind für diesen Anspruch zentral, aber dazu gleich mehr, denn ich möchte zunächst noch beim Christentum bleiben.

Opfer und Wiederkehr

Wenn zeitgleich zur Reformation in Europa in Süd- und Mittelamerika die Spanier und in Nordamerika die Franzosen und Engländer einfallen, schaffen sie es trotz ihres oft feindseligen Auftretens, den Kontinent gründlich und nachhaltig zu christianisieren, ein Erbe, das bis heute vital und durchdringend geblieben ist. Oft wird diese Christianisierung der Technik zugeschrieben: im Vergleich zu den primitiven Naturvölkern mußten die Europäer wie Götter erscheinen. Das taten sie, aber die reine überlegene Technik reicht nicht aus, um eine mitgebrachte Botschaft als Religion zu verbreiten. Serge Latouche schreibt, in scheinbar materialistischer Manier, daß das Christentum in den Kolonien des Nordens nur dann zu einer bestimmenden Kraft geworden ist, wenn es mit Techniken zusammentraf, die von der „Magie des weißen

Mannes überflügelt" werden konnte.[190] Dies könnte die klassische Sichtweise sein, daß Gott mit dem ist, der die besseren Gewehre entwickelt hat, aber das meint Latouche nun vielleicht gar nicht so; es geht vielmehr um eine Kongruenz der Wertesysteme. Wer die Technik und die Entwicklung transzendent markiert, der ist von der Technik als Gottesbeweis überzeugt – *nur dieser*: „Diejenigen traditionellen Gesellschaften", schreibt er, „die gegen die Werte der Weißen allergisch sind, werden schlicht und einfach ausgemerzt." Es handelt sich also sehr wohl um eine Frage der Werte; diejenigen Kulturen, deren Werte eine klare Verbindung zu ihren *Techniken* hatten, mögen sich von einem Eroberer, der diese Technik übertrifft, einen Zugang zu einem höheren Gott versprechen; das entscheidende Element ist hier nicht die Technik, es ist die *Wertigkeit* der Technik in der Kultur, der begegnet wird. Resoniert diese Wertigkeit mit der, die die Technik im Westen innehat, treffen wir auf kompatible credenda; resonieren sie nicht, bleibt dem Westen statt der Konversion nur die Ermordung, so Latouche. Nur dort, wo man auf Einwohner trifft, denen man den monotheistischen Gott mit Hilfe der Überlegenheit der Technik glaubhaft *machen* kann, wird er glaubhaft, weil technische Überlegenheit ein in der Welterklärungserzählung verankertes Element eines credendum ist; dort, wo die Überlegenheit in der Natur gesehen wird – Latouches Beispiel sind hier die Ureinwohner Nordamerikas – hat die Technik keine Chance, Glauben zu verschieben.

Obwohl diese Sichtweise Sicht die Technik selbst, sondern ihren kulturellen *Wert* zum entscheidenden Aspekt macht, ist es weiterhin ein technizistisches Argument. Der Glaube der Europäer verbreitet sich jedoch nicht lediglich durch ihre materielle Überlegenheit; er verbreitet sich vor allem dort, wo er auf Systeme trifft, die ähnliche Erzählungen kennen und daher die Erzählungen der Europäer als bekannt einstufen können, als glaubhaft, als credendum. Dort gelingt es den Europäern, die eigenen Erzählungen im Dialog mit denen der Ureinwohner als glaubhaft erkennen zu lassen, denn sie sind ähnlich.

In Südamerika ist die Passivität der Ureinwohner gegenüber den mordenden und plündernden Europäern daher oft noch auf andere Art und Weise erklärt worden als mit Hilfe der technischen Überlegenheit. Diese andere Art und Weise der Übereinstimmung der Erzählungen kann mit Hilfe der Theorie der credenda sehr gut thematisiert werden. Hier enthielt das Glaubenssystem der Azteken, das von den Europäern vorgefunden wurde, eine Gottheit, deren Wiederkunft von Westen her erwartet wurde, die der gefiederten Schlange Quetzalcoatl, eines Schöpfergottes, von dessen Rückkehr aus Tlapalan oder Aztlan östlich des Ozeans die Azteken überzeugt

---

[190]   Serge Latouche. Die Verwestlichung der Welt. Frankfurt 1992: 70.

waren. Als Montezuma annahm, diese Wiederkehr sei in den Spaniern erfolgt, bauen sich die Christen nicht lediglich als interne Sender in die Erzählung ein, deren Aussagen nun ein viel größeres Gewicht zukam – sogar ein göttliches Gewicht, denn sie selbst werden ja für den zurückgekehrten Quetzalcoatl gehalten – sie tun dies zusätzlich mit Hilfe einer Geschichte, die so unähnlich nicht ist. Immerhin wollen sie selbst nicht als Götter verehrt werden und die Religion der südamerikanischen Ureinwohner wird nicht etwa eine Religion, die die Spanier als Götter installiert, sondern eben der von ihnen mitgebrachte Katholizismus. Es bei der Gleichsetzung *Spanier = zurückgekehrter Gott Quetzalcoatl* zu belassen, käme also hier in Erklärungsnot. Das Christentum konnte allerdings eine gar nicht unähnliche Geschichte erzählen. Auch Christen erwarten die Wiederkehr eines Gottes und auch aus dem Osten, der Richtung der aufgehenden Sonne, die über die Verbindung mit dem Licht auf Jesus bezogen wird – der Grund, warum Gräber auf christlichen Friedhöfen so ausgerichtet sind, daß die Toten mit den Füßen gen Osten liegen und Kirchen nach Osten orientiert sind; Orientierung heißt ja bereits: Ausrichtung nach Osten, zum Orient hin. Als die Spanier diese ihre religiöse Erzählung der Rückkehr des Schöpfergottes in Menschenform verbreiten, resoniert sie mit der bekannten Geschichte – und führt zu einer bleibenden Konversion, die auch und gerade in der lebendigen Vermischung mit den alten Mythen in Südamerika höchst lebendig geblieben ist.

Auch in Nordamerika waren Missionare dort erfolgreich, wo sie auf Stämme trafen, die religiöse Inhalte anerkannten, die denen der Europäer ähnlich waren. Wenn ein Monotheismus vereinbar war mit einer zentralen Figur eines großen Geistes, der angebetet werden konnte, um Segnungen in diesem Leben und ein gutes Leben nach dem Tod zu erlangen, war hier schon ein Grundstein gelegt. Allein das ist jedoch eine enge Grundlage. Wenn übereinstimmende oder zumindest ähnliche Geschichten erzählt werden, ist die Grundlage breiter. Als der Künstler George Catlin die Mandan-Indianer besuchte und einige Monate mit ihnen lebte, lernte er deren Flutmythos, der sich mit der biblischen Flutgeschichte parallelisieren ließ: Die Mandans überlieferten die Geschichte, daß sie von einem weißen Mann abstammten, der auf einem hohen Berg mit einem großen Kanu überlebte, als das Leben auf der Erde vernichtet wurde. Eine symbolische Repräsentation dieses Kanus diente als Kultstätte. Die Legende schloß auch eine Taube ein, die dem Vorfahren der Mandan durch die Überbringung eines Zweiges mitteilte, daß die Erde nun sicher sei, Zufälle, die dann zur Schlußfolgerung führten, es müssen sich bereits christliche Missionare unter ihnen befunden haben, bevor sie im 19. Jahrhundert „wieder" entdeckt wurden; einige wollten in ihnen gar Abkömmlinge einer vorkolumbianischen Expedition aus Wales sehen. Es stellte sich dann heraus, daß eine französische Expedition sie bereits im 18. Jahrhundert besucht hatte, von der angenommen wird, daß sie wohl die Flutgeschichte dort hinterlassen hat.

Es handelt sich also wohl zunächst um ein credendum, das selbst von Europäern kam, wenn auch graduell. Ein credendum, für das dies nicht gilt, ist die wundervolle Geschichte des Krieges der Stickeen gegen die Sitka, die John Muir aus seiner Alaska-expedition erzählt. Als Muir zu den Thiklit-Indianern stößt, sind diese sehr gerne und schnell bereit, die Doktrin der Sühne und Versöhnung zu akzeptieren und zu konver-tieren. Sie erzählen, daß viele Jahre zuvor sich folgende Geschichte zugetragen hatte: In einem langen, verlustreichen Krieg zwischen den Thiklit (die sie nun Stickeen nannten) und den Sitka, der in einem Grabenkampf endete, der es den Frauen unmög-lich machte, zu fischen und zu sammeln, tritt der Häuptling der Sitka hervor und bittet um Frieden. Muir erzählt von der Reaktion der Stickeen und der folgenden Opfergeschichte:

> The Sitka chief replied:-
> "You may well say let us stop fighting, when you have had the best of it. You have killed ten more of my tribe than we have killed of yours. Give us ten Stickeen men to balance our blood-account; then, and not till then, will we make peace and go home."
> "Very well," replied the Stickeen chief, "you know my rank. You know that I am worth ten common men and more. Take me and make peace."
> This noble offer was promptly accepted; the Stickeen chief stepped forward and was shot down in sight of the fighting bands. Peace was thus established, and all made haste to their homes and ordinary work. That chief literally gave himself a sacrifice for his people.
> He died that they might live. Therefore, when missionaries preached the doctrine of atonement, explaining that when all mankind had gone astray, had broken God's laws and deserved to die, God's son came forward, and, like the Stickeen chief, offered himself as a sacrifice to heal the cause of God's wrath and set all the people of the world free, the doctrine was readily accepted.
> "Yes, your words are good," they said. "The Son of God, the Chief of chiefs, the Maker of all the world, must be worth more than all mankind put together; therefore, when His blood was shed, the salvation of the world was made sure."[191]

Die Resonanz, die diese Geschichte mit der Erzählung der Missionare über das Opfer Jesu hatte, führte als Konsequenz dann zu einer erfolgreichen Konversion der Stickeen; die Botschaft der Missionare war glaubhaft, einerseits vielleicht aufgrund ihrer technischen Überlegenheit, aber auch und vor allem aufgrund der Internalität, der sofortigen Verständlichkeit dieser Erzählung, ihres Charakters als credendum, denn sie war mit bestehenden Erzählungen zu vereinbaren. Eine Konversion ruht so auf Erzählungen und ihrer Kongruenz.

---

[191]   John Muir. Travels in Alaska. Boston 1998.

Mormonen

Daß in Nordamerika danach ein achtzehnjähriger, mäßig Gebildeter, aber vor Selbstbewußtsein strotzender amerikanischer Junge seiner Umwelt glauben machen konnte, er hätte vom Engel Moroni ein neues biblisches Buch erhalten, das er dann – versteckt hinter einem Laken, meist in die Luft starrend, „übersetzte", während seine Frau (seine Hauptfrau?) die Übersetzung niederschrieb, ohne das Buch je gesehen zu haben; daß diese Religion zudem eine ganze Gruppe Menschen zur Auswanderung in die Gebiete jenseits der Grenzen der damaligen Vereinigten Staaten bewegte und nun einen Bundesstaat, Utah, dominiert; daß diese Religion sich in den Vereinigten Staaten zudem rasant ausbreitet, das alles mag Europäern „typisch amerikanisch" vorkommen, bei manchen verursacht es lediglich Kopfschütteln. Der Glaube der Heiligen der letzten Tage – kurz Mormonen, an belebten Einkaufsstraßen in der ganzen Welt aktiv – muß ein credendum gewesen sein, um so viele in seinen Bann zu ziehen. Seine durchaus bescheidene Ausbreitung jenseits der Vereinigten Staaten läßt den Schluß zu, daß es sich um ein spezifisch amerikanisches credendum handeln muß.

Obwohl der Glaube der Mormonen an das Christentum anschließt, handelt es sich anscheinend nicht um ein allgemein christliches credendum – schon allein deshalb, weil es die Heilsqualität der Bibel zumindest in Zweifel stellt, da die Kirche der Heiligen der letzten Tage als einer ihrer standardisierten Konversionsstrategien das Argument bietet, die Bibel allein reiche nicht, um ein komplettes Bild der göttlichen Wahrheit zu erhalten, sie sei zu unklar, zu doppeldeutig, zu schwammig. Um ein klares Bild zu erhalten, so das offizielle Spiel von Mormonen in Missionarsrolle, braucht es ein weiteres Buch, um die Eindeutigkeit zu erreichen: Das Buch Mormon. Schon allein diese Behauptung liegt jenseits dessen, was bei einem durchschnittlich gläubigen Christen als credendum vorhanden ist; die Mormonen werden von vielen Seiten, nicht zuletzt von christlicher, auch als nicht-christliche Religion bezeichnet. Wie dem auch sei, was die Mormonen verkünden, liegt anscheinend jedoch weit genug in den credenda der US-Amerikaner, um der Mormonenkirche eine Wachstumsrate zu bescheren, die der des frühen Christentums gleichkommt.[192]

Hält man die Erklärung von Konversionen mit Hilfe glaubhafter Erzählungen für plausibel, findet sich die Erklärung dafür recht schnell: Die Mormonen glauben, daß Jesus auf dem amerikanischen Kontinent nach seiner Mission im vorderen Orient wieder erschienen ist und dort gelehrt hat, daß daraus neue Aufzeichnungen entstanden

---

[192] Rodney Stark. Der Aufstieg des Christentums. Neue Erkenntnisse aus soziologischer Sicht. Weinheim 1997: 19.

sind und daß es in der neuen Welt ebenso wie in der alten einen Heiligen Ort gibt, nämlich eben im heutigen Utah, wo sich die amerikanischen Auserwählten zum letzten Tag versammeln können, wenn die alte Welt sich in Jerusalem versammelt. Der Glaube der Mormonen hebt die neue Welt von einem Anhängsel der Errettung der alten zu einem *Zentrum* der Errettung und diese Idee korrespondiert wunderbar mit der sehr amerikanischen und viel älteren Idee der *city upon a hill*, der Idee, daß in Amerika ein neues heiliges Land, ein neues Israel gegründet wurde, ein Ort der Erlösung und des Kontakts mit Gott, der in die Welt hineinscheint. Diese Idee ist im ursprünglichen amerikanischen Puritanismus eine symbolischem muß dann im Mormonentum aber nicht mehr symbolisch sein, denn man *hat* eine Stadt, einen Hügel, auf den man zum jüngsten Gericht steigen kann, dort, wo man ihm am meisten braucht: Denn wozu hat die verkommene, apostatische alte Welt eine Stadt auf dem Hügel, wenn das neue auserwählte Volk sie nicht hätte? Das Mormonentum steht auf der Basis einer uramerikanischen Erzählung: der eigenen Errettung, des neuen Jerusalem, der letzten besten Hoffnung für die Welt und die Christenheit, die die amerikanische Geschichte im Rahmen des Exodus aus Ägypten imaginiert, mit den Engländern als Ägyptern, den Siedlern als Israeliten und dem Treck nach Westen als Zug durch die Wüste zur Freiheit, die ganz Amerika erfassen soll. Das ist Amerikas manifest destiny, die offensichtliche Vorsehung. (*Destiny* heißt eigentlich Schicksal; Vorsehung paßt besser.) So resoniert eine religiöse Erzählung, die diese Stränge aufgreift, mit dem in der amerikanischen Erzählung verankerten Geschichte, das neue auserwählte Volk zu sein. Das Mormonentum resoniert mit der Erwählungsüberzeugung der Amerikaner, aus der heraus dieses Land entstanden ist, auf den Projektionen der Exodus-Erzählung auf Amerika, auf die Selbstimaginierung als neues Volk Israel. Es wird dadurch zum credendum.

Protestantismus in Amerika

Es bleibt der Protestantismus in Amerika, mit dem ich diese Arbeit begonnen habe und dessen Aufkommen schwerlich erklärt werden muß – die Siedler haben ihn, eine besondere, in England verfolgte Form des Calvinismus – mitgebracht, zusammen mit ihrer Verfolgungserfahrung von Seiten der Staatskirche in England. Dieser Protestantismus, der sich in Absenz einer Staatskirche in mannigfaltige religiöse Gruppierungen aufgeteilt hat, bleibt die Grundlage für das Paradigma der Wahl in der Religionssoziologie, das ich als auf einem protestantischen Religionsverständnis basierend sehen wollte. Die beiden hängen selbstredend eng zusammen. Ist es jedoch nicht so, daß hier auf der Basis dieser besonderen Erfahrung zumindest in Amerika eine religiöse Landschaft entsteht, die eine Landschaft der Wahl darstellt?

Das wäre vorschnell. Wie bereits am Beispiel der Jugendlichen im amerikanischen *heartland* gezeigt, ist hier keine wirkliche Wahl der Religion vorherrschend, sondern eine Pluralität der Ausdrucksformen *derselben* Religion. Die sogenannte Wahl ist eine Migration zwischen Presbyterianern, Baptisten, Methodisten, Episkopalen etc., also zwischen verschiedenen Inkarnationen der protestantischen Religion, mit ihren Unterschieden, aber im Kern derselben Glaubensinhalte. Frank Newport schrieb hierzu in den späten 70ern, daß das, was er „religious switching" nannte, zwischen diesen Denominationen stattfinden, während ein Wechsel vom Christentum zu anderen Religionen oder vom Katholizismus zum Protestantismus oder umgekehrt in den USA sehr selten vorkommen.[193] Zudem handelt es sich um eine schichtspezifische Migration, wie Malise Ruthven das bereits darstellt: Die Bewegung durch verschiedene Denominationen hat weniger mit Wahl zu tun als mit der Bewegung durch verschiedene soziale Schichten innerhalb des amerikanischen Protestantismus, in der gewisse Gruppen als Ankunftsbahnhof in der Mittelschicht dienen.

Das als „Wahl der Religion" zu bezeichnen ignoriert zuerst diese sozialstrukturellen Determinanten und zieht zu große Trennmauern zwischen diesen Gruppen auf, die im amerikanischen Diskurs eben nicht Religionen, sondern Denominationen heißen, was ein sehr aufschlußreiches Wort ist. Denomination heißt wörtlich Benennung; es handelt sich, das bekennt das Wort sehr deutlich, eben nicht um verschiedene Religionen, sondern um verschiedene Benennungen derselben Religion in verschiedenen Ausdrucksformen und Sozialschichten. Die Migration zwischen ihnen ist sowenig die Wahl einer neuen Religion, wie der Beitritt zu religiösen Orden des Katholizismus eine Wahl der Religion, im Sinne einer Abkehr von einer alten und Zuwendung zu einer neuen, darstellt. Wer Jesuit wird, hört nicht auf, katholisch zu sein; er hört vielleicht auf, Dominikaner zu sein, bleibt jedoch bei seiner Religion. Denominationen sind Assoziationen derselben Religion, die dazu noch sozialschichtsabhängig sind; die Konversion zwischen ihnen ist keine Veränderung der Religion so sehr als eine Veränderung der Assoziation innerhalb derselben Religion. Daher findet hier auch nichts statt, was als Bruch thematisiert werden sollte: Die Glaubensinhalte ändern sich zwar, jedoch nicht die Kernelemente dieses Glaubens. Die Glaubensinhalte der verschiedenen Denomination gravitieren um einen gemeinsamen Kern, der zum Wechsel

---

[193]   Frank Newport. „The Religious Switcher in the United States." In: American Sociological Review 44. 1979: 528-552.

nicht aufgegeben werden muß, nur die Ausdrucksformen dieser Elemente ändern sich. Warner meinte, das „neue Paradigma" zeichne sich durch eine große Varietät aus und zitiert die „widely cited observation that eleven o'clock on Sunday morning is the most segregated hour of American life", um diese Trennung und Varietät, diese riesige Pluralisierung zu dokumentieren. Was er dabei geflissentlich übersieht, ist, daß es *alles um 11 Uhr sonntags morgens stattfindet.* Es ist nicht für 20% freitags, für 10% montags, für 20% Sonntag und für 20% Samstag. Es findet für über 80% der US-Bevölkerung eben zur selben Zeit statt; weil es in ihren Grundfesten *dieselbe Religion* ist.

Konversion zwischen Weltreligionen

Die Migration von einem protestantischen Verein zu einem anderen ist vielleicht also gar keine Wahl der Religion. Es bleiben die Konversionen weg vom oder hin zum christlichen Glauben, einerseits die zwischen den großen Weltreligionen, andererseits die Konversion zu den mittlerweile so genannten „Neuen religiösen Formen", vulgo: Sekten.

Hier finden wir einerseits die Konversionen hin zum Islam, die Monika Wohlrab-Sahr als die „unwahrscheinliche Option"[194] bezeichnet hat; gesamtgesellschaftlich kommt sie eher selten vor und wenn sie vorkommt, dann handelt es sich in den meisten Fällen um das, was ich oben die Konversion der Indifferenten genannt habe, nämlich die Konversion aus familiären Gründen, zur Angleichung der Konfessionen von Mann und Frau in einer Ehe oder Kindern und Eltern in einer Familie. Zwei Drittel aller Konversionen von Frauen zum Islam in Deutschland und ein Drittel aller Konversionen von Männern fallen laut Wohlrab-Sahr in diese Kategorie.[195] Eine solche Konversion muß und kann nicht auf der Basis von credenda erklärt werden, es handelt sich nicht um religiöse, sondern „rein instrumentelle Anpassungsvorgänge an die Religion des Ehepartners",[196] ein „bloßer Neuerwerb eines Mitgliedsstatus".[197]

Interessant ist also der Rest, diejenigen, deren Konversionen nicht durch familiale Anpassung motiviert sind. Hier erkennt Wohlrab-Sahr ein „gegenkulturelles Profil" sowohl in den USA als auch in Deutschland. Eine solche Konversion bietet dem Konvertiten einen „maximalen Kontrast zum gewohnten Kontext" und hat dadurch

---

[194]   Wohlrab-Sahr [1999].
[195]   Wohlrab-Sahr [1999]: 25.
[196]   Wohlrab-Sahr [1999]: 25.
[197]   Wohlrab-Sahr [1999]: 62f.

eine „latent oder offen kämpferische Dimension".[198] Ist das dann noch ein credendum? So absurd ist das nicht. In den USA ist dies, ohne große Überraschung vielleicht, gepaart mit einem „genuinen Ausdruck amerikanischer Kultur", wenn oft schwarz-nationalistische Afroamerikaner einem politischen, da gegenkulturellen Islam beitreten, um sich religiös von der Mehrheitskultur abzugrenzen. Währenddessen bleibt weiterhin der Charakter der Religion als Intregrationsmotor der amerikanischen Gesellschaft gewahrt, „mit typischen Ausdrucksformen der amerikanischen Kultur verwoben", so im *Million Man March*, der neben der Organisation der Nation of Islam uramerikanische Werte wie Demokratie von unten, Familienwerte und Leistungswille betont.[199] So ist der Islam eine Möglichkeit, „sich *in* der Gesellschaft *von* der Gesellschaft zu distanzieren",[200] also ein gegenkulturelles Profil zu gewinnen, ohne sich von seinen Welterklärungserzählungen allzu weit entfernen zu müssen; eine geniale Lösung. Er bleibt alleine bereits im amerikanischen Widerstandsgeist ein credendum.

Der Islam wird von diesen Gruppen als credendum dadurch markiert, daß er im kollektiven Gedächtnis als „eigenes" konstruiert wird. Das geschieht durch die Konstruktion der Afrikanischstämmigkeit des Islam, die den Charakter eines „kollektiven Mythos" hat[201] und den „euroamerikanischen Christen" als „afrikanisches Erbe entgegengesetzt werden kann".[202] Diese Konversion, wenn sie denn erfolgt, transportiert so „die Spannung von Zugehörigkeit und Abgrenzung", und das auch in Deutschland, wenn auch hier ohne die ethnisch-nationalistische Komponente, die ihn in den USA so erfolgreich gemacht hat. Damit, so schreibt Wohlrab-Sahr, hat diese Konversion in den USA „einen kollektiven Charakter".[203]

Die Konversion zum Islam ist für alle anderen jedoch die unwahrscheinliche Option, das heißt, stellt einen Wechsel dar, der mit den credenda des Durchschnittschristen eben nicht übereinstimmt (daher ja gerade der Abgrenzungscharakter), eben gerade weil der Islam in der westlichen Welt als „anderes" konstruiert ist, nicht erst seit 2001. Die fehlende Markierung des Islam als credendum in der Mehrheitsgesellschaft, das heißt bei jenen, die keine Afrikanität damit assoziieren (oder sich damit nicht assoziieren) macht diese Konversion für sie unwahrscheinlich.

Sie ist jedoch nicht unmöglich und wenn sie geschieht, muß auch sie erklärt werden. Eine Konversion zum Islam stellt nicht nur eine Abkehr von einem gesellschaftlichen

---

[198]   Wohlrab-Sahr [1999]: 360.
[199]   Wohlrab-Sahr [1999]: 44.
[200]   Wohlrab-Sahr [1999]: 372. Hervorhebung im Original.
[201]   Wohlrab-Sahr [1999]: 34.
[202]   Wohlrab-Sahr [1999]: 35.
[203]   Wohlrab-Sahr [1999]: 27, 377.

credendum dar, sondern einen Akt der Provokation. Er ist deviant, devianter als fast alle anderen Konversionen. Gerade als solcher Akt der individuellen Devianz mag hier auf eine Interpretation als Wahl schnell zurückgegriffen werden; jedoch zeigt Wohlrab-Sahr, daß es sich auch hier um ein kollektives Phänomen handelt, da innerhalb eines gewissen subkulturellen Milieus der Islam als credendum geformt wird, nämlich durch seine Assoziation mit Afrika und seine Identifikation mit dem Kampf der Afroamerikaner gegen die weiße, sprich: eurochristliche Mehrheitsgesellschaft der USA. Damit wird der Islam etwas, was in dieser besonderen gesellschaftlichen Situation, in diesem besonderen Zusammenhang, für eine besondere Gruppe glaubhaft wird, denn er resoniert mit den Welterklärungserzählungen, die gewisse Teile der afroamerikanischen Minderheit zur weißen Mehrheitsgesellschaft aufgebaut haben. Nur in diesem Kontext wird eine solche Konversion verständlich. Auch im deutschen Kontext, schreibt Wohlrab-Sahr, kann ähnliches diagnostiziert werden, hier jedoch nicht in bezug auf eine so konstruierte ethnische Gruppe, sondern in bezug auf Menschen, die sich nicht als Teil der Gesellschaft fühlen, sie jedoch auch nicht verlassen wollen; auch hier konkurriert Zugehörigkeit mit Ausschluß.

Die Konversion zu neuen religiösen Formen, die sich in den 80er Jahren gehäuft haben, in denen im Westen die Bewegung der New-Age-Spiritualität ausgebreitet hatte und oft in Verbindung mit buddhistischen Elementen in Großstädten aufgetaucht, ist dagegen ein Trend, der im frühen 21. Jahrhundert wieder rückläufig ist. Es handelte sich also möglicherweise um eine Modephase, allerdings um eine, die ebenso mit den credenda des 16. Jahrhunderts nicht möglich gewesen wäre. Die moderne Religionssoziologie will das auf Individualisierung und Wahl schieben, aber es mag mehr mit den Spätausläufern der wiederentdeckten Romantik zu tun haben. Daß die New-Age-Bewegung in den 70ern und 80ern auftaucht, hat sicherlich viele soziologische Gründe, deren Erörterung nicht das Ziel dieser Arbeit sein kann. Es war in jedem Fall kein gesamtgesellschaftliches credendum – das zeigt die immer noch vergleichsweise geringe Zahl der Konvertiten zu diesen neuen religiösen Formen. Jedoch weist diese zeitliche Häufung darauf hin, daß sich hier eine bestimmte Verbindung von Welterklärungserzählungen zu vermengt hat, daß diese Bewegungen jedenfalls glaubhafter waren als zuvor oder danach. In den westlichen Ländern – und von denen reden wir hier – mag das an den Ausläufern der 68er und ihrer gegenkulturellen Strömungen liegen, die sich auf das Meditative und Friedliche im Buddhismus, gepaart mit dessen neoromantischen Naturverständnis (oder zumindest einer Projektion des Westens dieser Neoromantik auf den Buddhismus) stützte. Jörns identifiziert im Buddhismus die Natur als dominantes Wirkungsfeld der transzendenten Mächte"[204] und Susanne Heine schreibt hierzu, der „Buddhismus des Westens" sei „fluchtutopisch motiviert".[205] In einer gewissen Situation, in der die Flucht vor Autorität und Disziplin Teil der zumindest subkulturellen credenda war, kommt eine Generation hervor, die, sobald sie erwachsen ist, ihre Flucht aus der Gesellschaft in der Jugend symbolisch und abgeschwächt durch eine Flucht in die New-Age-Spiritualität wiederholt, auf die sie ihre romantischen Naturphantasien genauso projizieren kann wie ihren meditativen Pazifismus. In dieser Situation wird diese Option zum credendum; in einem gesellschaftlichen Klima des Pazifismus ist ein als radikal friedlich markierter Buddhismus (eine Markierung, die übrigens hinterfragt werden kann: auch Buddhisten haben im Namen ihrer Religion Gewaltakte verübt) ein credendum, es paßt zur gegenwärtig aktuellen Mode-Welterklärungserzählung. Ein ebenso fernöstlicher Hinduismus kann diese Rolle nicht erfüllen, denn das Kastensystem des Hinduismus verhindert eine effektive Einfügung dieser Religion in die westliche Welterklärungs-erzählung, die die Gleichheit aller als zentrale Kategorie der Ordnung der Gesellschaft voraussetzt.

Das ist natürlich eine sehr kursorische Darstellung und eine ausführliche Analyse der credenda, die zur Annahme einer Religion führen können, ist ein Thema, das an anderer Stelle erfolgen kann; eine detaillierte Analyse soll hier nicht das beherr-schende Thema sein. Es wäre eine faszinierende Arbeit. Was hier zu zeigen ist, ist lediglich, daß die Ausbreitung von Religionen in engem Zusammenhang steht mit dem, was vorher als normal, selbstverständlich und damit glaubhaft in der Welterklä-rungserzählung verbreitet war, welche unbewußten Setzungen die Annahme eines solchen, nun bewußt artikulierten Glaubens möglich oder vielleicht sogar wahr-scheinlich gemacht haben, so daß die Figur der Wahl nicht etwa Erklärung für die religiöse Landschaft der Gegenwart darstellt, sondern selbst lediglich eine dieser Setzungen ist, die aus den spezifischen Welterklärungserzählungen der Gegenwart heraus nun diese Interpretation möglich macht und als selbstverständlich markiert.

In all diesen Beispielen finden wir eine gesellschaftliche Idee, die bereits verankert ist, zum Zeitpunkt als diese putativ „neue" Religion sich zu verbreiten aufmacht. Sie verbreitet sich jedoch nicht auf die gesamte Bevölkerung, sondern nur auf einen Teil. Wieder stellt sich dann die Frage: Handelt es sich hier nicht um eine Pluralisierung, die eine neue Möglichkeit, die mit dem credendum kompatibel ist, sich ausbreitet, dann aber individueller Wahl unterworfen ist, sie sogar erzwingt? Die Betrachtung

---

[204] K.-P. Jörns. Die neuen Gesichter Gottes. München 1997: 73.
[205] Susanne Heine. „Religion und Natur". In: Klaus Dethloff et. al. (Hrsg.) Religion, Moderne, Postmoderne. Berlin 2002: 185.

paßt in das Bild, das uns mit Beck und Giddens von der Moderne gezeichnet wird; doch auch dieses Bild trägt seine eigene Refutation bereits in sich. Eine Gesellschaft, die zur Wahl zwingt, hat ja bereits ein allgemein verbreitetes Relevanzelement, das des individuellen Entscheiders, das gesellschaftlich als selbstverständlich verbreitet ist, ein Individuum, das Wählen kann, soll und muß – so durchdringend, daß wir den Charakter dieser Idee als Diskurselement gar nicht mehr wahrnehmen, also eine unbewußte Setzung, eine Welterklärungserzählung. Wie dem auch sei: Dennoch basiert die Alternierung zwischen den credenda weiterhin hauptsächlich auf sozialen Erzählungen, nicht auf individueller, solipsistischer Wahl.

Pick and choose

Nach einer solchen Betrachtung bleibt nur noch ein Problem, nämlich daß Glaubenssysteme, die denn nun credenda darstellen und als intern markiert werden, oft nicht mehr als Ganzes angenommen, sondern in Teilen angenommen und in Teilen verworfen werden und daß es in der modernen Situation akzeptabel scheint, Religion nicht mehr im kompletten Paket zu affirmieren. Das könnte als Argument angeführt werden, daß hier doch eine Rahmung mit Hilfe eines starken Elementes der Wahl brauchbarer wäre, das ein „pick and choose" – Verhalten scheinbar besser und plausibler aufschlüsseln kann. Gerade diese Beobachtung war es ja, die, zusammen mit der Erfahrung der amerikanischen Situation, die moderne Religionssoziologie auf den Plan gerufen hat und zur Ausformulierung der Idee der privaten Religion führte. Das ist Luckmanns Warenlager, aus dem sich jeder in Teilen bedient und andere Teile liegenläßt. Gerade hier jedoch kann man skeptisch werden. Wenn es sich jedoch nicht um eine private Religion handelt, woher dann das patchwork-Verhalten nicht nur einzelner, sondern der Mehrzahl der Gläubigen? Auch diese Frage läßt sich mit der Idee der credenda, so denke ich, befriedigend beantworten und rahmen.

Wie kommt es also, daß unter den *credenda* nicht ein komplettes System als intern übernommen wird, sondern lediglich Teile daraus, andere Teile jedoch nicht? Muß man anhand dieser Tatsache nicht ein reflexives Individuum annehmen, das sich rational und durchdacht die Teile aus dem Angebot zusammensucht, die zu seinen Bedürfnissen passen, sich als katholisch markiert, aber daraus die Inhalte affirmiert, die es möchte und die es ignoriert, die es nicht möchte?

Eine solche Sichtweise beinhaltet zwei Probleme. Einerseits stellt es die bereits von Oevermann bemängelten Bedürfnisse in den Vordergrund, die ich ebenso wie alle andere Wahrnehmung als interpretiert und damit abhängig von Welterklärungserzählungen darstellen wollte. Bereits hier ist die Frage nach diesen Welterklärungserzählungen vonnöten. Ein zweites Problem ist die Versteifung auf den individuellen Wähler, die ich ebenso als bereits aus einer Welterklärungserzählung stammend bearbeitet habe. Eine soziologische Erklärung, wie es zu einer solchen Zusammensetzung kommt, muß an den Erzählungen und Gemeinschaften ansetzen, die zu einer solchen Zusammenstellung führen.

Einerseits führt die Überlappung mehrere Welterklärungserzählungen dazu, daß nicht ein geschlossenes System als selbstverständlich im Ganzen übernommen oder abgelehnt werden muß. Das, so habe ich jedoch gezeigt, ist nicht so neu, wie so gerne dargestellt wird; diese Überlappung gab es immer, und sie führte unter anderem dazu, daß Paulus vom Judentum zwar den messianischen Glauben und die Propheten behielt, die Schöpfungsgeschichte und die zehn Gebote, nicht aber die koscheren Essensgesetze, die Beschneidung, die Exklusivität des auserwählten Volkes. Es führt dazu, daß die Römer in ihr Christentum Tartaros einbringen und die Germanen den Weihnachtsbaum.

Im Mittelalter entstehen Mönchsorden, die im Katholizismus eine Askese verankern, die bis dato so nicht praktiziert wurde. Die Überlappung ist nichts Neues; Pluralität ist nichts Neues; Dieses-ja-aber-jenes-nicht ist nichts Neues. Dann kann sie jedoch auch keine Folge einer neuen Situation „Pluralisierung" oder „Globalisierung" sein. Wenn Jugendliche heute auf dem Gelände des Weltjugendtages erst zur Katechese gehen und dann auf dem Rasen Kondome zurücklassen, ist das im Grunde alles nichts Neues. Jedoch stehen wir heute in einer Situation, in der die Aufregung über eine solche Zusammenstellung möglicherweise etwas geringer ist, als sie das im Mittelalter war. Ob sie geringer ist als in der Antike mag dahingestellt sein; mein erster Gedanke wäre ein klares nein, die Diskussion darüber fällt jedoch jenseits der hier versuchten Darstellung. Zusammensetzung ist zunächst nichts, was zwingend mit unserer modernen Welt verknüpft werden muß; folglich kann es dann auch nicht die Folge einer spezifisch modernen technischen oder philosophischen Entwicklung darstellen.

Was also hier vorgefallen ist, ist vielleicht vielmehr, daß erstens die Praxis, einem Glauben zu folgen, ohne all seine Lehren bis ins Detail zu unterstützen und zu befolgen, in unserer Gesellschaft ebenso, *im Ganzen*, zum *credendum* geworden ist und zweitens – und wesentlicher – auch eine *bestimmte Kombination* von Inhalten neue credenda geworden sind. Unsere modernen Selbstverständlichkeiten sehen hier kein Problem mehr, und nicht nur das. Die Zulässigkeit der Kombination mag als credendum gesehen werden, dann ist diese Selektion möglicherweise gar nicht aber so individuell, wie sie dargestellt wird. Die Wahl ist eine typisch moderne Thematisierung, aber bereits diese *spezifischen Kombinationen* sind oft für sich im Paket bereits ein gegenwärtiges Gesamt-credendum. Das ist der Kern der Erklärung. Es handelt sich bei der als so individuell angesehenen Zusammensetzung *selbst* um eine Zusammenstellung, die möglicherweise geschlossener ist als das in der Diskussion beachtet wird. Es existiert eine gesellschaftlich akzeptierte, mit in der Gesellschaft vorherrschenden Wertvorstellungen kompatible Form der Religiosität, die zu Kombinationen führt, die *als Ganze* bereits credenda zu finden sind. Anstelle einer freien Kombination von Inhalten handelt es sich viel eher um eine Zugehörigkeit zu spezifisch modernen Interpretationsgemeinschaften, die fertige Kombinationen anbieten und diese mit Selbstbildern verknüpfen.

Fragt man Katholiken nach dem, was aus dem Kanon sie Glauben und befolgen und was nicht, wird sich ein einheitlicheres Bild ergeben, als eine Ideologie der individuellen Wahl das vorhersagen würde. Man glaubt, ganz allgemein, daß die Verwendung von Kondomen kein Problem darstellt und ist Katholik. Gerade in der Sexualmoral finden wir hier recht geschlossene Überzeugungen vor, die in die Erklärungen und Ansichten gläubiger Menschen einfließen; es ist keine Wahl, es ist die Ersetzung einer geschlossenen Idee durch eine andere. Das widerspricht der Lehre der Kirche, aber es paßt zur allgemeinen Erzählung, die unsere westliche Gesellschaft zur Sexualität entwickelt hat und stellt insofern keine individuelle Wahl dar, sondern ein Einfließen einer Interpretation aus einem überlappenden Interpretationsmuster (das wiederum seine Quellen in die ihr vorhergehenden zurückverfolgen kann) in das „katholische". Man folgt darin einem verbreiteten credendum der westlichen Welt. Man glaubt, daß vorehelicher Geschlechtsverkehr normal und gesund, in einem psychischen Sinne, ist und man ist *auch*, überlappend, guter Katholik. Das ist eben eine verbreitete Kombination und heute völlig normal.

Es handelt sich in all diesen Elementen nicht um etwas, was zwingend mit Hilfe des Paradigmas Wahl erklärt werden muß, im Sinne, daß es nur so erklärt werden *kann*. Es kann durchaus auch mit Hilfe gemeinschaftlicher Rahmungen erklärt werden, nicht als eine individuelle Wahl, sondern als ein recht einheitliches Muster, das ebenso gesellschaftlich verbreitet ist, wie das geschlossene System es im Mittelalter putativ immer gewesen sein soll (obwohl auch hier mittlerweile berechtigte Zweifel angebracht sind.) Was wir hier vorfinden, läßt im *master narrative* der Gegenwart sicherlich als Wahl thematisieren, auch das folgt eben auch einen verbreiteten credendum. Es läßt sich jedoch genauso aus der Überlappung gesellschaftlich verbreiteter Wert- und Sinnvorstellung erklären, die zusammen mit dem Katholizismus eine Kombination ergeben, die sich bei vielen, wenn nicht den meisten Gläubigen letztlich in ähnlicher Form findet.

So kann eine diskursive Definition der Religion, die sich nicht mehr auf die Wahl als zentrale Thematisierung der Religion in der Gegenwart versteift, das religionssoziologische Feld sinnvoll greifen: mikrosoziologisch bietet die Interaktion von Welterklärungserzählungen, Typologien und Religion und die daraus erwachsenden credenda einen Ansatzpunkt, Konversionen zu erklären; makrosoziologisch kann sie großflächige Verschiebungen in religiösen Erzählungen sinnvoll erklären; sie kann die Modernisierung und die Säkularisierung greifen, sie kann die Entzauberung der Welt sinnvoll ordnen. Außerdem kann sie die bestehende Stärke des Paradigmas Wahl selbst als Welterklärungserzählung thematisieren und somit erklären, warum die Erzählung Individualisierung einerseits den Rückgang der Religion in den 70ern und 80ern als auch ihre Rückkehr in den 90ern und 2000ern erklären mußte: weil sie die bestehende Setzung war, durch deren Linse man die Welt wahrgenommen hat. Ist sie objektiv wahrer als die Erzählung der Wahl? Diese Frage ist leer. Sie ist nützlicher.

5. Die öffentliche Religion

Die Diskussion über die Ursprünge der Religion des Einzelnen – Wahl, Struktur-
ausfüllung oder eben credenda, wie ich vorgeschlagen habe, ist nur eine Seite der
Debatte über private und öffentliche Religion. Eine weitere, damit aber verbundene ist
die politische Seite, in der es nicht um die *Gründe* der Religion des einzelnen
Menschen geht, sondern darum, welche *Rolle* die Religion im Staat und im öffentlichen Diskurs spielen kann und darf. Viele Betrachtungen werfen diese beiden
Aspekte zusammen und sehen den einen lediglich als Kehrseite des anderen; andere
sehen auf den ersten Blick zwei scharf distinguierte Debatten. Beide Sichtweisen sind
randständig: es handelt sich um verwobene Themen, aber nicht um ein- und dasselbe
Thema. Es sind einige gemeinsame Grundannahmen, die einerseits zum Paradigma der
Wahl und andererseits zum Paradigma der religiösen Sphäre als getrennt von der
politischen Sphäre führen. Beide ruhen auf der liberalen Trennung von Privatsphäre
und Öffentlichkeit, beide ruhen auf einem bestimmten innerlichen und orthodoxen
(d.h. auf einem an Orthodoxie als Konzept orientiertem) Religionsbegriff, der seinerseits auch der gesamten liberalen Moderne zugrunde liegt. Aus der Trennung dieser
Sphären entstammt die Verortung der Religion in der Privatsphäre auf beiden Seiten.
Eine Infragestellung des Ortes der Religion in der Privatsphäre berührt dann
notwendigerweise auch das Prinzip der Trennung von Religiösem und Politischen, das
vor allem im amerikanischen Diskurs Grundprinzip ist. Die Infragestellung dieser
Trennung löst in modernen Gesellschaften, vor allem in den USA, Angst hervor.
Wenn allerdings Religion in ihrem Ursprung nicht privat ist, hat das auch Auswirkun-
gen auf die Thematisierung ihres Einflusses: Eine Religion, die in der Frage ihres
Zustandekommens eine gesellschaftliche ist, kann gar nicht anders, als in der öffentlichen Sphäre präsent zu sein – dorthin zu drängen wäre bereits das falsche Wort,
wenn sie bereits originär dort herkäme. Das kann die Debatte über die öffentliche
Religion möglicherweise entschärfen.

Liberale Ängste

Jede Bearbeitung, die die Religion aus dem Bereich der Privatsphäre zu lösen versucht, wird Angst auslösen. Die Debatte über die öffentliche Religion ist gerade in der
amerikanischen politischen Philosophie beherrscht von der Idee der Trennung von

Religion und Staat, einem im amerikanischen Kontext zentralen Glaubenssatz der liberalen Ordnung, geprägt von der Angst vor einer tyrannisch werdenden, die Religionsfreiheit gefährdenden Staatskirche. Es ist so eine Menschenrechtsfrage; nicht umsonst heißt es gerade in der amerikanischen Diskussion, die Religionsfreiheit sei die Mutter aller Menschenrechte.

Dieser Unterschied, diese Trennung baut auf dem Hintergrund einer möglicherweise spezifisch amerikanischen Erfahrung auf. Es ist die Flucht aus einem Europa, in dem eine Kirche oder Religionsgemeinschaft als staatlich sanktionierte Institution die Ausübung eines darunter entstanden Minderheitsdiskurses unmöglich gemacht hat, was aus der Institution Kirche das *Andere* gemacht hat. Es ist die Flucht aus einem England, in dem die staatlich getragene reformierte Kirche sich als nicht so reformiert herausstellte, wie die von der Reformation Überzeugten dies gerne gesehen hätten: die anglikanische Kirche suchte den Ausgleich zwischen alter und neuer Ordnung, reformierte „nur halb", wie Puritaner bemängelten und trug so unter dem Erzbischof von Canterbury William Lauds „beauty of holiness"-Rückkehr zur als katholisch gesehenen rituellen Ordnung zur englischen Revolution bei. Dieses Andere stand gegen die eigene Religion, die im England der Pilgerväter, bevor sie Pilgerer wurden, eben nicht institutionalisiert war. Hieraus erwächst die Markierung der staatlich getragenen Kirche als ein Anderes; diese soll nicht zurückkommen. Über das amerikanische demokratische Experiment schwappt dieses Diskurselement in die allgemeine Thematisierung der liberalen Demokratie und begründet bis heute die eben erwähnte Angst.

Auf der politischen Ebene spielt hier eben diese Angst eine große Rolle: die Angst vor Unterdrückung des eigenen religiösen Hintergrunds oder aber die Angst vor Unterdrückung anderer, minderheitlicher Hintergründe durch eine tyrannisch gewordene Staatsreligion. Diese Angst ist in einem Brief George Washingtons an eine Jüdische Gemeinde in Newport, Rhode Island als Garantie ausgedrückt: diese von der Religion getrennte Regierung „gives to bigotry no sanction, to persecution no assistance".[206] Die liberale Angst ist also klar die Angst vor der Dominanz einer Religion, die diese Dominanz zur Unterdrückung einer anderen verwendet; die Angst ist die Angst vor der einheitlichen Staatskirche. Um diese Institution zu verhindern, die innere Überzeugungen reglementieren möchte, muß der Religion jeder Einfluß auf den Staat genommen werden, in der zweiten Variante der Trennung gar jeder Einfluß auf die politische Diskussion. So wird die privatisierte Religion politisch als Errungenschaft

---

[206] Zitiert in: Jon Meacham. „The Ultimate American Holiday." In: Newsweek Online. 22. November 2006. http://www.msnbc.msn.com/id/15854677/site/newsweek/.

thematisiert, die die religiöse Freiheit des Einzelnen gegen die einheitliche Kirche schützt, die den Drang verfolgt, ihre Universalität gegen Widerstand durchzusetzen. Richard Rorty, sicher kein Freund der institutionalisierten, politisch aktiven Religion, meint dazu, „wer sagt, Religion solle privatisiert werden, meint damit jedoch, daß religiöse Menschen das Recht haben müssen, zu bestimmten Zwecken aus diesem Spiel [des ‚Gründe geben, Gründe verlangen' des Philosophen Robert Brandom, also die Forderung, daß alle Behauptungen kognitiven Gehalt haben müssen] auszuscheiden. Es steht ihnen zu, ihre Behauptungen abzukoppeln vom Netzwerk der sozial akzeptablen Inferenzen, die Rechtfertigungen für das Aufstellen derartiger Behauptungen liefern und praktische Konsequenzen daraus ziehen, daß sie aufgestellt wurden."[207] „Abzukoppeln vom Netzwerk der sozial akzeptablen Inferenzen": Rorty erkennt hier bereits, ohne diese Erkenntnis wirklich zur Frucht zu tragen, daß es sich hier um einen Konflikt von Setzungen handelt. Man sollte denken, die gemeinschaftliche Religion wäre angesichts einer solchen privatisierten Religion zu begrüßen, doch das sieht Rorty natürlich nicht so. Die gemeinschaftliche Religion ist die öffentliche Religion, jedoch ist das für Rorty eindeutig noch die schlimmere Variante, denn die gemeinschaftliche Religion zeichnet sich allein dadurch aus, daß diese „unbegründbaren Behauptungen" dann noch *zusätzlich* in die öffentliche Sphäre getragen werden, wo sie politisch zum Tragen gebracht werden sollen. Dringt eine solche Religiosität in die öffentliche Sphäre ein, ist der politische, also singulär *rationale* Diskurs gefährdet. So wird die allgemeine Rationalität als Dach imaginiert, unter dem sich die religiösen Inhalte tummeln, den sie jedoch nicht in Frage stellen dürfen.

Das ist die ängstliche Version der privatisierten Religion: Einzelne nehmen sich Recht, Unbegründbares zu behaupten und sprechen anderen das Recht ab, sie mit Hilfe von Gründen (gemeint sind: „echte" Gründe gegenüber „falschen" Gründen – also immanent markierte gegenüber transzendent markierten Gründen) davon abzubringen. Die Unterscheidung – begründete und unbegründete Behauptungen – läßt sich in das hier erarbeitete Schema einpassen als Unterscheidung zwischen immanent markierten und transzendent markierten Setzungen. Wer *Begründetes* behauptet, begründet es auf Basis einer der im Alltagsdiskurs als natürlich und innerweltlich markierten Glaubensüberzeugungen – wer *Unbegründetes* behauptet, der begründet auf der Basis von im Alltagsdiskurs als transzendent markierten Glaubensüberzeugungen. Die Unterscheidung ist also keine zwischen begründet und unbegründet, sondern eine, die auf die

---

[207]   Richard Rorty. Dankesrede zur Verleihung des Meister-Eckart-Preises. Identity Foundation. 3. Dezember 2001. Online bei: http://www.identityfoundation.de/fileadmin/templates_idenity foundation/downloads/presse/Eckhart-Preis-Pressemappe.pdf

Basis und die Markierung der Begründung abstellt. Ein Unterschied ist das dennoch. Das hatte ich eben bereits festgestellt: eine transzendent markierte Diskussion hat die Möglichkeit, sich mit Hilfe eines „das glaube ich aber!" aus der Begründung zurückzuziehen. Die immanent markierte ist jedoch genauso gesetzt und hat diese selbe Möglichkeit, sie gestaltet sie jedoch rhetorisch anders aus. Auch eine bewußt transzendente Begründung ist selbstverständlich eine Begründung.

Privatisierung bedeutet für Rorty, die Religion (oder die Welt?) von der Forderung nach Universalität zu entlasten. Die Universalität der Rationalität, der „begründeten Behauptungen", bleibt die erlaubte, aber die transzendent markierte Universalität, die „unbegründete", ist die unerlaubte. „Wenn man jedoch die Idee aufgibt, daß die Suche nach Wahrheit oder die Suche nach Gott allen menschlichen Organismen fest einmontiert sei, und wenn man statt dessen die Möglichkeit offen läßt, daß beide auf kulturelle Prägung zurückgehen, dann wird eine solche Privatisierung ganz natürlich und richtig erscheinen." Gerade *wenn* sie jedoch auf kulturellen Prägungen beruhen, ist eine Privatisierung gerade unmöglich!

Daß die Wissenschaft den institutionellen Machtkampf mit der Religion im 19. Jahrhundert gewann, ist für Rorty demnach für beide das Beste, denn „Wahrheit und Wissen sind eine Sache der sozialen Kooperation". Die Religion dagegen ist für Rorty dies nicht: „Wenn man aber etwas anderes als Wahrheit will, dann ist eine Religion, die vom epistemischen Schauplatz abgezogen wurde [...] womöglich genau das Richtige für die eigene Einsamkeit." In einer Mischung zwischen der amerikanischen Angst vor Kirche und der liberal-amerikanischen Angst vor evangelikalen Radikalen ist Religion keine Sache der Kooperation, sondern eine der antagonisierenden Verhinderung von Kooperation.

Man muß dazusagen, daß zwischen diesen beiden amerikanischen Ängsten, einerseits der Angst vor Kirche und andererseits der absolut nicht unbegründeten Angst des Amerikaners Rorty vor der christlichen Rechten, es gar nicht so sehr um eine Theorie der Religion an sich geht, sondern um eine Auseinandersetzung um die politische Rolle einer religiösen Landschaft, die gerade in den Vereinigten Staaten einige ihrer sonderbareren Vertreter hervorbringt. Mit diesen oft recht furchteinflößenden Version des religiösen Diskurses konfrontiert, wählt Rorty die Option Exklusion: Vor die Wahl gestellt veranlaßt dies Rorty dazu, die private Option zu bevorzugen, sozusagen das kleinere von zwei Übeln. Gerade in dieser Privatisierung mag jedoch die Ursache der Sonderbarkeiten mancher Diskussionsteilnehmer liegen; darauf werde ich gleich zurückkommen.

Diese Angst vor der öffentlichen Religion kann jedoch nicht verstanden werden ohne die liberale Idee der Trennung des Menschen in eine Innensphäre des autonomen Einzelnen gegenüber einer Außensphäre von Gesellschaft, Interaktion und Kommunikation. Diese Trennung führt dann in der Frage der Trennung zwischen religiöser und politischer Sphäre zu einer Angst vor der Invasion des Inneren der einsamen, individuellen Religion durch das Äußere, die Institution Kirche. Die gesamte Diskussion über die Rolle der Religion in Öffentlichkeit und Privatsphäre basiert bereits auf der Trennung der Sphären des Öffentlichen und des Privaten. Diese Trennung selbst hat religiöse Grundlagen; so ist die Zuweisung einer dieser Sphären an die Religion unmöglich ohne ein Konzept, das selbst aus religiösen Quellen stammt und ist in einem Religionsbegriff verwurzelt, der selbst in religiösen Quellen verwurzelt ist: die innere Person mit innerem Glauben.

Innerer Glaube, äußere Handlung

Die Trennung von Öffentlichkeit und Privatsphäre ist die Trennung von außen und innen und der Verweis der Religion auf die Privatsphäre ist die Definition der wahren Religion als *innerliche* Religion. Die liberalen Denkkategorien, schreibt José Casanova, haben die Beschränkung der Religion auf den persönlichen, privaten Bereich ideologisch verordnet, eine Verordnung, „die die gesamte Struktur des modernen westlichen Denkens durchzieht".[208]

Diese Beschränkung, diese Trennung besteht jedoch, wie ich meinen möchte, aus drei Teilen. Die erste Option ist der Verweis der Religion aus der politischen Ordnung als verfassungsrechtliche Trennung von Kirche und Staat, die zweite die Trennung von rationaler und religiöser Argumentation im Bereich des politischen Diskurses und die dritte, soziologische Option der Verweis der Ursache und des Sitzes der Religion in die Privatsphäre des Individuums. Der Verweis der Ursache der Religion in die Privatsphäre mit Hilfe des Begriffs der Wahl ist, wie ich anfangs gesagt hatte, dann nur eine Möglichkeit, die Trennung zwischen Öffentlichkeit und Privatsphäre in der Religion zu thematisieren. Es ist als *soziologische* Variante die neueste der drei genannten Varianten der Trennung und entsteht auf dem Rücken der politischen Varinten: Während die Religionssoziologie die Frage beantwortet, wo Religion herkommt, beantwortet die politische Variante dieser Trennung die Frage, *wohin sie darf.*

---

[208] José Casanova. „Chancen und Gefahren öffentlicher Religion". In: Otto Kallscheuer. Das Europa der Religionen. Frankfurt 1996: 187.

Es handelt sich in dieser Trennung zwischen Öffentlichkeit und Privatsphäre um eine Unterscheidung, die aus dem liberalen Diskurs stammt, in dem Religion vom öffentlichen Bereich getrennt werden soll. Einerseits ist es eine Befreiung der Religion von der Intervention des Staates, so daß Religion sich frei und unbehindert entwickeln kann, umgekehrt allerdings ist es ein Schutz der Öffentlichkeit vor der Religion und ihren illiberalen Grundannahmen.

Zentrale Figur dieser Trennung ist John Locke, der in seinem *Letter on Toleration*[209] die Grenze zwischen beiden austarieren möchte, um einerseits der Religion den Frieden ihrer Ausübung zu lassen, andererseits ihr den (politischen) Einfluß auf Andersgläubige zu nehmen. Die Öffentlichkeit ist hier das politische Gemeinwesen, also der Staat: dieser darf Verhalten reglementieren, solange dies nicht mit Blick auf eine bestimmte Religion und der Absicht ihrer Diskriminierung geschieht. Ist ein Verhalten jedoch generell verboten, so ist es auch für jede religiöse Gemeinschaft verboen; ein allgemeines Verbot, z.B. Menschen zu opfern, darf nicht mit Rekurs auf eine innere religiöse Überzeugung umgangen werden. Da innere Überzeugungen nie überrüft werden können und in alle möglichen Richtungen gehen, hieße das ansonsten Anarchie. Das ist ein Thema, das heute noch aktuell ist: wenn in der us-amerikanischen Religionslandschaft Gruppen illegale Substanzen als Teil ihres Rituals verwenden oder deutsche Muslime nach muslimischem Ritus schächten wollen, kommt eben dieser Konflikt auf. Auch wenn moderne liberale Demokratien abgestufte Verfahren entwickelt haben, diesem Problem zu begegnen, bleibt die Lockesche Grundidee bestehen. In der Anwendbarkeit weltlicher Gesetze auf religiöse Gruppen, auch wenn diese einen Glauben behaupten, in dem dieses verbotene Verhalten Teil des Ritus ist, liegt selbstverständlich eine Begrenzung der Religionsfreiheit. Das, so Locke, macht aber nichts, denn es ist *lediglich eine Begrenzung der äußeren Handlung*, die jedoch ist für Religion bekanntermaßen ohnehin peripher, sie ist, in Lockes Worten, „but a circumstance", nur Indiz. Das eigentlich Bedeutende ist die innere Überzeugung, der innere Glaube, die reine Seele. Diese jedoch kann von der Gesetzgebung, die Verhalten reguliert, nicht berührt werden; wahre Religion ist also frei.

In diesem Kniff behauptet Locke eine Religionsfreiheit, die letztlich die Freiheit des Christentums, gar *ausschließlich* die Freiheit des Christentums ist. Sie garantiert die Freiheit einer innerlichen Religion, die nicht lediglich ihren Schwerpunkt in einer orthodoxen Idee von Religion hat, sondern die Religion fast ausschließlich zum inneren Glauben hin zusammenfallen läßt. Es ist die innerliche Religion, die erst im Christentum aufkommt. Der heidnisch-römische Ritus kümmerte sich nicht um innere

---

[209]   John Locke. A Letter on Toleration. London 1689.

Überzeugungen, solange die äußeren Handlungen richtig erbracht waren; ob der Opfernde an die Götter, denen er Opfer bringt, glaubt, ist unwesentlich. Hauptsache, die Götter bekommen ihre Opfer. Im Christentum funktioniert das nicht mehr: das ist die ganze Basis der Schwierigkeiten, den Christen im römischen Reich mit den Autoritäten hatten, in den Zeitfenstern, in denen diese Probleme aufkamen. Der heidnische Kult konnte nicht verstehen, warum diese Monotheisten nicht ein wenig Weihrauch auf dem Altar für den Genius des Kaisers verbrennen wollten, nicht einmal, wenn der Statthalter ihnen den Weihrauch schenkte! Der innere Mensch ist frei, der äußere ist nur Indiz. Lockes Religionsfreiheit fördert diese Selbstverständlichkeit zu Tage. Locke befreit eine christianisierende Religionsidee – und darüber hinaus eine protestantisch tendierende, denn in der Reformation wird die Kraft der Werke zugunsten des reinen inneren Glaubens, Luthers *sola fide*, entwertet. Das bemerkt auch Stanley Fish: „Locke urges toleration within a set of background conditions – the assumption of Christianity's truth and of a version of Christianity that makes almost no doctrinal [d.h. hier wohl: praktische] demands – and that therefore this form of toleration takes in his argument is subordinate to, and a function of, these conditions."[210] Diese Trennung zwischen privat und öffentlich, zwischen innerlich und äußerlich ist die Trennung zwischen innerem Glauben und äußerer Praxis. Locke ist nicht einmal in der Lage, Religion nicht im Begriffen des inneren Glaubens zu denken; die meisten Menschen heute sind es ebenso nicht.

Auf der Basis dieses Religionsverständnisses steht die aufklärerische Trennung; auf der Basis dieser Trennung steht die soziologische Thematisierung der privaten Religion. Auf der Basis dieser Ordnung, die in der ersten und zweiten Variante der Trennung von Privatsphäre und Öffentlichkeit heiß umkämpfte politische Frage ist, entsteht die Theoretisierung der Religion als Privatangelegenheit zur Erklärung ihrer Ursache und ihres Sitzes erst. Sie ist notwendiges Korrelat der ersten beiden. So und nur so thematisiert die gegenwärtige Religionssoziologie die Religion als *privatisiert*. Es ist die logische Folge der Verweisung der Religion ins Innere des Einzelnen. Sie folgt einem reformatorisch-christlichen Religionsbegriff.

Die politische Religion

In der Folge einer Kritik an der Privatsphäre als *Quelle* der Religion kann dann auch eine Kritik der politischen Beschränkungen folgen. Eine Religion, die privatisiert ist,

---

[210] Vgl. Fish [1999]: 176.

kann politisch als Sache des einzelnen *dargestellt* und auf dieser Basis aus der öffentlichen, gesellschaftlichen Sphäre ferngehalten werden. Das ist die amerikanische Lösung: Glaub was du willst, aber belästige mich nicht damit. Damit berührt die Diskussion zumindest möglicherweise einen zentralen Glaubenssatz westlicher Demokratien, der Trennung von Kirche und Staat oder, wie ich oben korrigiert hatte, die Trennung von Religion und Staat.

José Casanova versucht über eine detaillierte Trennung der Begriffe von Öffentlichkeit und Privatsphäre in der Säkularisierungsanalyse einen zivilgesellschaftlichen Raum für die Religion in der Öffentlichkeit abzustecken. Der Fehler der bisherigen Trennungs-analysen liegt darin, so Casanova, „Staat, Öffentlichkeit und Politik in einen Topf zu werfen und miteinander zu verwechseln".[211] Was der Liberalismus wirklich meine, so Casanova, sei eine *entpolitisierte* Religion, deren Institutionen – die Staatskirche im Bereich des Staates und die religiöse Moralisierung im Bereich der Politik – in Libe-ralen diese reflexartige Angstreaktion hervorrufe. Dem liegt das Bild der Aufklärung zugrunde, nachdem die Religion etwas Vormodernes, Überkommenes, *Fremdes* dar-stellt. Wenn man jedoch Staat und *politische* Gesellschaft von der *Zivil*gesellschaft trenne, so Casanova, ergäbe das eine weite Spielwiese für die Religion in der Zivilge-sellschaft, während die politischen Gruppen, Staat und politische Gemeinschaft, weiter unbehelligt ihren Angelegenheiten nachgehen könnten.

Man wird das Gefühl nicht los, daß in der Thematisierung dieser Trennung der Religion hier ein Spielplatz geöffnet werden soll, damit die Erwachsenen am großen Tisch über die wichtigen Dinge des Lebens reden können. Die Religion, die übrig bleibt, in einer liberalen Gesellschaft, in der „die Zivilgesellschaft zum öffentlichen Ort der Kirche geworden"[212] ist, ist eine Religion, die „keine Durkheimsche *conscience collective* mehr und damit mit dem Liberalismus vereinbar ist", schreibt Casanova.[213] Das heißt dann also, daß man Religion einen öffentlichen Anspruch zusichert, solange nur dieser dritte Spielkasten der zivilgesellschaftlichen Betätigung begangen wird. Übrig bleibt weiter der Liberale, der Angst davor hat, religiöse Argu-mentationslinien und religiöse Moral an der „wahren" öffentlichen Diskussion teilneh-men zu lassen.

In Rekurs auf die Trennung zwischen immanent markierten und nichtimmanent mar-kierten Setzungen kann diese Diskussion auf eine andere Art und Weise geführt werden. Was ich bisher besprochen hatte, ist die Art und Weise, wie der einzelne in der Gesellschaft zu seiner Religion kommt – oder vielmehr, was die Religionssozio-

---

[211]   Casanova [1996]: 189.
[212]   Casanova [1996]: 194.
[213]   Casanova [1996]: 191.

logie zu dieser Frage in der Moderne als Antworten bereithält. Das ist der Kern der Analyse, und doch hat die Diskussion über eine private oder gemeinschaftliche Religion noch diese andere und ältere Ebene, die politische.

Wenn von der Privatisierung von Religion die Rede ist, dann ist außerhalb der Religionssoziologie in der Regel eben diese Frage nach dem *Einfluß* der Religion jenseits der Privatsphäre gemeint; in vielem ist das auch die praktischere Frage. Sowohl die Reaktion der Gesellschaft als auch die Reaktion der Religionsgemeinschaften selbst auf das Paradigma der Wahl und der privatisierten Religion läuft oft auf dieser anderen, praktischeren Ebene der Rolle der Religion in der Öffentlichkeit. So soll der Religion in der Folge der Aufklärung und der damit einhergehenden Säkularisierung eine öffentliche Rolle, das heißt eine Rolle auf dem Spielfeld der reinen und von Dogmen unbelasteten Vernunft, keine Rolle zukommen. Wie oben jedoch bereits erarbeitet worden ist, ist eine Wahrnehmung, Interaktion und damit auch Argumentation ohne Setzungen, ohne Dogmen überhaupt nicht denkbar. Der Unterschied besteht lediglich darin, ob wir diese Setzungen, die als Grundlage der Wahrnehmung und des Denkens regelmäßig metaphysisch sind, als transzendent oder als immanent *markieren*. Im ersten Fall habe ich von Religion gesprochen, im zweiten von einer Welterklärungserzählung. Dann wird also die Frage nicht mehr sein: Erlauben wir von Setzungen gestützte Argumentation in der öffentlichen Sphäre? – es ist gänzlich unmöglich, das nicht zu tun – sondern: Erlauben wir *bewußte*, das heißt als solche *markierte* von Setzungen gestützte Argumentation in der öffentliche Sphäre, also auch innerhalb des Staates und der politischen Kommunikation und Diskussion? Erlauben wir es dem Staat, auch in der religiösen Diskussion mitzuwirken und der Religion, in der öffentlichen Diskussion dasselbe zu tun?

Das ist zunächst in unserem Land beantwortet: Ja, wir erlauben es und wir erlauben auch eine Vermengung der Akteure. In den USA ist es eben recht ambivalent geregelt: Während die politische Diskussion viel religiöser durchzogen ist, als das in Deutschland der Fall ist, ist die staatliche Vermischung mit diesen religiösen Akteuren klar verboten. So ist die Trennung der ersten Variante scharf, die Trennung der zweiten Variante nicht vollzogen, aber hochumstritten. Gerade darin mag ein Grund liegen, warum die Religionsgemeinschaften in den Vereinigten Staaten so viel radikaler und antagonistischer auftreten als hierzulande: ausgeschlossene Teilnehmer diskutieren nur mit sich selbst. Wenn Religion niemals Privatsache sein kann, sondern auch bereits in ihrem Ursprung immer eine diskursive Veranstaltung der Kommunikation auf der Basis von Setzungen darstellt, stellt sich nicht die Frage: Erlauben wir die Argumentation mit Hilfe von Setzungen in der Öffentlichkeit? – das zu verbieten wäre unmöglich – sondern: Wie sind diese sich öffentlich artikulierenden Setzungen markiert und wie gehen wir mit unliebsamen Markierungen um? Die Frage, will ich dann behaupten, besteht nicht darin, ob rein immanente Argumentationen die Diskussion unter sich aufteilen sollen oder man transzendente zuläßt, sondern nur darin, ob man transzendent markierte Setzungen gegenüber immanent markierten Setzungen ausschließt. Das ist zunächst eine starke Behauptung: sie geht davon aus, daß rein Immanentes ohne Bezug zu Setzungen überhaupt nicht in der Lage ist, artikuliert zu werden, da ohne die Setzung eines Prinzips die Argumentation nicht beginnen kann.

Kommunikation, Verstehen, Interpretieren benötigt Grundlagen. Der Literaturtheoretiker Stanley Fish schreibt, „the modern liberal-enlightenment picture of cognitive activity [is a picture] in which the mind is conceived of as a calculating and assessing machine that is open to all thoughts and closed to none."[214] Der Geist ist jedoch nicht „open to all thoughts and closed to none", schreibt Fish, er ist als Produkt einer langen historisch-diskursiven Formung darauf geeicht, einige Gedanken als glaubhaft und andere als absurd zu markieren, einiges glauben zu können und anderes nicht. Was geglaubt werden soll, muß vorher glaubhaft sein. Dann aber gibt es in der Diskussion keinen unvoreingenommenen Teilnehmer, es gibt keinen aufgeschlossenen Diskutanten. Fish vertritt hier, mit John Milton, wie er aufzeigt, die Sichtweise der nötigen Grundierung in einer Setzung: „Milton's view is exactly the reverse: In the absence of a fixed commitment – of a first premise that cannot be the object of thought because it is the enabling *condition* of thought – cognitive activity cannot get started. One's consciousness must be grounded in an originary act of faith – a stipulation of basic value – from which determinations of right and wrong, relevant and irrelevant, real and unreal, will then follow."[215] Anstelle davon, dies jedoch als „original act of faith" zu interpretieren – was ja bereits in die Idee der Wahl zumindest hinüberläuft – kann man diese Setzung eben auch unbewußt mittragen, als immanent markierte Selbstverständlichkeit, die nicht immanent ist. Das ist auch der Normalfall. Daß diese Setzung absolut unbewußt mitgetragen wird, beweist Fish derweil, indem er am Ende die Argumente derer, die eine Rückkehr der Religion in die öffentliche Debatte fordern, auf liberal-aufklärerische *Setzungen* zurückführt. Fish zeigt uns, wie auch diejenigen, die eine Rückkehr des religiösen Arguments befürworten, diese letztlich als Angriff auf Toleranz und Freiheit fürchten, als Angriff also auf die liberalen Prinzipien, die die Religion außen vor lassen wollten. „It is simply too late in the day to go back; as a member of one of Carter's audiences put it, 'We already had the

---

[214]   Fish [1996].
[215]   Fish [1996].

146

Enlightenment' and religion lost. The loss is not simply a matter of historical fact: It is inscribed in the very consciousness of those who live in its wake. That is why we see the spectacle of men like McConnell, Carter, and Marsden, who set out to restore the priority of the good over the right but find the protocols of the right – of liberal proceduralism – written in the fleshly tables of their hearts." Das ist eine sehr gute Darstellung des Gedankens der Welterklärungserzählung: Diese Inschrift ist gerade bei denen, die bewußt eine solche Religiosität kommunizieren, definitiv eine unbewußte. Ohne eine gesetzte Idee können wir überhaupt nicht erst anfangen, zu kommunizieren; wir stünden auf verschiedenen Wolken. Wenn nun der Gegenwartsdiskurs der Vereinigten Staaten – und dort ist dies ein wesentlich größeres Thema als in Europa, aus gutem Grund – eine Mauer bauen will zwischen dem Immanenten und dem Transzendenten, zwischen Rationalität und Glaube, dann ist es letztlich tatsächlich eine Mauer zwischen der unbewußten Transzendenz oder Setzung und der bewußten, nicht zwischen Immanenz und Transzendenz. „The belief whose prior assumption determines what will be heard as reasonable is not itself subject to the test of reasonableness. Reason's chain does not ratify it, but proceeds from it."[216] Was also in einem öffentlichen Diskurs, der frei von Religion gehalten werden soll, ausgeschlossen ist, ist nicht die Setzung; es ist die Setzung, die sich bewußt ist, eine Setzung zu sein, die Setzung, die ihren Charakter als Setzung offen mit sich trägt, die Setzung, die als solche markiert ist, gegenüber der Setzung, die als immanent markiert und vernatürlicht wurde. Auf nichtimmanente Setzungen verzichten können wir nicht; wir können sie lediglich als immanent markieren und so verstecken. Die transzendent markierte Setzung hat natürlich den Vorteil, sich mit dem Argument: *das glaube ich einfach* aus der Diskussion zurückzuziehen, eine Strategie, die eine immanent markiertes Setzung nicht explizit verfolgen kann.

Öffentlicher Diskurs basiert, so Fish, immer auf dem, was er *rationalities*,[217] im Plural, nennt, das, was ich hier immanent markierte Setzungen oder Welterklärungserzählungen genannt habe: transzendente Ideen, die jedoch – und das Wort *rationalities* fängt das sehr gut ein – unbewußt transzendente Ideen sind, die in der Alltagskommunikation der Beteiligten als immanent, natürlich, einfach in der Welt vorhanden gedacht werde – wie meine mehrfach verwendeten Beispiele Freiheit, Schuld, Verantwortung, freier Wille zu zeigen versuchten, die als a priori Wahrheiten der Welt angesehen werden, während sie jedoch aus Welterklärungserzählungen stammen, die sie als Setzun-

---

[216]   Fish [1996].
[217]   Fish [1996].

gen so weit verbreitet haben, daß wir mit ihnen Leben können als wären sie ein Backstein in unserem Wohnhaus.

Jedes Verstehen ist Werten; jedes Werten beruht auf Werten, auf grundlegenden Ideen von richtig und falsch, von gut und schlecht. Diese Werte liegen nicht immanent in der Welt, auch wenn sie oft als solches gedacht werden. Freiheit, Friede, Gleichheit, Schuld, Verantwortung sind keine greifbaren Eigenschaften von Materie, sie sind wertende Wahrnehmung. Dann sind also auch sie gesetzte Grundlagen. Es handelt sich dann um nur scheinbar neutrale Prinzipien, mit denen nur argumentiert werden kann, wenn sie geteilt werden. Das gerade ist jedoch der Vorwurf, der an Religionen herangetragen wird: Sie argumentieren lediglich auf Basis von Dogmen, die selbst nicht hinterfragt werden dürfen. Die Setzungen derer, die sich als immanent argumentierende Diskursteilnehmer ansehen, sagen wir, orthodoxe Marxisten, werden jedoch als hinterfragbar markiert, die religiösen Setzungen werden als nicht hinterfragbar markiert.

Wenn Verstehen etwas Gemeinschaftliches auf der Basis notwendiger Setzungen darstellt, dann wäre auch die politische Diskussion also zumindest mit anderen Begriffen zu führen. Ein gemeinschaftlicher Begriff der Religion heißt nicht automatisch eine Gesellschaft, die politisch von den Religionsgemeinschaften dominiert wird oder eine diktatorische, tyrannische Zwangsreligion; er hieße lediglich erkennen, daß Diskussion notwendigerweise auf gemeinschaftlich verbreiteten Welterklärungserzählungen beruhen und damit immer eine gesetzte Komponente haben, auch wenn religiöse Organisationen an der Debatte nicht unmittelbar teilnehmen. In vieler Hinsicht wären diese Organisation sogar die offeneren Diskussionsteilnehmer, denn sie wissen und machen auch deutlich, daß es sich in ihren Ideen um transzendente Ideen, um Setzungen handelt.

Wenn Handeln, Interagieren und Kommunizieren im Alltag bereits von Welterklärungserzählungen beeinflußt ist, bevor diese bewußt werden, dann funktioniert das, was Richard Rorty „Gründe geben, Gründe verlangen" nennt, die nötige Begründbarkeit einer Argumentation,[218] nur dann, wenn man sich auf eine gemeinsame Basis dieser Gründe mit seinem Gegenüber einigen kann. Sein Gegenüber zu einer solchen gemeinsamen Basis zwingen zu wollen, ist eine (nicht lediglich unmoralische, sondern am Ende auch unnütze) Variante. Nicht dieselben gemeinsamen Setzungen zu besitzen, ist Alltag; wir nennen das „Meinungsverschiedenheit". Die Diskussion ist nicht die, ob der Glaube im öffentlichen Diskurs eine Rolle spielen sollte; er tut es unvermeidlich. Glaube ist bereits in jedem öffentlichen Diskurs vorhanden, wenn auch

---

[218]   Rorty [2001].

unbewußt in der Form von Welterklärungserzählungen. Gemeinsames Anrufen der Werte Freiheit, Gleichheit, Friede, Schuld, Eigenverantwortung sind Rekurse auf unbeweisbare Setzungen, auf deren Basis wir einen öffentlichen Diskurs aufgebaut haben und die wir liebgewonnen haben. Darüber hinaus eine Religion, die sich so nennt, ausschließen wollen, hieße, demjenigen, der erkannt hat, daß es sich hier um Setzungen handelt, vom Tisch derer auszuschließen, die fröhlich annehmen, sie diskutierten über rein Immanentes. Das tun sie nie. Satt einer Debatte zwischen materiellem, immanenten Wissen und immateriellen, nichtimmanenten Setzungen sollten wir daher vielmehr von einer Debatte der Setzungen reden, die gerade dann keine Ängste hervorrufen muß, wenn sie ein Dialog der Setzungen wird und die Veränderlichkeit auf beiden Seiten nicht etwa fordert, sondern erkennt.

Dialog der Setzungen

Ich habe die Debatte oben als Debatte zwischen bewußten und unbewußten Setzungen charakterisiert, anstelle einer Debatte zwischen Setzungen und immanenter, materieller Rationalität, die wir weder haben noch haben können. Daraus folgt, daß es kein Problem sein sollte, Religion und ihre Vertreter an öffentlichen Diskussionen als solche, in ihrer Rolle als Vertreter der Religion, teilnehmen zu lassen. Auch die von Stanley Fish zitierten Befürworter einer solchen Inklusion der Religion haben letztlich, wie Fish schreibt, jedoch Angst vor ihrem eigenen Vorschlag: „One thing we can conclude is that in the end McConnell, Carter, and Marsden are moved more by what they fear than by what they desire. What they desire is the full enfranchisement of religious conviction. What they fear is the full enfranchisement of religious conviction, for if the religious impulse were unchecked by the imperatives of civility, tolerance, and freedom of inquiry, the result would be the open conflict the Enlightenment was designed to blunt."[219] Einerseits will man die Beteiligung ermöglichen, andererseits hat man Angst von ihr – die Grundannahme, die hinter dieser Angst steckt, mag jedoch überraschen: Der Liberale in dieser Diskussion nimmt gerade ein religiöses Glaubenselement vielleicht zu wörtlich.

Der Gedanke der Teilnahme religiöser Argumente macht unseren Gesellschaften Angst, denn hier wird die Gefahr einer Theokratie, einer religiösen Diktatur von Werten und Normen, einer Einflußnahme von Fundamentalisten, nicht weniger als das Ende der offenen Ordnung befürchtet. Vielleicht ist jedoch die bleibende Angst, wenn

---

[219]   Fish [1996].

nicht gänzlich unberechtigt, dann zumindest überzeichnet; es ist die Angst einer offenen Ordnung vor dem, was sie als geschlossene und statische Ordnung ansieht. Das ist auch und vor allem eine statische Sichtweise der Religion, der die Religion historisch weder entsprochen hat noch entsprechen kann. Mit dieser Erkenntnis kann zur Debatte über die öffentliche Religion ein interessanter Beitrag geliefert werden.

Einerseits beschwört diese Argumentation weiterhin den Gegensatz zwischen Religion einerseits und der rationalen Öffentlichkeit andererseits, als komplett getrennte Sphären, die in Konflikt geraten können, weil sie so verschieden sind, herauf. Das ist soweit offensichtlich, schon besprochen und auch hier nicht weiter interessant. Interessanter ist eine andere Annahme. Während die Religion, die an den Tisch des Liberalismus will, dies oft mit liberalen Argumenten zu erreichen versucht, argumentiert der Liberale, der die Religion vom Tisch fernhalten will, mit einem Argument, das doch sehr innerreligiös erscheint. Was behauptet wird und was diese große Angst hervorruft ist die Annahme, daß die Religion eine zeitlose, sich nicht verändernde Wahrheit darstellt, daß sie eben unangreifbare Setzungen mitbringt, die sich der sich immanent markierende Diskurs nicht anhaftet. Religiöser Argumentation wird oft vorgeworfen, sie verstoße gegen ein Grundprinzip liberaler Debatten: Offenheit. Offene Teilnehmer gehen in die Diskussion mit der Möglichkeit, ihre Sicht zu ändern; religiöse nicht. Der Liberale wird seine Meinung ändern können, die religiöse Argumentation kann dies nicht. Sie bringt Setzungen, so heißt es, die der Veränderung entrückt seien.

Stanley Fish wirft hier dem Liberalismus eine Setzung vor, nämlich die liberale Setzung der Offenheit, die der Religion aufgezwungen werden soll.[220] Hier hat nun auch Fish ein zu enges Bild der Religion. Es handelt sich hier nicht lediglich um eine normative Forderung, es handelt sich simpel und einfach um einen Prozeß, dessen Ausbleiben unmöglich ist: Veränderung. Die Vorstellung, daß diese bei Religion nicht gegeben wäre, ist bei genauerer Betrachtung auch und gerade innerreligiös nicht haltbar.

Auch die Religion verändert sich, die „Wahrheit" der Kirche hat sich historisch verändert, Glaubenssätze kommen hinzu, wie die unbefleckte Empfängnis, die dann selbstverständlich als zeitlose Wahrheit rückprojiziert wurde auf die Zeit, in der sie noch nicht anerkannt war. Währenddessen wurde anderes, was einmal als Wahrheit angesehen wurde, später verworfen. So wurde z.B. der Anspruch, daß Öffentlichkeit und Staat nach katholischen Grundsätzen handeln müßten, der im zweiten Vatikanischen Konzil aufgegeben. Diese „neuen" Wahrheiten werden innerhalb der Religion natürlich als Erkenntnis einer schon vorher existierenden ewigen Wahrheit

---

[220]   Fish [1999].

thematisiert, die auf der Grundlage früherer Wegesteine auf dem Weg zur Wahrheit stehen, aber das ändert nichts an ihrer *Veränderung* in der Zeit, im Dialog, im Diskurs. Lebendige Religionen sind keine in Stein gemeißelten Sortimente metaphysischer Propositionen, wie auch der orthodoxe Marxismus kein Sortiment in Stein gemeißelter Positionen ist. Auch wenn sich Neomarxisten wieder auf ihre heiligen Schriften berufen, um zu zeigen, wie all das ja schon im *Kapital* stand, bringen sie immer wieder neue Positionen hervor, die dann rückprojiziert werden; ihre Positionen verändern sich genauso, wie die Positionen von Religionsgemeinschaften das tun. Nur die Markierung als immanent trennt die Setzungen des Marxismus von denen der Kirche. Die liberale Angst ist eine Angst vor dem Einfluß der unveränderlichen Argumente einer unveränderlichen Religion, die es in einer historischen Welt gar nicht geben kann. Auch die religiösen Überzeugungen verändern sich. Die Frage ist dann lediglich: verändern sie sich gemeinsam mit der Öffentlichkeit, weil Religion ein lebendiger Teil dieser Öfentlichkeit ist oder gegen eine Öffentlichkeit, die sie aus öffentlichen Sphären herausrängt, auch wenn die Ausnahme der sogenannten „zivilgesellschaftlichen" Krabbeliste gemacht wird?

Die Teilnahme der Religionen an der öffentlichen Diskussion ist dann eine Gefahr, wenn man die Religion durch die Linse der aufklärerischen Erzählung als wildes, ungezähmtes, menschenfressendes Biest imaginiert, das nicht anders kann als nie hinterfragte Werte und moralische Regeln zu verallgemeinern und alle, die ihr begegnen, zur Einhaltung dieser Normen zu zwingen. Das ist das Bild, das auch einige christliche Fundamentalisten in den Vereinigten Staaten und islamische Fanatiker im Mittleren Osten füttern. Aus genau dieser Erfahrung heraus ängstigt die Idee einer öffentlichen Religion z.B. Richard Rorty so sehr. Diese Erfahrung ist auch verängstigend, aber gerade im Kontext, in dem Rorty sie sieht, mag sie eine Folge der Exklusion der religiösen Diskussion sein. Es ist nicht das Biest, das hinter Gittern gehalten werden muß, sondern die Gitter, gemischt mit der Verfolgungserfahrung ihrer Vorväter, die aus einigen amerikanischen Versionen des Christentums Biester gemacht haben; sie tragen in gewisser Hinsicht zur Sektierung der Religion bei, wenn wir als Zeichen der Sekte die Weltabgewandtheit ansehen.

Eine öffentliche Religion ist dagegen auch eine in der öffentlichen Diskussion verwurzelte Religion, die dadurch auch durch Impulse der Öffentlichkeit verändert wird, sich in Symphonie mit der Gesellschaft, der sie angehört, verändert. Die Religion wird diskutieren und ihre Glaubenssätze mit der Zeit verändern, das ist in einer historischen Welt einfach unvermeidlich. Die Frage ist nur, ob sie es in Gegnerschaft zum Staat zu tun gezwungen wird; die Einflußnahme zwischen Religion und Öffentlichkeit geht eben in beide Richtungen. Eine Religion in der Öffentlichkeit verändert sich mit der Öffentlichkeit, eine Religion außerhalb der politischen Öffentlichkeit verändert sich außerhalb von ihr, wenn sie an den Rand gedrängt wird.

Interessanterweise handelt es sich in dieser Trennungs- und Gefährdungsdiskussion um eine gänzlich amerikanische Diskussion, die im deutschen Diskurs eingeführt wird, als träfe sie hier auf dieselbe Situation. Deutschland hat eine öffentliche Religion, hat Religionsgemeinschaften öffentlichen Rechts (und davon zu wenige, nicht zu viele, was eine neue ausgeschlossene Gruppe schafft, von denen einige bereits hinter geschlossenen Türen gegen den Staat predigen), hat eine Verwobenheit von Staat und Kirche, hat Vertreter des Glaubens, die sich öffentlich äußern und denen in politischen Fragen Gehör geschenkt wird. Deutschland hat Schulen mit Religionsunterricht und kirchlich verwaltete Erziehung im Großteil aller Angebote der vorschulischen Kinderbetreuung. Gerade das mag einer der Gründe sein, warum Deutschland kaum radikale, fundamentalistische Religionen ausgebildet hat.

Das steht im Gegensatz zur Erfahrung Amerikas, das einen christlichen Fundamentalismus in Selbstdefinition gegen den weltanschaulich oft feindseligen Staat und dessen Bildungs- und Kultursysteme hervorbringt, der so in Europa nicht Fuß fassen konnte. Eine Religion, die aus dem öffentlichen Diskurs gedrängt ist, entwickelt ihr Selbstkonzept und ihre Überzeugungen in Abgeschiedenheit von der gesamtgesellschaftlichen Diskussion und gegen die sie ausschließende Öffentlichkeit; das führt in den USA dann zu Pat Robertson und Jerry Falwell, Hyperpatrioten zwar, aber solche, die diesen Patriotismus verwenden, um den Staat in Gänze erobern zu wollen – und damit die amerikanischen Ängste vor der umfassenden Kirche wiederbeleben. Ein geringeres, aber nicht ganz unähnliches Beispiel ist der Islam in der Türkei, der zwar weiterhin weniger streng bleibt als der in den meisten anderen muslimischen Ländern, sich gegenwärtig jedoch gerade in Taschen in einer Selbstdefinition gegen die politische und intellektuelle Öffentlichkeit der laizistischen Türkei radikalisiert. Eine Religion, die aus der Öffentlichkeit ausgeschlossen wird, verliert den diskursiven Anschluß bis auf die Form des Anschlusses, die aus der Inklusion des Staates als Anderes im eigenen Abgrenzungsspiel hervorgeht.

Diese Einsicht fehlt jedoch in großen Teilen. Eine Studie des Instituts Allensbach in Deutschland kam zu dem Schluß, „40 Prozent stimmen der Aussage zu: ,Um zu verhindern, daß es zu viele radikale, gewaltbereite Moslems in Deutschland gibt, sollte man die Ausübung des islamischen Glaubens in Deutschland stark einschränken.'"[221]

---

[221] Deutsche für weniger Toleranz im Umgang mit dem Islam. Katholischer Nachrichtendienst. 19. Mai 2006. Dieselbe Studie kommt zum Ergebnis, daß 56% der Deutschen den

Da Fragen ja von Umfrageinstituten formuliert werden, ist festzustellen, daß diese Fragestellung und damit das Institut Allensbach nichts weniger als fahrlässig ist. Eine so ausgeschlossene Religionsgemeinschaft, die in der Öffentlichkeit eben nicht mehr gehört wird, bietet einen viel fruchtbareren Boden für Radikalisierung als eine eingebundene Religionsgemeinschaft. In Deutschland, wo die Kirche weiterhin als Akteur in der Politik akzeptiert wird, radikalisiert sich die christliche Religion nicht, denn sie hat keinen Anlaß, sich *gegen* die Öffentlichkeit zu radikalisieren, in die sie eingebunden ist und in der sie gehört wird. Eine Religion dagegen, die in der Öffentlichkeit nicht nur nicht gehört, sondern gar dämonisiert wird, bietet viel mehr Raum für Radikalisierung und Fundamentalismus.

Der Einwand gegen diese Argumentation liegt auf der Hand: Der islamische Fanatismus[222] stammt aus Ländern, in denen die Öffentlichkeit und die Religion kaum zu trennen sind und kaum getrennt wahrgenommen werden. Die Religion in Theokratien wie dem Iran und Saudi-Arabien sind wesentlich radikaler, ein Umstand, der mit Hilfe einer Trennung von Kirche und Staat gelöst werden könnte, so der liberale Tenor zum „Problem der muslimischen Welt". Das erscheint mir außerordentlich fraglich. Die Ursache für den radikalen, staatstragenden (oder staatsverwendenden) extremistischen Islam mag eben nicht in dessen mangelnder Trennung in der Gegenwart liegen, sondern tiefer, in seiner Marginalisierung in der *Vergangenheit*, gerade im Iran.

Hier radikalisiert sich eine Religion, aber eben auch eine *Öffentlichkeit* aufgrund von Ursachen, die vielleicht nicht in der Religion selbst und ihrem internen Diskurs liegen (die These, der Islam als Religion sei schuld, ist ein Fall für die Bild-Zeitung, sollte jedoch in seriösen Bearbeitungen nicht auftauchen), sondern möglicherweise internationale Ausschluß- und Feindbildprojektionsgründe haben mögen. Darüber hinaus jedoch handelt es sich in vielen Fällen gerade um eine Gegenreaktion zur versuchten Trennung in der Vergangenheit. Was hier radikal ist, ist eine islamistisch getriebene *Politik*, in der sich eine radikalisierte Religion die Herrschaft über den Staat gesichert hat, nachdem sie zuvor von westlich geprägten Systemen marginalisiert worden war (Iran) oder vom sowjetischem Staatsatheismus als Totales Anderes konstruiert wurde

---

222   Moscheenbau in Deutschland verbieten wollen, wenn in islamischen Ländern der Kirchenbau verboten wird, befürworten also eine Kollektivhaftung deutscher türkischer Muslime für z.B. saudi-arabische, wahhabitische Muslime.

Der amerikanische Journalistenverband empfiehlt, das Wort „Fundamentalist" nur für jene zu verwenden, die sich auch selbst so bezeichnen; Fundamentalismus ist eine Bewegung innerhalb des amerikanischen Protestantismus, die in den 10er Jahren des 20. Jahrhunderts auf die Öffnung der protestantischen Theologie hin zur Moderne reagiert und doktrinale Besinnung auf „fundamentals", Grundlagen des protestantischen Glaubens proskribiert. Die Anwendung auf Muslime ist streng genommen falsch.

(Afghanistan). Aus dieser Exklusion heraus erwuchs eine harte Gegenreaktion. Das sind zwar in der Gegenwart Staatsreligionen, aber eben auch eminent *politische* Glaubenssysteme in Gegnerschaft zu vorhergehenden politischen Glaubensystemen. Eine Religion in der Öffentlichkeit *und im Staat*, wie sie im deutschen System der öffentlich-rechtlichen Religionsgemeinschaften auch verankert ist, ist aber etwas anderes als eine verpflichtende, einheitliche Staatsreligion; in der deutschen Situation haben wir ja bereits mehrere Religionsgemeinschaften, die einen staatlich sanktionierten und verwobenen Status innehaben, nicht *eine* Staatskirche. Es handelt sich um diskursiv und praktisch-politisch eingebundene Religionen, die sich nur schwerlich gegen den Staat abgrenzen können, während der Staat sich nicht gegen sie abgrenzt, zusätzlich ihr Geld eintreibt und von ihnen Verfassungstreue einfordert.

Die amerikanische Angst wäre, hier der Religion einen Fuß in der Tür zu gewähren, einen kleinen Finger, wobei die Hand abgehackt werden könnte. Abgesehen davon, daß die deutsche Erfahrung hier Grund zur Gelassenheit gibt, auszuschließen ist eine solche Gefahr wohl nie. Auszuschließen sind viele Gefahren nie. Auch politische Ideologien können solche radikalisierenden Auswirkungen haben und den Staatsapparat erobern – das haben sie in der Geschichte oft genug getan – und dennoch käme niemand auf den Gedanken, der politischen Diskussion Zugang zur staatlichen Entscheidungsfindung verwehren zu wollen, da sie sich radikalisieren und so zu einer Tyrannei der Ideologie werden könnte. Warum dann das für die Religion tun?

Sowohl bei politischen Ideologien als auch bei religiösen Glaubenssystemen besteht diese Gefahr; sie ist jedoch eben keine spezifische Gefahr der Religion, weshalb nicht schlüssig ist, weshalb gerade die Religion hier benachteiligt werden sollte – vor allem, da sie, im Gegensatz zur politischen Ideologie immer noch einen Nothebel in sich trägt, der der politischen Ideologie fehlt: die bewußte Anknüpfung an Transzendentes mit einer bewußten *Unter*ordnung der handelnden Menschen unter dieses Transzendente. Einer innerweltlichen diktatorischen politischen Ideologie fehlt dieser Notnagel. René Girard plädoyiert gerade aus diesem Grund für Gelassenheit im Umgang mit einem Monotheismus, der immer noch die Unterscheidung „wahr" oder „falsch" verwendet und sich auf Ideen des Guten und Bösen beruft; man müsse unterscheiden zwischen einem Monotheismus mit Feuer und Schwert, dem Monotheismus, vor dem Rorty Angst hat und der oft genug eine Entschuldigung für weltliche, politische Ideologien darstellt und einem Monotheismus, der „entmächtigt", indem er die weltlich Herrschenden einem „himmlischen Vorgesetzten" unterstellt und damit auch die Mächtigsten der Welt zu bändigen in der Lage ist, wenn sie dieser Unterscheidung Raum gewähren.[223] Das exkulpiert nicht religiöse Terrorherrschaften, die selbstverständlich keineswegs besser sind als politisch-ideologische; beide bleiben Gefahren, die wir nie völlig ausschließen können. Das darf nicht die Diskussion beenden, nicht in der Politik und nicht in der Religion.

Wenn die religiösen Gemeinschaften und die Öffentlichkeit nicht als zwei einheitliche, geschlossene und allumfassende Systeme, sondern als überlappend und parallel gedacht werden, kann auch ein tolerantes neben- und übereinander ohne Dominanz einer religiösen Tradition gedacht werden, dann braucht die Toleranz keine Flucht in die Erzählung der Privatheit, um sich vor dem Anderen zu retten. Eine gemeinschaftliche Definition der Religion braucht auch einen Rorty nicht zu ängstigen, im Gegenteil: Was Rorty an der US-Debatte so fürchtet, diese bornierte Radikalität, die von vielen fundamentalistisch-protestantischen Gemeinschaften an den Tag gelegt wird, mag sinnvoller als *Folge* dieser Exklusion gesehen werden als als Rechtfertigung für sie. Eine in der Öffentlichkeit behaltene Religion ist auch eine Religion, die ihrerseits die Öffentlichkeit behalten wird anstatt sich von ihr abgrenzen zu wollen.

Es sollte also seitens jener, die den Einfluß der religiösen Gemeinschaften in der öffentlichen Sphäre verringern wollen, bedacht werden, daß das eben aber auch den Einfluß der Öffentlichkeit auf die Religion verringert, wenn man weiter in einer solchen Dichotomie denken will, die ich ja, wie bereits gesagt, eigentlich für unsinnig halte; sie kann nur durch eine Exklusion entstehen, die nie vollkommen sein, aber von den Teilnehmern wohl durchaus als sehr weitgehend wahrgenommen werden kann, was dann zur eben beschriebenen Definition des einen gegen das andere führen kann.

Dies ist in erster Linie keine Argumentation für mehr gesellschaftliche Partizipation der Kirche (gegen die ich im übrigen allerdings auch nichts Prinzipielles einzuwenden hätte). Es ist lediglich ein Angebot, eine Erzählung auf einer nicht-individuellen, nicht-privaten Basis der Religion auf die Frage der öffentlichen Religion auszudehnen um so einen weiteren Aspekt der Zusammenstellung der Religion in der Gegenwart zu beleuchten. In der Frage der öffentlichen Religion kann so gezeigt werden, daß diese individuelle Erzählung, die den Einzelnen von der Gemeinschaft und die Religion von der Öffentlichkeit trennen will – beides sind parallele Bewegungen – im Bereich der Sinnfindung zur Exklusion, besonders zum Gefühl der Exklusion und der Einsamkeit bei den Exkludierten beiträgt. Das gilt nicht nur für Einzelne, sondern eben auch für Gruppen. Gerade die Exklusion aus der öffentlichen Sphäre mag zur Radikalisierung beitragen.

---

[223]   René Girard. Die verkannte Stimme des Realen. Eine Theorie archaischer und moderner Mythen. München 2005.

Diese Diskussion zeigt uns, daß die Betrachtung der Religion in grundsätzlich privaten oder grundsätzlich gemeinschaftlichen Begriffen natürlich auch eine politische Dimension hat, die jedoch eine politische Diskussion anregt, in der die Privatisierung der Religion in den Begriffen der Befreiung thematisiert wird (bei Rorty exemplarisch). Eine Soziologie, die die Religion aus der öffentlichen Debatte fernhalten will, wird sich nur allzu gerne auf einen Begriff der privatisierten Religion zurückziehen; eine Religion, die in der Öffentlichkeit Gehör finden will, wird diesen Begriff meiden wollen. Umgekehrt wird als Folge einer fehlenden Trennung eine Dominanz der öffentlichen Sphäre durch die Religion befürchtet, wie Ulrich Oevermann sie dem islamischen Extremismus bescheinigt.[224] Nun handelt es sich bei der Tendenz, eine religiöse von einer öffentlichen Sphäre zu trennen, bereits um eine aus dem Puritanischen heraus stammende Tendenz, wie Oevermann bemerkt;[225] bereits diese Trennung der Sphären ist eine protestantische Erzählung, die auf der Basis des Individuums als epistemologischem Zentrum beruht. Gerade hier jedoch ist vielleicht Vorsicht angebracht.

Die protestantische Erzählung über die öffentliche Religion?

Ich habe oben bereits Oevermann zitiert, der meint, daß die Idee der Trennung zwischen Kirche und Staat ebenso aus einer protestantischen, Oevermann meint: puritanischen Erzählung stamme. Sie gehört zu den zentralen Werten westlicher, aufgeklärter Länder, das jedenfalls „weiß" unsere gängige Erzählung. Dies ist auch die Meinung von Talcott Parsons, die er in seinem berühmten Artikel *Christianity* vertritt,[226] als „second type of Protestant orientation [which] has basically differentiated the religious from the political systems, in a sense far more radical than that of the Contantinian Church and its successors. It 'privatized' religious adherence [...] and eventually promoted denominational pluralism and the separation of church and state." Das würde auch schön zu der hier bereits versuchten Verankerung der privatisierten Religion in protestantischen Erzählungen passen. Es paßt auch zur Beurteilung Lockes, die ich vorgenommen hatte: je verinnerlichter die Religion, desto getrennter

---

[224]   Ulrich Oevermann. Partikularistische und universalistische Momente religiöser Systeme. Am Beispiel des Vergleichs polytheistischer und monotheistischer Religionen und der gegensätzlichen Folgen des puritanischen und islamischen Fundamentalismus. Mai 1995. Online bei: http://user.uni-frankfurt.de/~hermeneu/Fundamentalismus-1995.PDF

[225]   Oevermann [1995].

[226]   Talcott Parsons. „Christianity." In: International Encyclopedia of the Social Sciences 1968. Volume 2: 425-447. Hier: 431.

von der (politischen) Welt kann sie sein. Gerade diese Frage ist jedoch vielleicht etwas komplizierter. Ich habe in dieser Arbeit vieles als protestantische Denkstruktur bezeichnet; gerade bei der Frage der Trennung will ich hier jedoch nicht so sicher sein. Auch der Protestantismus war zunächst eine Staatsreligion – und teilweise, in Genf, im England Oliver Cromwells und in den puritanischen Kolonien Neuenglands eine sehr dezidierte; der Katholizismus war gerade in seiner jüngeren Geschichte oft eine Protestreligion gegen einen antikatholischen Staat, vor allem im sozialistischen Polen, und auch das mit Leidenschaft.

Vielleicht ist festzuhalten, daß bereits diese Feststellung, die Oevermann und Parsons machen, problematisch ist und einmal mehr aus der Stärke des amerikanischen Diskurses heraus stammt, in dem die „Mauer der Trennung" zwischen religiösen Gruppen und staatlicher Organisation besonders scharf und undurchlässig beachtet wird. Für Europa sind Frankreich und die Türkei Länder mit ähnlichen laizistischen Staatsprinzipien; jedoch erstreckt sich diese Trennung keineswegs auf alle europäischen Länder. Deutschland besitzt zwar keine Staatskirche, aber Religionsgemeinschaften als Körperschaften öffentlichen Rechts, die mit Hilfe der staatlich eingetriebenen Kirchensteuer (teilweise) finanziert werden und zahlreiche öffentliche Verwaltungsakte ergehen lassen können. Die komplette Trennung ist in Deutschland weder praktische Tatsache, noch wäre es etwas, was der deutsche Sozialstaat allzu leicht verkraften könnte. Großbritannien hat in der anglikanischen Church of England weiterhin eine Staatskirche (auch wenn es sich darum um, wie gerne oft schnippisch festgestellt wird, *the Tory party at prayer* handele). Hier öffnet sich bereits das Problem, daß England, mit einer Staatskirche, ein puritanisch beeinflußtes Land ist, während Frankreich, als katholisch beeinflußtes Land, einem strengen Laizismus folgt. So einfach scheint diese Verbindung nicht zu sein.

Diese Debatte leidet unter einer Ungenauigkeit, die sich durch die gesamte Debatte zieht, aber so nicht stehengelassen werden sollte. Die Trennung von Kirche und Staat ist keine und war nie eine Errungenschaft *gegen* die christliche Religion. Sie steckt bereits in der christlichen Religion, die eben eine Kirche kennt und ein Staatswesen, das *nicht die Kirche* ist: Gib dem Kaiser, was dem Kaiser gebührt und gib Gott, was Gott gebührt. Diese Trennung wird in der augustinischen zwei-Reiche-Lehre verfestigt und systematisiert, trägt sich von hier heraus durch die gesamte Geschichte der westlichen Welt. Die Tatsache, daß Kirche und Staat zwei Dinge sind, ist bereits in der Trennung zwischen Kaiser und Papst ersichtlich, die sich jedoch natürlich weiterhin gegenseitig beeinflußten. Es handelt sich hier um eine Trennung, wie sie die römische Kultreligion nicht kennt und auch der Islam bis heute nicht kennt (was, nebenbei bemerkt, die Forderung nach einer „Trennung von Kirche und Staat" im Islam nicht nur sinnlos, sondern ignorant macht: Der Islam kennt keine Kirche, die er trennen könnte.) Es handelte sich in Kirche und Staat immer um zwei Hierarchien, die sich zwar beeinflussen, jedoch eben nicht dieselbe sind. Was mit einer „neuen Errungenschaft" der Trennung von Kirche und Staat oft wirklich gemeint ist, ist die Trennung von *Religion* und Staat, nämlich die in meiner Aufteilung der Varianten zweite Variante, den Ausschluß religiöser Argumentation auf politischer Ebene und der gegenseitigen Beeinflussung beider, was die Sache so viel komplizierter macht.

Im Protestantismus kommt sie durch die Vermittlung des Augustinerbruders Luther und seiner bekannten Zwei-Reiche-Lehre dann wieder prominent zum Vorschein, wird aber gerade in der typisch protestantischen Form der Landesherren, die auch Oberhaupt der Kirche sind, unterminiert – während Katholiken seit dem Investiturstreit auf Rom zentriert denken und damit höchstens über dem, nie aber als Staat auftreten können. Nach der Reformation, als die protestantischen Fürstentümer entstanden, war gerade hier eine dezidierte Staatsreligion die Folge, auf beiden Seiten. Ersichtlich wird das in der Reform der russisch-orthodoxen Kirche nach dem Vorbild des preußischen Landeskirchentums.

Was mit dem Protestantismus aufkommt, ist also zunächst ein Landeskirchentum, das eher stärker Staat und Kirche vermengt, als daß es sie trennt. Dann jedoch kommt in der amerikanischen Situation des pluralen Nebeneinanders – eine spätere Situation, die frühen Kolonien sind religiös verfaßte Kolonien – eine Pluralität der Hierarchien im kirchlichen Bereich bei gleichzeitiger Entwertung dieser Hierarchien, auf die dieser Staat nun reagieren mußte. Dann liegt der Grund weniger in den protestantischen Denkmustern als eher im neuen Gegenüber des Staates, einer in Splitter zerfallenen Kirche. So handelt es sich vielleicht weniger um eine allgemein protestantische Idee, sondern vielmehr um eine spezifisch amerikanisch-protestantische Idee. In vielem kann die Radikalisierung protestantischer Denkansätze in den USA beobachtet werden, schon allein daher, da die radikaleren Gläubigen aus Europa vertrieben wurden und in der Wildnis Amerikas eine neue Gesellschaft aufbauen wollten – diejenigen, denen ihr ganz spezifischer Glaube so wichtig war, daß sie einen kompletten Neuanfang in bis dato kaum besiedeltem, unsicherem und unbekanntem Territorium in Kauf nahmen, um diesen ausüben zu können. Gerade diese Erfahrung der Verfolgung im Mutterland könnte dann zu einem antistaatlichen Protestantismus geführt haben, während der Protestantismus in Norddeutschland und England weiterhin ein prostaatlicher blieb, ein mit dem Staat verknüpfter.

Aus diesem amerikanischen Diskurs heraus jedoch tritt, daß eine allzu enge Beziehung zwischen Kirche und Staat nicht lediglich als nicht wünschenswert, sondern gar als menschenrechtsverletzend markiert wird, aus der spezifischen Verletzung der freien Religionswahl derer, die vor dieser Verletzung dann geflohen sind. Hier spielt die dritte, soziologische Variante wieder mit. Das bringt die Diskussion schnell in das moralische Territorium, das dann auch bei José Casanova Ausgangspunkt für seine bleibende Theorie der privaten Religion war. Eine rein protestantische Erzählung möchte ich sie derweil nicht nennen.

Die private Religion wird in der Analyse, wie der einzelne zur Religion kommt, wie in der Bestimmung der gerechtfertigten Orte, an denen die Religion „auffindbar" sein darf, zu einer befreienden Erzählung; das ist die protestantische Erzählung, die amerikanische, die antiklerikale Erzählung; die politische Diskussion baut auf dieser Erzählung auf. In klassischer Dichotomie zwischen der Gesellschaft einerseits und dem Individuum andererseits ist eine privatisierte Religion eine Befreiung der Gesellschaft (und anderer Individuen), einerseits vor devianten Rationalitäten, andererseits vor einer tyrannischen Kirche.

Nun war der Punkt dieser Arbeit nicht die öffentliche Religion, weshalb ich diese Abweichung eben als Digression stehen lassen will, um letztlich doch darauf hinzuweisen, daß dieses Thema nicht den Hauptpunkt der Diskussion über die private Religion darstellt. Da es ein wichtiges und verwobenes Thema darstellt, ist die Digression interessant und wichtig, aber nicht das Hauptaugenmerk der Arbeit. Es sollte auf der Basis der vorherigen Diskussion klar geworden sein, daß es um eine solche Zielsetzung nicht primär geht. Gemeinschaftliche Religion heißt, daß Welterklärungserzählungen nur aus der Sozialisation in der Gruppe stammen, daß jede Argumentation, ob politisch oder privat, auf ihnen aufbaut und daß diese Erzählungen mit den religiösen Erzählungen eng verwoben sind. Das ist durch eine imaginäre Trennmauer, sei es ein *veil of ignorance* oder herrschaftsfreier perfekter Diskurs oder andere Fiktionen purer, unangetasteter Rationalität nicht fernzuhalten.

6.   Jenseits der Wahl

Die Erzählung der privaten Religion ist eine Sinnstruktur, mit der die Welt geordnet wird, aber eine Sinnstruktur, die auf einem christlichen, reformatorischen Religionsbegriff ruht. Während die Religionssoziologie in weiten Teilen – Berger, Luckmann, Warner, Iannacombe, Finke, Starke, Casanova, etc. – die Religion immer noch als Wahlangelegenheit betrachtet, wollte ich es also plausibel machen, die Religion als System von transzendent markierten Setzungen zu sehen, die neben, über und unter immanent markierten Setzungen stehen. Sie müssen sogar auf der Basis von anderen Setzungen, die die Wahrnehmung, Interpretation und Weltsicht der Person strukturieren, stehen, um glaubhaft, plausibel zu sein. Das war keine Beweisführung der objektiven Wahrheit des gemeinschaftlichen Rahmens der Religion, sondern vielmehr ein Vorschlag, die Religion nicht mehr in solch individualistischen Rahmungen zu thematisieren, die mir nicht nur verkürzend, sondern auch respektlos erscheinen. Die diskursive Definition bietet einerseits eine Erkenntnis, andererseits einige ganz praktische Nutzen: erstens zeigt sie, daß die Thematisierung der Wahl keine Diagnose ist, sondern selbst eine ordnende Erzählung; zweitens erlaubt sie die bessere Thematisierung sowohl von Konversion als auch vom Übergang religiös motivierter sozialer Handlung in „weltliche" Motivationen.

Die resozialisierte Religion

Während wir also der Ansicht sind, die Welt als solche wahrzunehmen – was für unser Empfinden der Welt als objektive Welt auch notwendig ist – nehmen wir sie auf der Basis unterbewußt verbreiteter Typologien und Welterklärungserzählungen wahr. Während wir auf der bewußten Ebene des Glaubens durchaus zumindest der Ansicht sein mögen, unseren Glauben frei zu wählen, basiert diese Wahl doch auf dem, was in Typologien und Welterklärungserzählungen diskursiv als glaubhaft in der Erzählung markiert ist, auf Augustinus' *credenda*; diese unbewußten Erzählungen sind, in ihrem Charakter als unbewußte Erzählungen, auch nicht gewählt.
Die allergrößte Mehrheit wählt, ganz in Linie mit dieser Erkenntnis, auch keinen neuen Glauben aus heiterem Himmel. Man bleibt in dem einen Glauben, in dem man erzogen wurde, den man möglicherweise irgendwann nicht mehr praktiziert (oder nie praktiziert hat), den man also aus dem Bewußten hinausschiebt; im Unbewußten

jedoch ändern sich die Welterklärungserzählungen und Typologien wenig, deren Inhalte man weiterhin verinnerlicht hält und anwendet, auch wenn man dies nicht bewußt religiös tut.

Selbst für Konvertiten gilt ähnliches: Man konvertiert nur zu bewußten Glaubenssystemen, die auf der Basis bestehender Welterklärungserzählungen, an denen man teilhat, plausibel erscheinen, man konvertiert nur zu *credenda* und auch nach der Konversion steht man lebenslang weiterhin in den Welterklärungserzählungen, in denen man aufgewachsen ist. Odo Marquard schreibt hierzu treffend: „Bei Religionsumtauschung, bei der Kompliziertheit dieses Vorgangs, [wird] so lange Zeit gebraucht, daß wir immer sterben, bevor dieser Umtausch gelingt.“[227] Wir werden unsere Welterklärungserzählungen niemals los. Möglicherweise werden wir auch dadurch unsere Religionen niemals los, da die Welterklärungserzählungen tief in ihnen verankert sind, auch wenn beide nicht identisch sein mögen.

Ich möchte aufgrund dieser Erwägungen die Auswirkungen der Moderne auf die Religion nicht unter dem Gesichtspunkt der Wahlfreiheit der Religion betrachten, aufgrund der Erkenntnis, daß derjenige, der beginnt, zu wählen, bereits in einem Netz von Welterklärungserzählungen sitzt. Das Neue kann jedoch mit der Zeit in religiöse Erzählungen einfließen und diese verändern, das ist dann jedoch ein Sozialisationsprozeß, keine eigene, willensgesteuerte Veränderung.

All dies spricht für eine Abkehr von der Idee der „neuen Entwicklung" oder des radikalen Bruchs, von denen unsere Erzählung über den Weg zur Gegenwart so voll ist – Christentum, Fall des römischen Reiches, Buchdruck, Reformation, Entdeckung Amerikas, der Dreißigjährige Krieg, die französische Revolution, die Aufklärung, die industrielle Revolution, der erste Weltkrieg, der zweite Weltkrieg, Vietnam, 68er, Fall des Ostblocks, Anschläge des 11. September seien nur kursorisch als Beispiele genannt, wie unsere Welt sich in Brüchen imaginiert. Auch die Idee der Wahlreligion ist eine solche Erzählung des Bruchs, erstens in der Individualisierung und der Moderne, dann als Bruch in der persönlichen Biographie des Konvertiten, der durch Wahl Kierkegaards Sprung macht. Gerade dieser bietet ein erhellendes Bild für die Sichtweise, die hier vertreten wird.

Gegen diese ganze Bruchideologie spricht vor allem, daß Konversionen keinesfalls ein neues Phänomen der sogenannten Moderne, der Pluralisierung, der Diversifizierung darstellt. Konversionen gab es schon immer. Nun kann man anführen, daß viele dieser Konversionen – in Afrika, in Südamerika, in Asien – das Produkt eines Zwanges darstellten. Das scheint mir zu kurz; ein Zwang hätte niemals die Auswirkungen, einen

---

[227] Odo Marquard. „Religion und Skepsis". In: Koslowski [1985].

gesamten Kontinent zu langfristigen Gläubigen mit echter Hingabe zu machen, wie das in Afrika, Südamerika und in Asien auf den Philippinen zweifellos der Fall ist (mehr als im gegenwärtigen Europa.) Gerade die Philippinen, so heißt es, sind deshalb heute die einzige Kultur Asiens, die weiterhin streng christlich blieb, weil sie friedlich missioniert wurde – und nicht „mit dem Schwert". Die Idee von Armeen von Missionaren, die mit dem Schwert am Hals die Eingeborenen dazu zwingen zu glauben, ist ebenso weit verbreitet wie absurd.

Brüche sind vielleicht so selten, wie sie häufig postuliert werden. Auch die Erlangung einer Religion in der Gegenwart verhält sich nicht grundsätzlich, qualitativ anders, als das in den letzten dreitausend Jahren der Fall war. Sie wird lediglich aufgrund veränderter Welterklärungserzählungen nun anders thematisiert, eben in dieser Terminologie der Wahl des einzelnen im Supermarkt der Religionen. Diese neue Thematisierung der Religion als individualisiert und privatisiert ist also keine Diagnose, sondern vielmehr ein neuer Baldachin, eine neue Erzählung, mit der nun das empirisch Festgestellte geordnet wird. Sie ist nicht lediglich nicht individuell und idiosynkratisch, sie ist hochoffiziell: die Erzählung der persönlichen Religion der inneren Wahl ist in der Religionssoziologie so weit verbreitet, daß es sich hier um eine umfassende Sinnstruktur handeln könnte.

Das Paradigma Wahl als credendum

Die große Mehrheit der gegenwärtigen Religionssoziologie thematisiert die Situation der Religion in der Moderne als Wahl und erklärt die Religionszugehörigkeit einer Person als Wahl. Dies ist nun möglicherweise nicht mehr als Diagnose einer Realität der Welt erkennbar, sondern selbst als Teil einer Erzählung, die wiederum in unserer Thematisierung der Welt im Ganzen tief verankert ist. Die Religion wird unter den nun neuen umfassenden Baldachin der Eigenverantwortlichkeit gestellt; kurz: Die Thematisierung der Religionszugehörigkeit als Folge von Wahl ist selbst ein credendum, das auf der Basis einer bestimmten, gegenwärtigen Welterklärungserzählung steht, der des autonomen, individuellen, frei wählenden Menschen, die die Sozialwissenschaft auf allen Feldern so fest im Griff hat.

Funktionale Religionstheorien stellen bekanntlich zur Definition der Religion auf die Erfüllung bestimmter Funktionen ab. Die zentrale Funktion ist dabei die der Bewältigung von Kontingenz: Wie erklärt man, daß Dinge, die auch anders hätten ausgehen können, so ausgegangen sind, wie sie nun einmal ausgegangen sind? An welcher

Scheidelinie läuft diese Trennung, was erklärt sie? Die Erklärung des wählenden Individuums bietet nun eben diese Erklärung. Zu unseren modernen Erzählungen gehört nun auch die Idee, alles, was so oder so hätte ausfallen können, als persönliche Wahl zu konstruieren und zu imaginieren, die Lösung des Problems der Kontingenz also in das Individuum zu verlagern. Nun folge ich keiner funktionalen Religionsdefinition, so daß ich diese Kontingenzbewältigung nicht zum Anlaß nehmen werde, die Eigenverantwortung nun zur Religion zu erklären; das wäre zwar polemisch aufmerksamkeitsheischend, aber im eklatanten Widerspruch zur eben angebotenen diskursiven Religionsdefinition. Es ist vielleicht eher eine Welterklärungserzählung.

Wie ist es dann um die Wahl der angeblich privatisierten Religion, den Zwang zur Häresie, wie Peter Berger es nennt, bestellt? Man kann diese Erkenntnis noch um eines weiter treiben: auch die Beantwortung der Frage „Warum" durch die Kontingenzbewältigungsstrategie der Diagnose „Wahl" ist eine historisch-diskursiv erzeugte Welterklärungserzählung. Auch hier finden wir eine Erzählung, die auf religiösen Grundlagen ruht, was ich oben bereits versucht habe, plausibel zu machen und die ihrerseits nun Grundlage für bewußt transzendente Markierungen darstellt, wie ich ebenso oben zu zeigen versucht habe.

Bereits hier findet sich jedoch eine gesellschaftlich so stark verbreite Selbstverständlichkeit, daß wir sie kaum noch als die theoretische Interpretationsleistung anerkennen, die sie darstellt. Die einzelne, individuelle, freie, innerliche Person des Liberalismus und der Aufklärung ist zu unserer Definition des Menschen geworden und das führt zu Erklärungslinien, die von diesem Anfangspunkt des Denkens ausgehen und bei der Wahl ankommen.

Daß nicht nur Glaube, sondern auch dessen Thematisierung in Denkschemata verwurzelt sein könnte, die sozialisiert sind, kommt auch R. Stephen Warner nicht in den Sinn, wenn er als Beleg für seine These der Gültigkeit des neuen Paradigma in der gesamten Geschichte der USA anführt, „80% of Americans agree that the individual should arrive at his or her religious beliefs independent of any church or synagogue.'"[228] Das ist selbstverständlich beileibe kein Beweis dafür, daß dem so *ist*, es ist lediglich der Beweis dafür, daß es normativ so geglaubt wird. Die Statistik beweist keineswegs, daß die Wahl nun die allgemeine Sozialform der religiösen Orientierung ist; sie beweist lediglich, daß die Thematisierung der Wahl, diese Setzung, sich in der Bevölkerung verbreitet hat. Das heißt noch lange nicht, daß sich diese Menschen auch tatsächlich frei entscheiden, überhaupt frei entscheiden *können*. Sie erzählen es lediglich so. Daß Amerikaner diese Meinung vertreten ist wiederum ist eine Fol-

---

[228] Warner [1993]: 1075.

ge der Setzung Individualismus und der Stärke dieser Erzählung. Es ist auch in einem empirischen Sinne einfach nicht der Fall: Man wird auch in den USA familiär in eine Religionsgemeinschaft geboren und verläßt zumindest die größere Gemeinschaft nicht (ein Wechsel innerhalb des Protestantismus ist vielleicht kein echter Wechsel der Religion, wie ich versucht habe, deutlich zu machen.) Man ist jedoch dennoch der Ansicht, daß der einzelne wählen *sollte*. Diese Betonung der Wahl stammt aus einer westlich-liberalen Welterklärungserzählung, die Absage an organisierte Religion aus einer protestantischen, die eben den freien, autonomen Einzelnen auch in Fragen der Religion postuliert.

Die verschiedenen Ebenen der Erzählungen, Typologie, Welterklärungserzählungen und Religion, rahmen die Welt und unsere Wahrnehmung, sie machen unsere Wahrnehmung der Welt erst möglich. Auch der Individualismus ist eine dieser Rahmungen, eine dieser Setzungen. Innerhalb der diskursiven Definition wird es so möglich, ihn als Setzung zu identifizieren, als Welterklärungserzählung. Eine Wahrnehmung der Welt und ein Sich-Zurechtfinden in der Welt ist ohne eine Erzählung gar nicht möglich; auch eine Wahl zwischen verschiedenen Ideen des Sakralen im religiösen Supermarkt würde ein System voraussetzen, anhand dessen wir die Angebote einordnen und vergleichen könnten, ein vorgelagertes System der Bedeutungszuschreibung. Wer in einen Supermarkt Käse kaufen geht, muß wissen, was Käse ist, welche Art von Käse er bevorzugt (was viel mit Käsesozialisation zu tun hat – die Produktentwicklungsabteilungen Babynahrung namhafter Konzerne wissen dies nur zu gut), anhand welcher Merkmale man Käse überhaupt erkennt, anhand welcher Merkmale man Käse für gut befindet und welche Eigenschaften Käse haben muß, damit man ihn mit nach Hause nimmt.[229] Zudem müssen wir ein Konzept des Erwerbens, des Einzelhandels, des Eigentums haben und wissen, wie man sich in einem Supermarkt denn überhaupt verhält. Nichts davon ist natürlich, offensichtlich, zeitlos essentiell; um Käse kaufen zu können, benötigen wir bereits dutzende Interpretationsstrukturen und Sozialisationen, vorausgehende Annahmen und Selbstverständlichkeiten. Darüber hinaus benötigt bereits diese ganze Diskussion darüber, wie ich Käse im Supermarkt wähle, die Interpretation, daß es sich um die Handlung eines freien Menschen handelt, der autonom und selbstbestimmt entscheidet, was er ißt. Das mag uns selbstverständlich erscheinen – hier die Stärke dieser Welterklärungserzählung! – ist aber nach genauerer Überlegung natürlich an etliche in der Sozialisation verankerte Umstände gebunden wie, wie erwähnt, mit dem, was ich lapidar Käsesozialisation genannt habe,

---

[229]   „Verifizieren zu können, daß ich einen Stuhl vor mir habe, setzt voraus, zu wissen, wie ein Stuhl aussieht" Hilary Putnam. Pragmatismus – Eine offene Frage. Frankfurt 1995: 22.

geht aber in der ganzen breiten Frage des freien Willens deutlich darüber hinaus. Natürlich ist jedoch gerade das zuletzt Genannte kein Element, das in einer Diskussion über die Käsekonsumgewohnheiten (wie Marketingexperten sie regelmäßig führen) allzu regelmäßig auftaucht; das bestärkt seinen Charakter als unbewußte Hintergrundannahme, als Setzung. Wenn schon so etwas simples wie der Käsekonsum an einem solch dichten Netz von Annahmen und Selbstverständlichkeiten hängt, dann gilt das für bewußte Überzeugungen der Sinnhaftigkeit der Welt, die in der persönlichen Bewertung als weit bedeutender konstruiert werden als Käse, um so mehr.

Damit ein Wettbewerb der Religionen herrschen kann, brauchen wir ein Bild von Wettbewerb und von einem Konsumenten, wir benötigen eine Erzählung vom autonomen Individuum, das primär vor der Wahrnehmung und Interpretation der Welt steht, das seine „eigene" Weltwahrnehmung „wählen" könne. Diese Dinge sind ebensowenig natürlich wie die Käsepräferenz oder der genaue Ablauf einer Konsumhandlung im Supermarkt; sie erfolgen auf Basis einer gewissen Idee, wie die Welt funktioniert, was die Rolle des Individuums in der Welt ist. Sie ist für sich bereits auf der Basis eines bestimmten, in der Moderne weit verbreiteten credendum erwachsen. Diese Idee ist zudem eine, die durch die Reformation gefiltert in unsere Erzählung einfließt – und damit selbst auf einer religiösen Basis steht, wie Welterklärungserzählungen das in der Regel tun. Hier finden sich dann bereits Selbstverständlichkeiten, lange bevor ein Schauspieler die Scientology-Broschüre auch nur in die Hand nimmt. Nun kann eine solche Überzeugung natürlich aus dem Kulturprotestantismus in die putativ säkularisierte Weltsicht moderner Welterklärungserzählungen gelangt sein und Katholiken, die in diesen Strukturen leben, somit zugänglich gemacht worden sein; dann kann natürlich auch ein Katholik eine solche Überzeugung gewinnen, auch wenn „sein" Glaubenssystem so etwas nicht vorsieht. Kirchenmitgliedschaft ist nicht das Kriterium, an dem wir solche die Religion betreffende Strukturen festmachen sollten; so kann man wohl feststellen, daß viele amerikanische Katholiken sehr viel protestantischer denken als ihre Glaubensbrüder in lateinamerikanischen Ländern, eben weil sie viel engeren Kontakt mit einer sehr viel protestantisch durchzogeneren Kultur hatten. Katholisch ist die Idee der Religion als „Funktion des eigenen Innern", wie sie Gundlach kritisiert hat,[230] nicht und universell ist sie auch nicht (*no pun intended*): Sie ist bereits Folge einer (wohlgemerkt: bastardisierten, denn sie verliert die Gnade) protestantisch beeinflußten, ungewählten, unbewußten und damit auch

---

[230] Gustav Gundlach. Zur Soziologie der katholischen Ideenwelt und des Jesuitenordens. In: Ders. Die Ordnung der menschlichen Gesellschaft. Mönchengladbach 1964: 217.

nicht privaten, sondern gesellschaftlich-diskursiv verbreiteten Welterklärungserzäh-lung. Die Theorie der privatisierten Religion ist es ohnehin.

Berger sieht in seiner sehr existentialistisch-protestantischen Theorie sogar Gemein-schaften als gewählt an, „even communities are chosen".[231] Das Gegenteil ist der Fall, letztlich ist nichts Produkt der reinen Wahl, denn alles, was da als Wahl thematisiert wird, ist nicht lediglich Folge früherer Sozialisation, sondern auch gespickt mit gesetz-ten Vorannahmen.

Der Einzelne hat nicht die Wahl, im religiösen Supermarkt zu bekräftigen, was er denn nun möchte – was am lautesten Werbemusik spielt, am grellsten wirbt oder die besten Optionen für ein Leben nach dem Tod (und den besten, vielleicht einfachsten oder bei Pietisten: schwersten Weg dorthin) bietet. Der Mensch ist kein religiöser Konsument, er ist ein Werte- und Gemeinschaftswesen, ein Wesen, das – und hierdurch hebt er sich vom Tierreich ab – aus einem Netz von in Interpretationsgemeinschaften geformten Welterklärungserzählungen besteht, die durch ihn interpretieren, wahrnehmen, typolo-gisieren und die Welt ordnen. Auch wahrgenommene religiöse Optionen müssen durch diesen Interpretationsfilter passieren und nur, wer am Türsteher ein Armband „intern" erhält und wessen Verkünder ein Armband „intern" erhält, darf in den VIP-Raum. Nur als intern anerkannte Kommunikation hat die Chance, als intern, glaubhaft, richtig, normal, als *credendum* interpretiert zu werden.

Die Wahl ist dann keine Notwendigkeit der modernen Situation in ihrer Materialität, sondern vielmehr die Folge einer gänzlich ungewählten kulturell-diskursiven Forma-tion. Wenn das für die Wahl gilt, dann gilt das auch weiterhin für die angenommenen Glaubenssysteme; der Unterschied besteht lediglich darin, daß unsere Diskurse die Abläufe der Veränderung von Einstellungen, die wir Glaube genannt haben, nun im Rahmen unserer *master narrative* als Produkt einer persönlichen Wahl *interpretiert*, da dieses Narrativ diese Interpretation wahrscheinlich macht, wenn nicht sogar in der Regel erzwingt. Das macht sie nicht zu einer Option, sondern es macht die Erklärung der Wahl zu einem umfassenden und offiziellen Ordnungsmuster. Die Erzählung Individualisierung und die daran hängende Erzählung Wahl sind ein umfassender heiliger Baldachin, kein Warenhaus und kein Sinnkontor, sondern eine einheitliche Sinnstruktur. Interessant als analytische Frage ist daher, zu erfahren, wie diese Ab-läufe, in denen Veränderungen im Glauben auftreten, zustande kommen, bevor wir das Label „Wahl" an das fertige Produkt heften. Das kann man tun; notwendig, als Beschreibung der Realität, die anders nicht beschrieben werden könnte, ist es nicht. Es handelt sich dann um eine Erklärung der sozialwissenschaftlichen Theorien *über* die

---

[231]   Berger [1992]: 90.

Religion *mit Hilfe* der Religion, die dann aber auch zeigt, daß die Betrachtung der Religion wie die keines anderen Phänomens selbstrekursiv sein *muß*.

Anwendungen und Auswirkungen

Eine diskursive Definition der Religion findet viele Anknüpfungspunkte sowohl an die von der Religionssoziologie bearbeiteten Phänomene als auch an die vorgebrachten Definitionen. Sowohl funktionale als auch substantielle können mit ihr erklärt werden, Konversionen, Einflüsse der Religion auf soziales Handeln und auf Selbstverständlichkeitsstrukturen der Welt, all das ist in einer diskursiven Theorie der Religion recht gut greifbar. Auch eine Thematisierung der Religion – gerade der Religion! – als kollektives Phänomen ist nicht lediglich auch in den neueren, neoklassischen Sichtweisen der Religion weiter zu finden, sie knüpft selbstverständlich auch an Klassiker an, nicht nur an Émile Durkheim, sondern auch an Max Weber, dessen von religiösen Ursprüngen beeinflußtes soziales Handeln keine Wahl war. Auch eine Thematisierung in einer Terminologie, die sich nicht auf Wahl und Individualisierung beruft, ist möglich, und das *gerade* zur Erklärung der Thematisierung der Religion in den Begriffen der Individualisierung. Derweil fügt sich die diskursive Definition an die weberianische Definition des mit subjektivem Sinn ausgestalteten religiösen Handelns aber letztlich doch nur bedingt an, denn die Quelle ist eben nicht der subjektive Sinn, sondern der diskursiv verankerte glaubhafte Sinn.

Sogar die von mir abgelehnte Erklärung der Wahl kann, wie ich eben zeigen wollte, auf der Basis der diskursiven Theorie der Religion eingewoben werden. Zur Erklärung dieses Prozesses hatte ich die Begriffe der unbewußten Welterklärungserzählungen eingeführt, die in verwobener Wechselbeziehung zur bewußten Religion stehen: Die Religion deponiert Selbstverständlichkeiten die, wenn sie erfolgreich verbreitet wurden, aus dem Bereich der bewußten Setzungen in die unbewußten abtauchen, wie das gerade bei der Idee der freien, individuellen, autonomen Wahl der Fall war; andererseits haben religiöse Glaubensinhalte nur dann eine Chance, angenommen zu werden, wenn etwas an ihnen mit den Welterklärungserzählungen, die unbewußt gehalten werden, harmonieren. Die Erklärung der Religionszugehörigkeit als Wahl harmonisiert mit den Welterklärungserzählungen der Gegenwart, auch wenn sie selbst – aufgrund des Fehlens eines bewußten transzendenten Bezugs der Setzung – natürlich keine Religion sein kann.

Aus der hier vorgenommenen Betrachtung heraus möchte ich selbstverständlich nicht fragen, welche Betrachtung, welche Erzählung der Zusammensetzung der Religionen nun wahr ist (ich möchte jedoch schon zeigen, wie die Erzählung der privaten Wahl nicht – in einem mimetischen Sinne – *wahr* ist). Ich frage zunächst, welche *möglich* ist, denkbar, glaubhaft. Daraus ergibt sich dann jedoch eine Einwirkung auf das soziale Handeln, wie berühmterweise Max Weber gezeigt hat. Bewußte Religion sedimentiert in unbewußte Welterklärungserzählungen – bei Weber die protestantische Ethik in den Geist des Kapitalismus, der dann in seiner weiteren Entwicklung die Markierung immanent erhalten hat, dessen Setzungen dann nicht mehr als transzendent thematisiert wurden. Diese Setzungen, zeigte Weber, bringen jedoch starke Auswirkungen auf das soziale Handeln der Personen mit sich; dasselbe gilt ebenso für die Erzählung der privaten Wahl, die eine Welterklärungserzählung, eine unbewußte Setzung darstellt, auf deren Basis weiteres Denken steht. Die diskursive Definition kann solche Übergänge wesentlich besser thematisieren als die funktionalen und substantiellen dies konnten.

Ich habe diese Beobachtungen begonnen mit einem Bericht der *New York Times*, der das Paradigma der privaten Religion und persönlichen Wahl aus dem breiten, hellen und vollen Angebot der Religion fröhlich affirmierte. Eine gemeinschaftliche Thematisierung führte zur Darlegung, daß bewußte Setzungen nur dann affirmiert werden, wenn es sich mit im Diskurs als glaubhaft markierten Elementen schmücken kann, es sich also um credenda handelt. Was wiederum als credendum in den Diskursen verankert ist, aus denen diese Setzungen stammen, die ich als unbewußte Setzungen Welterklärungserzählungen genannt habe, ist kulturgeschichtlich und sozialisatorisch geprägt, also gemeinschaftlich. Religion, dieses System bewußter Setzungen, kann so also als eine durch und durch gemeinschaftliche Affäre ohne Probleme betrachtet werden, auch schon daher, da diese Gemeinschaftlichkeit in den bestehenden Religionstheorien immer wieder mitschwingt. Darauf aufbauend kann eine soziologische Betrachtung die religiösen Zugehörigkeiten des Menschen, seine Praktiken der Religionsausübung und die Inhalte seines Glaubens auf Basis von gesellschaftlichen Faktoren erklären, die diskursive Strukturen zur Erhellung solcher Assoziationen heranzieht, bevor sie diese leicht verzweifelt anmutende Erklärung der „persönlichen Wahl" als *deus ex machina* auf die Bühne senkt.

Im Licht der Betrachtungen möchte ich also schlußfolgern, daß wir die Rahmung dieser Vorkommnisse der Durchgängigkeit nicht als ein Phänomen von Jugendlichen, die als individuelle Wähler der privatisierten Religion frönen, thematisieren müssen, daß diese Thematisierungen auch nur sehr selektiv und auf der Basis eines bestimmten amerikanischen Protestantismus halbwegs plausibel zu machen sind. Statt dessen ist ohne großen Aufwand eine Thematisierung von in der Gesellschaft verankerten Menschen möglich und plausibel, deren Welterklärungserzählungen bereits immer die Kirchengemeinden ihrer Freunde und deren Botschaft als credendum eingeordnet hatten, eine Sozialisierung, die daher auf die weitere Schicht der Sozialisierung – die unter Freunden, neben der in der Familie – zurückführbar sein konnte. Kurz: Es paßte, es war im Sinne der Welterklärungserzählungen *intern*. Zudem handelte es sich nicht um eine Konversion, sondern um eine neue Affiliation innerhalb einer weitgehend unveränderten Religion. Wären die Freunde Buddhisten gewesen, wäre ein freundliches „nein, danke" die wahrscheinlichere Reaktion gewesen.

Das zeigt zunächst einmal nur eines: Der Artikel beschreibt eine Situation, die vielleicht nicht am besten geeignet ist, eine Privatisierung der Religion zu *erklären*. Denn, so wurden dessen Unterstützer einwerfen, Konversionen gibt es ja auch außerhalb des Kernbereichs der eigenen Religion. „Mainline Protestant" Christen werden zu evangelikalen Christen, Christen werden zu Buddhisten. Das, habe ich vorgeschlagen, ist jedoch ebenso dann gesellschaftlich zu erklären, wenn dieser Konversionsglaube gesellschaftlich in einer bestimmten historischen Situation als credendum markiert wird, weil er mit einer Zeitgeist-Setzung harmoniert. So kann auch eine Konversion weg von der Religion der kultureigenen Erzählungen erklärt werden: Es sind keine Konversionen weg von kultureigenen Erzählungen, wenn eben diese eigenen Erzählungen das Ziel der Konversion als „Religion im Einklang mit der Natur" markieren in einer Zeit, in der Naturromantik gerade einen Höhenflug erlebt, wie im Fall der Popularität des Buddhismus in den New-Age-80ern.

Eine sinnvolle religionssoziologische Analyse sollte sich anhand dieser Phänomene nicht auf die Pluralisierung der Moderne zurückziehen und „Wahl" schreien. Sie kann im Rahmen einer gemeinschaftlicheren und damit genuin soziologischeren Betrachtung vielmehr aufzeigen, wie die Erzählungen des Buddhismus zum *credendum* für die wurden, die es dann annahmen, auf das dann eine Schicht der Sozialisation aufbauen kann, die den Menschen so einnimmt, daß er diese neue Religion annimmt. Das wären interessante religionssoziologische Studien. Eine noch so erhältliche Religion wird durch ihre Präsenz in der pluralen Situation nicht zum credendum, selbst dann, wenn sie in vielem der eigenen religiösen Tradition gar nicht so unähnlich ist. Das beste Beispiel hierfür sehen wir vielleicht in der Präsenz der Muslime in Deutschland, die ein funktionstüchtiges und recht dichtes Netzwerk religiöser Angebote aufgebaut haben, mit Gemeindezentren, Moscheen, Kulturvereinen und Koranschulen (das ist fast ein böses Wort geworden: Es handelt sich dabei lediglich um die muslimische

Form des Kommunionsunterrichts!). Auch bietet der Islam viele Geschichten, die wir aus der christlichen Erzählung kennen. Das muslimische Qurbanfest im Januar bezieht sich auf das verhinderte Opfer Abrahams, das wir auch in der christlichen Tradition erzählen. Dennoch ist diese Pluralität anscheinend nicht in der Lage, eine nennenswerte Anzahl von Deutschen zum Islam zu bekehren, auch – und vielleicht gerade – die nicht, die auch im Freundeskreis mit gläubigen Muslimen häufiger verkehren (den Autor dieses Werkes eingeschlossen). Der Islam ist in unserer Welterklärungserzählung nicht als credendum markiert, erhält keine Markierungen, die gewisse Zeitgeistphänomene befördern, sondern erfährt eine Etikettierung als ein klares Anderes; der Kontakt mit dem Islam führt dadurch bei vielen sogar zur Reaffirmation des eigenen Glaubens, nicht zur Annahme des Islam. Aus diesem Grund sehen auch nicht wenige christliche Geistliche die Präsenz des Islam in Deutschland viel positiver, als es ihnen nachgesagt wird: Die Präsenz eines nicht als intern markierten Glaubens führt zur Stärkung des als intern markierten.

Erhöhte Pluralisierung mag erkennbar sein, aber die reine Präsenz in der Pluralität führt nicht zu einer wie auch immer gearteten solipsistischen und individuallibertären Wahlfreiheit des reflexiven, von Bindungen befreiten Individuums. Bindungen bleiben bestehen und Reflexivität als eine Funktion der diskursiv verbreiteten *rationalities*, wie Stanley Fish sie nannte, stellt danach eine weiterhin gemeinschaftliche Art der Religionsentscheidung dar, keine Loslösung von ihr.

Theorien sind nicht nur teilnahmslose Darstellung und Ordnungsleistungen gegenüber der Welt, sondern sie haben konkrete, sozusagen: weltliche Folgen. Wenn wir uns nun Gedanken darüber machen, was eine Betrachtung der Religionssoziologie, die die Wahl als Erzählung in den Hintergrund rückt, bringt, so fallen drei verschiedene Vorteile auf. Einerseits ist eine Religionssoziologie, die sich nicht auf die Wahl des Einzelnen als letzte Antwort zurückzieht, eine analytisch reichere Soziologie, denn sie erlaubt es, wieder soziale Prozesse in den Vordergrund zu rücken, die dann analysierbar sind. Sie ist letztendlich soziologischer und erlaubt eine tiefergehende Erforschung des Phänomens, die mit der Erklärung der Wahl schlechterdings abgeschlossen wäre – in Begriffen des Münchhausen-Trilemmas ausgedrückt ist die Wahl ein gesetztes Dogma, das die Diskussion – und Forschung – zu beenden in der Lage ist.

Ein weiterer Vorteil besteht darin, daß eine solche Religionssoziologie die Fragmentierung der Gesellschaft nicht länger begünstigt, wie es die Erzählung Individualisierung durch ihre Reproduktion getan hat. Ein Mensch, der als zur Wahl gezwungen interpretiert wird, *ist* dadurch zur Wahl gezwungen, wenn, wie ich annehmen möchte, die Wirklichkeit erst im Amalgam mit der Erzählung über sie einen Einfluß auf die Menschen und ihre Handlungen haben kann. Rortys Spiel des Gründe geben, Gründe verlangen kann auch in großem Maße erdrückend wirken, und auch weltliches Leid begünstigen und fördern, vor allem, wenn diese Gründe sich auf Theodizeen im engeren Sinne, also um Rechtfertigungen von Leid beziehen. Das Paradigma Wahl wird von allen Seiten als Begründung für Leid akzeptiert, komprimiert in der Aussage *selbst schuld*. Im Paradigma Wahl akzeptieren wir diese Wahl zur Exkulpation desjenigen, der Hilfe verweigert der Leid gewähren läßt, eine Bewegung, die ich an anderer Stelle Responsibilitismus genannt habe. Wenn etwas, was als Leid gesehen werden kann, auf ein früheres Verfehlen zurückgeführt werden kann, fällt uns das Wegsehen leichter. Auch hier findet ein „Gründe geben, Gründe verlangen" auf der Basis des Wahlparadigmas statt und eine abweichende Sicht könnte es als befreiend ansehen, wenn Leid nicht mehr in diese Kategorie fiele, die dann eine Akzeptanz und damit ein Wegsehen ermöglicht – denn dieses Wegsehen ist die dunkle Seite der dogmatischen Rechtfertigung.

Das führt dann als drittem Vorteil dazu, daß sogar der Bearbeitung der Exklusions-problematik auf dieser Basis eine neue Option bereitgestellt wird. Wenn Erzählungen die Filter und Interpretationsmuster darstellen, durch die wir unsere Umwelt wahr-nehmen, mit denen wir damit an die materielle Realität herangehen und sie damit erst wahrnehmbar machen, dann beschränkt sich die Bedeutung von Erzählungen selbst-verständlich nicht auf die theoretische Betrachtung, einer sozialwissenschaftlichen Positionsbestimmung der Religion. Eine Erzählung der privatisierten Religion hat reale, greifbare Auswirkungen. Sie rückt die Selbstwahrnehmung zunehmend hin zu eben diesen Wahlpflichten, den unüberwindlichen individuellen Risikokonstruk-tionen, die die Sozialwissenschaft definiert. Wenn wir uns die Bedeutung dieser Erzählungen in beiden Feldern, sowohl der Wahrnehmung durch die Gesellschaft als auch der damit eng verknüpften Wahrnehmung durch die Sozialwissenschaft, klar machen, wird vielleicht deutlich, daß es sich eben nicht um eine Beschreibung einer objektiven Wahrheit handelt, sondern um eine durch diese Welterklärungserzählungen der Individualität erst strukturierten Welt.

Was sich also in dieser Theorie geändert hat, in der Verschiebung der Rahmung von der Wahl und vom Individuum zu Diskurs, Welterklärungserzählung und Gesellschaft, ist nicht die Prävalenz der Religion, auch nicht ein wie immer geartetes Bedürfnis nach Sinn. Es ist kein Versuch, eine Rückkehr der Religion zu thematisieren (allerdings ist es inspiriert von der Merkwürdigkeit, daß die Individualisierung erst für den Niedergang der Religion, dann für ihre Wiederkehr als Interpretationsgrundlage herhalten mußte.) Es ist ein Angebot einer anderen Rahmung für die Religion. Jacques Derrida schreibt in *Glaube und Wissen*, man verkenne das Phänomen, „das ,Religion' oder ,Rückkehr des Religiösen' *heute* genannt wird",[232] was „weiterhin auf naive Weise einen Gegensatz zwischen Vernunft und Religion, Kritik und Religion, Wissenschaft und Religion, wissenschaftstechnischer Moderne und Religion" annimmt. Diese Religion als bewußte Setzung mag nun wieder intensiver diskutiert werden, aber als Grundlage der Welterklärungserzählungen war sie nie weg. Die überall postulierte Rückkehr des Religiösen ist dann keine Rückkehr des Religiösen *an sich*, das zuvor nicht da (oder im Hintergrund) war, ein Religiöses, das von der Wissenschaft verdrängt wurde und nun seinerseits die Wissenschaft wieder verdränge, diese klassische Interpretation der Aufklärung, wie sie Derrida dann auch nennt. Absurde Grabenkämpfe wie die der amerikanischen Kreationisten gegen die Evolutionstheorie sind in solcher Terminologie natürlich portraitierbar – hier das Wissen, dort die verbohrte, rückständige, primitive, überkommene Religion. Aber so oberflächlich, so kulturkämpferisch, sagt uns Derrida, ist dieses Problem nicht.

Je nachdem wie Religion gesehen wird, was als Religion gesehen wird, haben wir es nicht mit einer Rückkehr der Religion zu tun, denn weg war sie vielleicht nie. Wir haben es vielleicht vielmehr mit einer Rahmung der Welt zu tun, die nun wieder auf breiterer Basis transzendent markierte Setzungen beinhaltet, auch zur Beschreibung dessen, was die Aufklärung nicht als religiös „erkannt", sagen wir wahrgenommen hätte und vor allem die Rückkehr eines Bewußtseins der metaphysischen Erzählungen, die uns in Gestalt der Begriffe *Freiheit, Gleichheit, Schuld, Liebe* nie verlassen hatten. Die Religion steht in gewisser Hinsicht doppelt an der Wurzel ihrer eigenen „Wiederkehr". Die Wurzel der Rückkehr der Religion in die bewußte Diskussion liegt in religiösen Mustern, die unbewußt in unserer Kultur immer vorhanden waren, die die Welterklärungserzählungen beseelt hatten und die lediglich im Diskurs als immanent *markiert* waren.

Das ist zunächst eine Erzählung der Kontinuität und folgt somit ebenso einem gewissen „Muster", in dem es thematisiert wird. Dem kann zunächst vorgeworfen werden, Veränderung unterzubetonen; dann, denke ich, wäre es falsch verstanden. Nur stellt eine Veränderung oft eben eine Rekombination bestehender diskursiver Formen dar, die oft zufällig aus dem Gespräch entstehen; aus weggeworfenen Nebensätzen, die aufgegriffen werden und durch ein Filter von Interpretationen eine Umkehr auslösen; dadurch, daß zwei Texte aus verschiedenen Disziplinen zum ersten Mal nebeneinander

---

[232]   Derrida [2001]: 9. Hier: 48. Hervorhebung im Original.

gelesen werden; dadurch, daß ein Multiplikator am Abend vor einer Diskussion einen nebensächlichen Roman liest und daher in seine Argumentation einen neuen Ansatz einfügt. Keine Idee ist eine *cogitatio ex nihilo*. Veränderung muß daher aus dem Bestehenden heraus erklärt werden, Religion aus Welterklärungserzählungen, Welterklärungserzählungen aus Religion.

Wenn also von der Wahl als Paradigma der gegenwärtigen Religionssoziologie die Rede ist, dann sollten wir das immer im Tandem mit der Erkenntnis sehen, daß die Gegenwart die Wahl des einsamen Individuums als credendum an die Basis dieser Interpretation gelegt hat, die dann zu einer bestimmten Wahrnehmung der Welt durch diese Brille ermöglicht. Wenn ein marxistischer Historiker die Geschichte als Folge struktureller Konflikte sehen möchte, beleuchtet er strukturelle Konflikte zuungunsten von individuellem Handeln; wenn ein liberaler Historiker das heroische Individuum an die Basis der geschichtlichen Entwicklung stellen will, dann beleuchtet er das heroische Individuum, das vom Marxisten noch als Produkt der Struktur thematisiert worden ist. Das ist soweit nichts Neues. Wenn nun ein Religionssoziologe der Gegenwart die Verwerfungen und Konversionen, die Kirchentreue und Kirchenferne der Menschen als Folge einer individuellen Wahl thematisieren möchte, dann beleuchtet er das, was als Wahl thematisiert werden kann und wird weniger an Erzählungen und Dogmen anknüpfen, die dieser putativen Wahl zugrunde liegen. Auf die Frage, wie sich der Niedergang der Religion in den 70ern erklärt, antwortet er dann mit: Privatisierung und individuelle Wahl. Auf die Frage nach der Rückkehr der Religion antwortet er dann: Privatisierung und individuelle Wahl.

Wenn ich umgekehrt die Wahl in den Hintergrund stellen möchte zugunsten der Erzählungen und Selbstverständlichkeiten, die Religionen plausibel machen, dann beleuchte ich eben diese; ich möchte hier keinen Charakter einer höheren Wahrheit für meine These beanspruchen, auch wenn ich denke, daß diese Erklärung für viele Vorgänge der Religion der Gegenwart plausibler erscheint als die doch oft recht verloren wirkende Thematisierung dieser Vorgänge als Wahl. Auch ich habe besondere Annahmen, Welterklärungserzählungen an dieses Thema herangetragen und auf ihrer Basis eine vorgefundene Welt strukturiert, was anders ja auch gar nicht möglich ist.

Diese Neuthematisierung ist, finde ich, jedoch gerade für die Religionssoziologie notwendig. Gerade in einer Wissenschaft, die sich die Analyse der Gesellschaft auf die Fahnen geschrieben hat, sollte man nicht die Hände in die Luft werfen und von der Wahl des Einzelnen als *deus ex machina* sprechen. Diese Erklärung der Religion, Religiosität, Konversion und des Glaubens des Einzelnen durch die im Inneren dieses Einzelnen ruhende und in der Moderne befreite Wahlmacht halte ich für analytisch anorexisch. Gerade die Soziologie sollte gerade etwas so Konstitutives wie Religion auch gesellschaftlich erklären können. Im Licht der überwältigenden Dominanz des Wahlparadigmas, das teilweise auf Situationen geworfen wird, die zur Verdeutlichung nun überhaupt nicht geeignet scheinen, wie in meinem Beispiel zu Beginn gezeigt, muß es doch jemand einmal anders beleuchten.

Literatur

Margaret Archer. Realist Social Theory: The Morphogenetic Approach. Cambridge 1995.

Aleida Assmann und Ute Frevert. Geschichtsvergessenheit, Geschichtsversessenheit. München 1996.

Dirk Baecker. Kapitalismus als Religion. Berlin 2003.

Neela Banerjee. „Teenagers Mix Churches for Faith That Fits." In: New York Times. 30. Dezember 2005.

Karl Barth. "Der Christ in der Gesellschaft". In: Ders. Das Wort Gottes und die Theologie. Gesammelte Vorträge. München 1929.

Robert Bellah. „Religious Evolution." In: American Sociological Review 29 (3) 1964 358-374.

Walter Benjamin. Kapitalismus als Religion. in: Dirk Baecker. Kapitalismus als Religion. Berlin 2003.

Peter L. Berger. A Far Glory: Faith in an Age of Credulity. New York 1992.

Peter L. Berger. Auf den Spuren der Engel. Frankfurt 1972.

Peter L. Berger. The Heretical Imperative. New York 1979.

Peter L. Berger. The Sacred Canopy. New York 1967.

Peter Beyer. Religion and Globalization. London 1993.

Gordon Bigelow. Fiction, Famine and the Rise of Economics. Cambridge 2003.

Steve Bruce. Religion in the Modern World. From Cathedrals to Cults. Oxford 1996.

José Casanova. „Chancen und Gefahren öffentlicher Religion". In: Otto Kallscheuer. Das Europa der Religionen. Frankfurt 1996.

José Casanova. „Religion und Öffentlichkeit: ein Ost-/Westvergleich". In: Karl Gabriel und Hans-Richard Reuter (Hrsg.) Religion und Gesellschaft. Paderborn 2004.

John Murray Cuddihy. No Offense: Civil Religion and Protestant Taste. New York 1978.

Michael Dellwing. Globalisierung als Religion. 2006. [unveröffentlichtes Manuskript]

Klaus Dethloff et. al. (Hrsg.) Religion, Moderne, Postmoderne. Berlin 2002.

Jacques Derrida. The Gift of Death. Chicago 1995.

Jacques Derrida. "Glaube und Wissen". in: Jacques Derrida und Gianni Vattimo. Die Religion. Frankfurt 2001.

Jacques Derrida und Gianni Vattimo. Die Religion. Frankfurt 2001.

Christoph Deutschmann. „Die Verheißung absoluten Reichtums". In: Dirk Baecker. Kapitalismus als Religion. Berlin 2003.

Émile Durkheim. „De la définition des phénomènes religieux". In : L'Année sociologique 1 1898. Paris.

Werner Elert. Morphologie des Luthertums. Zweiter Band. Soziallehren und Sozialwirkungen des Luthertums. München 1932.

Roger Finke und Rodney Stark. The Churching of America, 1776-2005: Winners and Losers in Our Religious Economy. Newark 2005.

Stanley Fish. Is There a Text in this Class. The Authority of Interpretive Communities. Cambridge 1980.

Stanley Fish. The Trouble with Principle. Harvard 1999.

Stanley Fish. Why We Can't All Just Get Along. First Things 60 1996: 18-26.

Michel Foucault. Surveillir et Punir. Paris 1975.

Ottoheinz von der Gablentz. „Die Krise der säkularen Religionen". In: Heinz-Dietrich Wendland (Hg.) Kosmos und Ekklesia. Festschrift für Wilhelm Stäblin. Kassel 1953.

Karl Gabriel und Hans-Richard Reuter (Hrsg.) Religion und Gesellschaft. Paderborn 2004.

Karl Gabriel (Hg.) Religiöse Individualisierung oder Säkularisierung. Gütersloh 1996.

Eduard Gaus. „Vorlesungen über Geschichte der letzten fünfzig Jahre". In: Friedrich von Raumer (Hg.) Historisches Taschenbuch. Leipzig 1833.

René Girard. Die verkannte Stimme des Realen. Eine Theorie archaischer und moderner Mythen. München 2005.

Friedrich Wilhelm Graf. Die Wiederkehr der Götter. München 2004.

Gustav Gundlach. „Zur Soziologie der katholischen Ideenwelt und des Jesuitenordens". In: Ders. Die Ordnung der menschlichen Gesellschaft. Mönchengladbach 1964.

James L. Heft (Hrsg.) A Catholic Modernity. Charles Taylor's Marianist Award Lecture, with responses by William M. Shea, Rosemary Luling Haughton, George Marsden, and Jean Bethke Elshtain. Oxford 1999.

Martin Heidegger. Nietzsche. Band II. Pfullingen 1961.

Susanne Heine. „Religion und Natur". In: Klaus Dethloff et. al. (Hrsg.) Religion, Moderne, Postmoderne. Berlin 2002.

Boyd Hilton. The Age of Atonement. The Influence of Evangelicalism on Social and Economic Thought, 1795-1865. Oxford 1988.

Laurence Iannacone. „Introduction to the Economics of Religion." In: Journal of Economic Literature 36(4) 1998: 1465-1496.

Siegfried Jäger. Kritische Diskursanalyse. Eine Einführung. Duisburg 2004.

K.-P. Jörns. Die neuen Gesichter Gottes. München 1997.

Otto Kallscheuer. Das Europa der Religionen. Frankfurt 1996.

Franz-Xaver Kaufmann. „Erkenntnisinteressen einer Soziologie des Katholizismus". In: Ders. und Karl Gabriel [Hg.]. Soziologie des Katholizismus. Mainz 1980.

Peter Koslowski (Hg.). Die religiöse Dimension der Gesellschaft. Tübingen 1985.

Serge Latouche. Die Verwestlichung der Welt. Frankfurt 1992.

Claus Leggewie. Die Globalisierung und ihre Gegner. München 2003.

Hermann Lübbe. Säkularisierung. Geschichte eines Ideenpolitischen Begriffs. Freiburg 1965.

Thomas Luckmann. Die unsichtbare Religion. Frankfurt 1991.

Thomas Luckmann. „Über die Funktion der Religion". In: Peter Koslowski (Hg.). Die religiöse Dimension der Gesellschaft. Tübingen 1985.

Niklas Luhmann. Die Funktion der Religion. Frankfurt 1982.

Giacomo Marramao. Die Säkularisierung der westlichen Welt. Frankfurt 1999.

Joachim Matthes. Religion und Gesellschaft. Hamburg 1967.

Jon Meacham. "The Ultimate American Holiday." In: Newsweek Online. 22. November 2006. http://www.msnbc.msn.com/id/15854677/site/newsweek/.

John Muir. Travels in Alaska. Boston 1998.

Harald Müller. „Totentanz der Brandstifter". In: Frankfurter Rundschau. 11. Februar 2006.

Armin Nassehi. „Religion und Biographie. Zum Bezugsproblem religiöser Kommunikation in der Moderne". In: Gabriel [1996]: 4.

Frank Newport. „The Religious Switcher in the United States." In: American Sociological Review 44. 1979: 528-552.

David F. Noble. The Religion of Technology. The Divinity of Man and the Spirit of Invention. New York 1997.

Ulrich Oevermann. „Ein Modell der Struktur von Religiosität. Zugleich ein Strukturmodell von Lebenspraxis und von sozialer Zeit". In: Monika Wohlrab-Sahr (Hg.). Biographie und Religion. Zwischen Ritual und Selbstsuche. Frankfurt am Main: Campus 1995. S. 27-102.

Ulrich Oevermann. „Partikularistische und universalistische Momente religiöser Systeme. Am Beispiel des Vergleichs polytheistischer und monotheistischer Religionen und der gegensätzlichen Folgen des puritanischen und islamischen Fundamentalismus. Mai 1995." http://user.uni-frankfurt.de/~hermeneu/ Fundamentalismus-1995.PDF

Talcott Parsons. „Christianity." In: International Encyclopedia of the Social Sciences. 1968. Volume 2: 425-447.

Talcott Parsons. Sociological Theory and Modern Society. New York 1967.

Marco Politi / Paul Batte (Übs.) „Eine gewisse Dekadenz: Interview mit Josef Kardinal Ratzinger". In: Die Welt. 20. April 2005 [24. November 2004].

Detlef Pollack. „Was ist Religion? Probleme einer Definition". In: Zeitschrift für Religionswissenschaft 3. 1995: 163.

Hilary Putnam. Pragmatismus – Eine offene Frage. Frankfurt 1995.

Richard Rorty. Dankesrede zur Verleihung des Meister-Eckart-Preises. Identity Foundation. 3. Dezember 2001. Online bei: http://www.identityfoundation.de/ fileadmin/templates_identityfoundation/downloads/presse/Eckhart-Preis-Pressemappe. pdf.

Malise Ruthven. Der göttliche Supermarkt. Auf der Suche nach der Seele Amerikas. Frankfurt 1991.

Rodney Stark. Der Aufstieg des Christentums. Neue Erkenntnisse aus soziologischer Sicht. Weinheim 1997.

Rodney Stark und William Sims Bainbridge. A Theory of Religion. Newark 1996.

Richard Tawney. Religion and the Rise of Capitalism. New York 1947.

Charles Taylor. Die Formen des Religiösen in der Gegenwart. Frankfurt 2002.

Ernst Troeltsch. Die Bedeutung des Protestantismus in der Entstehung der modernen Welt. Aalen 1963.

Georg Wagner. Das absurde System. Strafurteil und Strafvollzug in unserer Gesellschaft. Heidelberg 1985.

R. Stephen Warner. „Work in Progress. Toward a New Paradigm for the Sociological Study of Religion in the United States." In: American Journal of Sociology 95 (5). 1993: 1044-1093.

Heinz-Dietrich Wendland (Hg.) Kosmos und Ekklesia. Festschrift für Wilhelm Stäblin. Kassel 1953.

Max Weber. Protestantische Ethik und der Geist des Kapitalismus. Erftstadt 2005.

Bernhard Welke. „Ideologie und Religion". In: Christlicher Glaube in moderner Gesellschaft. Band 21. Freiburg 1988.

Arthur Williamson. Apocalypse Now, Apocalypse Then: Prophecy and the making of the Modern World. 2006. [noch nicht erschienen]

Carsten Wippermann. Religion, Identität und Lebensführung. Opladen 1998.

Monika Wohlrab-Sahr (Hg.). Biographie und Religion. Zwischen Ritual und Selbstsuche. Frankfurt am Main 1995.

Monika Wohlrab-Sahr. Konversion zum Islam in Deutschland und den USA. Frankfurt 1999.

Monika Wohlrab-Sahr, Volkhard Krech und Hubert Knoblauch. „Religiöse Bekehrung in soziologischer Perspektive". In: Dies. Religiöse Konversion. Systematische und fallorientierte Studien in soziologischer Perspektive. Konstanz 1998: 7.